베스트

일상
중국어

즉석에서 바로바로 활용하는

베스트 일상 중국어

저　자　FL4U컨텐츠
발행인　고본화
발　행　반석출판사
2016년 1월 20일 초판 3쇄 인쇄
2016년 1월 25일 초판 3쇄 발행
반석출판사 | www.bansok.co.kr
이메일 | bansok@bansok.co.kr
블로그 | blog.naver.com/bansokbooks

157-779 서울시 강서구 염창동 240-21 우림블루나인 비즈니스센터 B동 904호
대표전화　02) 2093-3399　팩 스　02) 2093-3393
출 판 부　02) 2093-3395　영업부 02) 2093-3396
등록번호　제315-2008-000033호

Copyright ⓒ FL4U컨텐츠

ISBN 978-89-7172-685-3 (13720)

베스트
일상
중국어

Bansok

序文

발음과 한자, 그리고 어법…… 게다가 중국인의 언어 습관과 문화적 행태 등을 올바르게 이해하기란 결코 만만하지가 않다. 중국어를 어느 정도 배워서 자신이 생겨도 막상 중국인과 대화할 때면 무언가 부족하다고 느끼는 경우가 누구나 한두 번쯤은 있을 것이다. 한중사전을 보면서 느끼는 답답함이 바로 일대일 대응단어의 나열만이 전부가 아니며, 상황별, 업종별, 주제별 표현력이 부족하다는 것이다.

독자 여러분도 아시다시피 언어라는 것은 언어가 가지고 있는 자체의 의미나 드러나는 형식보다는 오히려 어떤 장소에서 그리고 어떤 상황에서 이런 말을 하게 되고 또 해야만 하는가를 익혀 나가는 것이 중요하다.

이 책은 〈기본회화〉, 〈일상회화〉, 〈여행회화〉, 〈비즈니스회화〉, 〈실용회화〉 등 다섯 분야로 나누어 사전식으로 구성되어 있다. 모국어가 중국어가 아닌 우리 입장에서는 쓰이는 중국어 문장의 한국어 표현도 중요하다고 생각한다. 낱글자의 일대일 직역이 아니라 진정한 우리나라 말의 의미를 되살릴 수 있도록 꾸며 보았다. 작은 불꽃 하나가 큰 불을 일으키듯 우리의 시작은 바로 변화가 되고 그 변화는 진정 약속받을 수 있는 결과물을 만들어낸다.

우리나라 사람만큼 중국어를 쉽게 배울 수 있는 민족도 없다. 동아시아 문명을 공유했던 우리와 중국을 생각하며 하나하나 생동감 있는 표현력을 확장시켜 나감으로써 보다 유려하고 거부감 없이 중국어를 구사할 수 있기를 진심으로 바란다.

FL4U컨텐츠

일러두기

각 상황별
설명과 해설

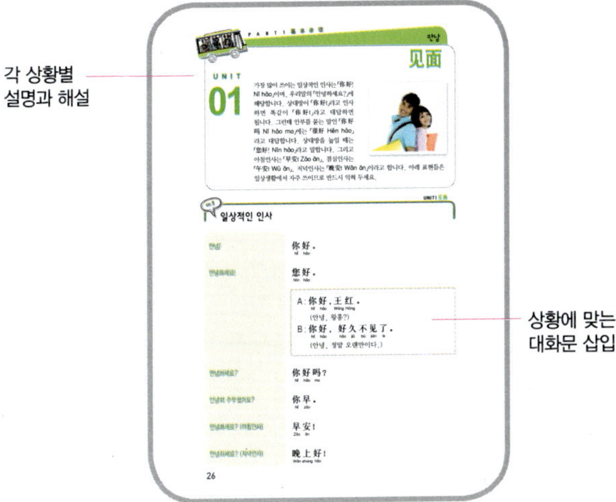

상황에 맞는
대화문 삽입

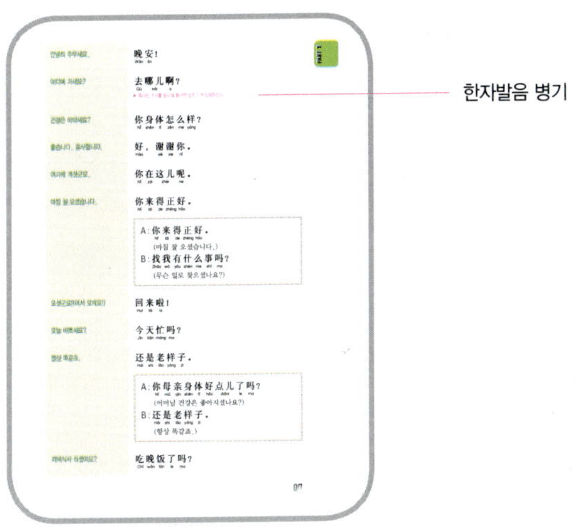

한자발음 병기

주제에 따른
다양한 표현

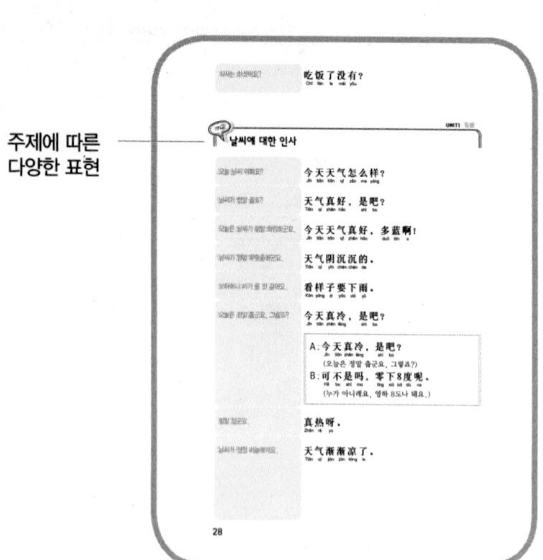

식사는 하셨어요? 吃饭了没有?
Chī fàn le méi yǒu

날씨에 대한 인사

오늘 날씨 어때요? 今天天气怎么样?
Jīn tiān tiān qì zěn me yàng

날씨가 정말 좋죠? 天气真好，是吧?
Tiān qì zhēn hǎo， shì ba

오늘은 날씨가 정말 화창하군요. 今天天气真好，多蓝啊!
Jīn tiān tiān qì zhēn hǎo， duō lán a

날씨가 정말 꾸물꾸물하군요. 天气阴沉沉的.
Tiān qì yīn chén chén de

보아하니 비가 올 것 같아요. 看样子要下雨.
Kàn yàng zi yào xià yǔ

오늘은 정말 춥군요, 그렇죠? 今天真冷，是吧?
Jīn tiān zhēn lěng， shì ba

A：今天真冷，是吧?
Jīn tiān zhēn lěng， shì ba
(오늘은 정말 춥군요, 그렇죠?)
B：可不是吗，零下8度呢.
kě bu shì ma， líng xià bā dù ne
(누가 아니래요, 영하 8도나 돼요.)

정말 덥군요. 真热呀.
Zhēn rè ya

날씨가 점점 서늘해지네요. 天气渐渐凉了.
Tiān qì jiàn jiàn liáng le

효과적인 활용법

중국어회화를 정복하기 위해서는 자나 깨나 중국어로 생각하고 중국어에 미쳐야 한다. 그래서 여기 몇 가지 학습방법을 제시해 본다.

1 언제 어디서나 휴대할 것

이 책의 장점이 바로 휴대에 편한 사이즈이므로 언제나 갖고 다닐 것. 언제 어디서나, 특히 대중교통 수단을 이용하면서 활용이 가능하다.

2 본 사전을 활용하여 매일 일기를 쓸 것

머릿속에서 자꾸 문장을 만드는 것은 직접적인 writing 연습이며 간접적으론 speaking 훈련이 된다. 꾸준히 계속하는 것이 가장 중요하다.

3 틈만 나면 소설책처럼 읽을 것

책을 자주 접하다보면 자기가 필요한 부분을 찾을 때도 순식간에 찾아낼 수 있고 문장 암기에도 효과적이다. 자투리 시간에도 늘 펼쳐 읽는다면 책이 너덜거리기 전에 당신은 이미 이 책이 필요가 없게 될 것이다.

4 동시통역사를 준비하는 기분으로 연습할 것

책갈피 가리개를 이용하여 중국어 부분을 가리고 우리말만 보고 중국어 문장을 추측해보는 훈련이 필요하다. 이런 식으로 소리 내어 읽는 연습을 겸한다면 네이티브 앞에서도 상당한 자신감을 유지할 수 있을 것이다.

5 중국어 드라마, 영화를 활용할 것

외국어 학습의 가장 중요한 과정은 반복 학습이다. 하지만 반복은 필연적으로 지루함을 동반한다. 그래서 드라마나 영화 등을 교재로 삼으면 재미와 학습이라는 일석이조의 효과를 얻을 수 있다.

목차

VOL.ONE
日常汉语会话

PART 1 基本会话 기본 회화

PART 2 日常会话 일상 회화

UNIT 01 天气 날씨

UNIT 02 时间与日期 시간과 날짜

UNIT 03 约会 약속

PART 3

旅游会话 여행 회화

PART 4 商务会话 비즈니스 회화

UNIT 01 求职和面试 구직과 면접

UNIT 02 人事调动 인사 이동

UNIT 03 工作生活 직장 생활

UNIT 04 办公室 사무실

UNIT 05 会议 회의

UNIT 06 公司访问 회사 방문

PART 5

对话表现 대화 표현

VOL. ONE

日常汉语会话

일상 중국어회화

基本会话
기본 회화

만남

见面

UNIT 01

가장 많이 쓰이는 일상적인 인사는 「你好! Nǐ hǎo」이며, 우리말의 「안녕하세요?」에 해당합니다. 상대방이 「你好!」라고 인사하면 똑같이 「你好!」라고 대답하면 됩니다. 그런데 안부를 묻는 말인 「你好吗 Nǐ hǎo ma」에는 「很好 Hěn hǎo」라고 대답합니다. 상대방을 높일 때는 「您好! Nín hǎo」라고 말합니다. 그리고 아침인사는 「早安! Zǎo ān」, 점심인사는 「午安! Wǔ ān」, 저녁인사는 「晚安! Wǎn ān」이라고 합니다. 아래 표현들은 일상생활에서 자주 쓰이므로 반드시 익혀 두세요.

01-1 일상적인 인사

안녕!	你好。 Nǐ hǎo
안녕하세요!	您好。 Nín hǎo

> A : 你好，王红。
> 　　Nǐ hǎo　Wáng Hóng
> （안녕, 왕홍?）
> B : 你好，好久不见了。
> 　　Nǐ hǎo　hǎo jiǔ bú jiàn le
> （안녕, 정말 오랜만이다.）

안녕하세요?	你好吗？ Nǐ hǎo ma
안녕히 주무셨어요?	你早。 Nǐ zǎo
안녕하세요? (아침인사)	早安！ Zǎo ān
안녕하세요? (저녁인사)	晚上好！ Wǎn shang hǎo

안녕히 주무세요.

晚安!
Wǎn ān

어디에 가세요?

去哪儿啊？
Qù nǎr a

▶ 啊라는 조사를 문미에 붙이면 말투가 부드러워진다.

건강은 어떠세요?

你身体怎么样？
Nǐ shēn tǐ zěn me yàng

좋습니다. 감사합니다.

好，谢谢你。
Hǎo xiè xie nǐ

여기에 계셨군요.

你在这儿呢。
Nǐ zài zhèr ne

마침 잘 오셨습니다.

你来得正好。
Nǐ lái de zhèng hǎo

A : 你来得正好。
Nǐ lái de zhèng hǎo
(마침 잘 오셨습니다.)
B : 找我有什么事吗？
Zhǎo wǒ yǒu shén me shì ma
(무슨 일로 찾으셨나요?)

오셨군요!(어서 오세요!)

回来啦!
Huí lái la

오늘 바쁘세요?

今天忙吗？
Jīn tiān máng ma

항상 똑같죠.

还是老样子。
Hái shi lǎo yàng zi

A : 你母亲身体好点儿了吗？
Nǐ mǔ qīn shēn tǐ hǎo diǎnr le ma
(어머님 건강은 좋아지셨나요?)
B : 还是老样子。
Hái shi lǎo yàng zi
(항상 똑같죠.)

저녁식사 하셨어요?

吃晚饭了吗？
Chī wǎn fàn le ma

식사는 하셨어요?

吃饭了没有？
Chī fàn le méi yǒu

01-2 날씨에 대한 인사

오늘 날씨 어때요?

今天天气怎么样？
Jīn tiān tiān qì zěn me yàng

날씨가 정말 좋죠?

天气真好，是吧？
Tiān qì zhēn hǎo shì ba

오늘은 날씨가 정말 화창하군요.

今天天气真好，多蓝啊！
Jīn tiān tiān qì zhēn hǎo duō lán a

날씨가 정말 우중충하군요.

天气阴沉沉的。
Tiān qì yīn chén chén de

보아하니 비가 올 것 같아요.

看样子要下雨。
Kàn yàng zi yào xià yǔ

오늘은 정말 춥군요, 그렇죠?

今天真冷，是吧？
Jīn tiān zhēn lěng shì ba

A : 今天真冷，是吧？
　　Jīn tiān zhēn lěng shì ba
　　(오늘은 정말 춥군요, 그렇죠?)
B : 可不是吗，零下8度呢。
　　Kě bu shì ma líng xià bā dù ne
　　(누가 아니래요, 영하 8도나 돼요.)

정말 덥군요.

真热呀。
Zhēn rè ya

날씨가 점점 서늘해져요.

天气渐渐凉了。
Tiān qì jiàn jiàn liáng le

28

계절에 대한 인사

진짜 더위는 이제부터에요.
真正的酷暑现在才开始。
Zhēn zhèng de kù shǔ xiàn zài cái kāi shǐ

날씨가 참 상쾌하군요.
天气好凉爽啊!
Tiān qì hǎo liáng shuǎng a

가을이에요. 단풍이 물들었어요.
秋天到了，枫叶红了。
Qiū tiān dào le fēng yè hóng le

겨울이 곧 올 것 같아요.
看来冬天要到了。
Kàn lái dōng tiān yào dào le

밤새 눈이 내렸어요.
雪下了一整夜。
Xuě xià le yì zhěng yè

겨울이 가고 봄이 왔군요! 또 일
년이 지났네요.
冬去春来，又一年啊!
Dōng qù chūn lái yòu yī nián a

> A：冬去春来，又一年啊!
> Dōng qù chūn lái yòu yī nián a
> (겨울이 가고 봄이 왔군요! 또 일년이 지났네요.)
> B：时间过得真快。
> Shí jiān guò de zhēn kuài
> (세월이 참 빠르군요.)

오랜만에 만났을 때

오랜만입니다.
好久不见。
Hǎo jiǔ bú jiàn

어때? 잘 지내니?
怎么样? / 还好吗?
Zěn me yàng   Hái hǎo ma

그저 그래.
还可以。
Hái kě yǐ

A：家里人都好吗？
Jiā li rén dōu hǎo ma
(가족들은 안녕하신지요?)
B：都挺好的。
Dōu tǐng hǎo de
(모두 잘 있어요.)

정말 오랫동안 뵙지 못했네요.
真是好久不见了。
Zhēn shi hǎo jiǔ bú jiàn le

몇 년 만이죠?
有几年了？
Yǒu jǐ nián le

여전하군(너 하나도 안 변했다)!
你一点没变啊！
Nǐ yì diǎn méi biàn a

오랜만이네요. 어떻게 지내세요?
好久不见，过得怎么样？
Hǎo jiǔ bú jiàn guò de zěn me yàng

A：好久不见，你过得怎么样？
Hǎo jiǔ bú jiàn nǐ guò de zěn me yàng
(오랜만이군요. 어떻게 지내세요?)
B：马马虎虎
Mǎ mǎ hū hū
(그저 그래요.)

못 알아볼 뻔 했어.
都快认不出你了。
Dōu kuài rèn bu chū nǐ le

정말 보고 싶었어.
挺想你的。
Tǐng xiǎng nǐ de

어떻게 여기에 계십니까?
你怎么也在这儿？
Nǐ zěn me yě zài zhèr

너 완전히 달라졌네.
你变样了。
Nǐ biàn yàng le

아직 거기에 사세요?
你家还住在那儿吗？
Nǐ jiā hái zhù zài nàr ma

우연히 만났을 때

오, 안녕하십니까?

哎，你好！
Āi　　nǐ　hǎo

아니, 이게 누구야!

哟，这是谁呀！
Yo　　zhè　shì　shéi　ya

어! 리우메이 씨 맞죠?

呀！是刘梅吧？
Yā　　Shì　Liú　Méi　ba

세상 정말 좁군요.

这世界真是太小了。
Zhè　shì　jiè　zhēn　shi　tài　xiǎo　le

A : 你怎么也认识他呢？
　　Nǐ　zěn　me　yě　rèn　shi　tā　ne
（어떻게 그를 알죠?）
B : 哦，他是我朋友的哥哥。
　　Ò　　tā　shì　wǒ　péng　you　de　gē　ge
（아! 그 사람은 제 친구의 형이에요.）
A : 这世界真是太小了。
　　Zhè　shì　jiè　zhēn　shi　tài　xiǎo　le
（세상 정말 좁군요.）

여기서 당신을 만나다니 뜻밖이군요.

在这里碰到你，真是没想到。
Zài　zhè　li　pèng　dào　nǐ　　　zhēn　shi　méi　xiǎng　dào

여기에 어쩐 일로 오셨어요?

你是怎么到这儿的？
Nǐ　shì　zěn　me　dào　zhèr　de

그렇지 않아도 너를 만나고 싶었는데.

我正好想见见你。
Wǒ　zhèng　hǎo　xiǎng　jiàn　jian　nǐ

작별

离别

헤어질 때 가장 흔하게 쓰는 인사말로는 「再见! Zài jiàn (안녕히 가세요!, 또 만나요!)」이 있습니다. 대답은 「再见! Zài jiàn」이라고 하면 됩니다. 손님을 배웅할 때는 「慢走! Màn zǒu (잘 가세요!)」라고 합니다. 매일 만나는 사람과 헤어질 때는 「明天见! Míngtiān jiàn (내일 봐요!)」이라고 하고, 만일 상대방이 먼 길을 떠난다면 「一路平安! Yí lù píng ān (편안한 여행이 되시길 바랍니다!)」이라고 하면 됩니다.

헤어질 때

안녕히 계세요(가세요).

再见!
Zài jiàn

내일 봐요.

明天见。
Míng tiān jiàn

이따 봐요!

一会儿见。
Yí huìr jiàn

그럼, 다음에 뵙겠습니다.

那，下回再见。
Nà xià huí zài jiàn

그럼 여기서 헤어집시다.

那就在这里道别吧。
Nà jiù zài zhè li dào bié ba

A：**那就在这里道别吧。**
Nà jiù zài zhè li dào bié ba
(그럼 여기서 헤어집시다.)

B：**请您多保重。**
Qǐng nín duō bǎo zhòng
(몸 조심 하십시오.)

32

별 일 없으면, 이만 가보겠습니다.

没什么事，就告辞了。
Méi shén me shì　jiù gào cí le

먼저 가겠습니다.

我先走了。
Wǒ xiān zǒu le

나오지 마십시오.

请留步。
Qǐng liú bù

멀리 안 나가겠습니다.

恕不远送了。
Shù bù yuǎn sòng le

당신들과 헤어지기 정말 아쉽네요.

我真舍不得离开你们。
Wǒ zhēn shè bù dé lí kāi nǐ men

밤에 헤어질 때

시간이 늦었습니다.

时候儿不早了。
Shí hòur bù zǎo le

늦었네요, 가야겠어요.

天不早了，我要告辞了。
Tiān bù zǎo le　wǒ yào gào cí le

안녕히 주무세요.

晚安！
Wǎn ān

연락을 바랄 때

자주 전화 주세요.

请常来电话。
Qǐng cháng lái diàn huà

얘기 즐거웠어요.

跟你谈话真愉快。
Gēn nǐ tán huà zhēn yú kuài

기회가 있으면 또 오세요.

请您找机会再来。
Qǐng nín zhǎo jī huì zài lái

저희 집으로 초대하고 싶은데요.

我想请您到我家做客。
Wǒ xiǎng qǐng nín dào wǒ jiā zuò kè

종종 연락할게요.

我会常跟您联系。
Wǒ huì cháng gēn nín lián xì

A : 你这一走什么时候再来呀？
Nǐ zhè yì zǒu shén me shí hou zài lái ya
(이번에 가면 언제 다시 오나요?)

B : 一定会有机会的。我会常跟您联
Yí dìng huì yǒu jī huì de　Wǒ huì cháng gēn nín lián
系。
xì
(반드시 기회가 있을 거예요. 종종 연락할게요.)

다시 만날 약속을 할 때

나중에 봐요.

回头见。
Huí tóu jiàn

나중에 또 만납시다.

咱们后会有期！
Zán men hòu huì yǒu qī

다음에 다시 만나자.

以后再见吧。
Yǐ hòu zài jiàn ba

나중에 기회가 있으면 다시 뵙고 싶습니다.

希望以后有机会再见！
Xī wàng yǐ hòu yǒu jī huì zài jiàn

안부를 전할 때

저 대신 그 사람들에게 안부 전해 주세요.

请替我问候他们。
Qǐng tì wǒ wèn hòu tā men

그에게 안부 전해 주세요.

代我问他好。
Dài wǒ wèn tā hǎo

가족들에게 제 대신 안부 전해 주세요.
代我向你家人问好。
Dài wǒ xiàng nǐ jiā rén wèn hǎo

A : 代我向你家人问好。
Dài wǒ xiàng nǐ jiā rén wèn hǎo
(가족들에게 제 대신 안부 전해주세요.)

B : 谢谢，一定转达到。
Xiè xie yí dìng zhuǎn dá dào
(고맙습니다. 꼭 전할게요.)

당신 가족에게 제 안부 전해 주세요.
请给你的家人带个好。
Qǐng gěi nǐ de jiā rén dài ge hǎo

아무쪼록 가족들에게 안부 전해 주세요.
拜托您给您的家人带个好。
Bài tuō nín gěi nín de jiā rén dài ge hǎo

어머님께 안부 전해 주세요.
向你母亲问好。
Xiàng nǐ mǔ qīn wèn hǎo

당신 부인께 안부 전해 주세요.
请给您夫人带个好。
Qǐng gěi nín fū ren dài ge hǎo

꼭 소식 보내 주세요.
别忘了给我带个好。
Bié wàng le gěi wǒ dài ge hǎo

02-6

전송할 때

조심해서 가세요.
请慢走。
Qǐng màn zǒu

시간 있으면 자주 오세요.
有空常来。
Yǒu kòng cháng lái

시간 있으면 놀러 오세요.
有时间过来玩儿。
Yǒu shí jiān guò lái wánr

나오실 필요 없어요.
你不用送了。
Nǐ bú yòng sòng le

나오지 마세요.
请留步。
Qǐng liú bù

| 멀리 안 나갈게요. | 我不送你了。
Wǒ bú sòng nǐ le |
| 차로 바래다 드릴게요. | 用车送送你吧。
Yòng chē sòng song nǐ ba |

A：用车送送你吧。
　Yòng chē sòng song nǐ ba
　(차로 바래다 드릴게요.)
B：不用了，坐地铁很方便。
　Bú yòng le　zuò dì tiě hěn fāng biàn
　(괜찮아요. 지하철이 편해요.)

역까지 바래다 드릴게요.	我送你到车站吧。 Wǒ sòng nǐ dào chē zhàn ba
다시 만날 수 있기를 바라요.	希望能再次见到你。 Xī wàng néng zài cì jiàn dào nǐ
나중에 또 만납시다.	后会有期。 Hòu huì yǒu qī
도착하면 편지 주세요.	到了以后给我来封信。 Dào le yǐ hòu gěi wǒ lái fēng xìn

A：到了以后给我来信。
　Dào le yǐ hòu gěi wǒ lái xìn
　(도착하면 편지 주세요.)
B：一定的。
　Yí dìng de
　(꼭 보낼게요.)

성공을 빌겠습니다.	祝你成功。 Zhù nǐ chéng gōng
즐거운 여행 되세요.	祝你旅行愉快！ Zhù nǐ lǚ xíng yú kuài
몸조심하세요.	保重身体。 Bǎo zhòng shēn tǐ
쉬세요.	你休息吧。 Nǐ xiū xi ba

介绍

UNIT 03

처음 사람을 만났을 때 중국인들은 우리와 마찬가지로 일반적으로 악수를 하는 편입니다. 만약 중국인이 「你好! Nǐ hǎo」라고 손을 내밀면 주저하지 말고 손을 건네는 것이 좋습니다. 상대의 이름을 물을 때는 「您贵姓? Nín guì xìng」이라고 하며, 이에 대한 응답으로 자신의 이름을 말할 때는 「我姓○○? Wǒ xìng○○」라고 하면 됩니다. 참고로 중국인들 역시 한 번 들은 이름이나 직함을 잘 잊지 않으므로 잘 기억하여 실수하지 않도록 주의합시다.

03-1

자기소개할 때

제 소개부터 할게요.	我来自我介绍一下吧。 Wǒ lái zì wǒ jiè shào yí xià ba
제 소개부터 해도 될까요?	请允许我自我介绍一下吧。 Qǐng yǔn xǔ wǒ zì wǒ jiè shào yí xià ba
제 소개를 할까요?	我能介绍一下自己吗? Wǒ néng jiè shào yí xià zì jǐ ma
먼저 제 소개를 하겠습니다.	先自我介绍一下。 Xiān zì wǒ jiè shào yí xià
만나서 반갑습니다.	认识你很高兴。 Rèn shi nǐ hěn gāo xìng
저희 집은 대가족입니다.	我们家是个大家族。 Wǒ men jiā shì ge dà jiā zú
저는 부모님과 함께 살고 있습니다.	我跟父母一起住。 Wǒ gēn fù mǔ yì qǐ zhù

A：你自己住吗？
Nǐ zì jǐ zhù ma

(혼자 사세요?)

B：不，我跟父母一起住。
Bù wǒ gēn fù mǔ yì qǐ zhù

(아니요, 부모님과 함께 살고 있습니다.)

전 독자입니다.	我是个独生子。 Wǒ shì ge dú shēng zǐ
전 장남입니다.	我是长子。 Wǒ shì zhǎng zǐ
전 맏딸입니다.	我是长女。 Wǒ shì zhǎng nǚ
전 아직 독신입니다.	我还是单身。 Wǒ hái shi dān shēn

03-2 다른 사람을 소개할 때

두 분이 서로 인사 나누셨습니까?	你们俩打过招呼了？ Nǐ men liǎ dǎ guo zhāo hu le
제가 이 두 분을 소개하겠습니다.	我来介绍一下这两位。 Wǒ lái jiè shào yí xià zhè liǎng wèi
제가 소개할게요.	我来介绍一下。 Wǒ lái jiè shào yí xià
제 동료인 린 선생입니다.	这是我同事，林先生。 Zhè shì wǒ tóng shì Lín xiān sheng
이쪽은 제 동료인 왕원입니다.	这是我同事王文。 Zhè shì wǒ tóng shì Wáng Wén
처음 뵙겠습니다. 잘 부탁합니다.	初次见面请多关照。 Chū cì jiàn miàn qǐng duō guān zhào
제 남편인데, 한국기업에서 일하고 있어요.	这是我先生，在韩国企业上班。 Zhè shì wǒ xiān sheng zài Hán guó qǐ yè shàng bān

제가 두 분께 소개해 드리겠습니다.	我来给二位介绍一下。 Wǒ lái gěi èr wèi jiè shào yí xià
이 분은 진칭이고, 이분은 천화입니다.	这位是金青，这位是陈华。 Zhè wèi shì Jīn Qīng　Zhè wèi shè Chén Huá
이 분은 이 선생인데, 무역 일에 종사하십니다.	这位是李先生，他从事贸易工作。 Zhè wèi shì Lǐ xiān sheng　tā cóng shì mào yì gōng zuò
전에 뵌 적이 있는 것 같습니다.	我们好像见过面。 Wǒ men hǎo xiàng jiàn guo miàn
어디선가 뵌 적이 있는 것 같습니다.	我们好像在哪儿见过。 Wǒ men hǎo xiàng zài　nǎr　jiàn guo
아, 생각났습니다.	哦，想起来了。 Ò　xiǎng qǐ lái le

▶ 哦 : 이해하거나 생각이 났을 때 쓰는 감탄사

저 사람이 바로 당신이 늘 말하던 그 사람입니까?	他就是您常提起过的那个人吗？ Tā jiù shì nín cháng tí　qǐ guo de nà ge rén ma
오래 전부터 존함을 듣고 한번 찾아뵙고 싶었습니다.	久仰大名，早就想拜见您了。 Jiǔ yǎng dà míng　zǎo jiù xiǎng bài jiàn nín le
선생님 말씀 많이 들었습니다.	我常听人提起先生您。 Wǒ cháng tīng rén tí　qǐ xiān sheng nín

03-3

서로에 대해 알고 싶을 때

저는 칭취엔 실업에 근무하고 있습니다.	我在清泉实业工作。 Wǒ zài Qīng quán shí yè gōng zuò
좋은 친구가 되길 바라요.	希望我们能够成为好朋友。 Xī wàng wǒ men néng gòu chéng wéi hǎo péng you
어디서 오셨습니까?	您从什么地方来的？ Nín cóng shén me dì fang lái de

▶ 从 : ～로부터

39

您老家是哪儿的？
Nín lǎo jiā shì nǎr de

A : 你老家是哪儿的？
Nǐ lǎo jiā shì nǎr de
(고향이 어디십니까?)

B : 海南岛。
Hǎi nán dǎo
(하이난다오입니다.)

请问您是哪国人？
Qǐng wèn nín shì nǎ guó rén

我是韩国人。
Wǒ shì Hán guó rén

40

谢谢

UNIT 04

고마움을 표현할 때는 보통 「谢谢! Xièxie (감사합니다!)」 또는 「非常谢谢! Fēicháng xièxie(대단히 감사합니다!)」라고 합니다. 상대방으로부터 감사하다는 인사를 받았을 때는 「不客气。 Búkèqi (별말씀을요.)」라고 하거나 「不用谢。 Búyòngxiè /别谢。 Biéxiè (감사해할 필요 없어요.)」라고 말합니다. 중국인은 선물을 주고받는 것을 무척 좋아합니다. 만약 여러분이 중국인을 만날 기회가 있다면 선물을 주고받을 때 이런 표현을 연습할 수 있을 겁니다.

고마울 때

감사합니다.

谢谢!
Xiè xie

감사합니다.

多谢。
Duō Xiè
▶ 친근한 사이에 쓰는 격의 없는 표현

도와주셔서 고맙습니다.

很感谢你对我的帮助。
Hěn gǎn xiè nǐ duì wǒ de bāng zhù

A : **很感谢你对我的帮助。**
Hěn gǎn xiè nǐ duì wǒ de bāng zhù
(도와주셔서 고맙습니다.)

B : **不用客气，这是我应该做的。**
Bú yòng ké qi zhè shì wǒ yīng gāi zuò de
(별말씀을요. 제가 마땅히 해야 하는걸요.)

대단히 감사합니다.

非常感谢。
Fēi cháng gǎn xiè

고마워.

谢了。
Xiè le

너무 고마워.	太感谢了。 Tài gǎn xiè le
수고하셨습니다.	您辛苦了。 Nín xīn kǔ le
대단히 감사 드립니다.	太谢谢你了。 Tài xiè xie nǐ le
진심으로 감사합니다.	真的很谢谢你。 Zhēn de hěn xiè xie nǐ
배려에 감사 드립니다.	谢谢您的关心。 Xiè xie nín de guān xīn
호의에 감사 드립니다.	谢谢你的好意。 Xiè xie nǐ de hǎo yì
도와 주셔서 대단히 감사합니다.	非常感谢你的帮助。 Fēi cháng gǎn xiè nǐ de bāng zhù
어떻게 감사를 드려야 할지 모르겠습니다.	我真不知道怎么感谢您才好。 Wǒ zhēn bù zhī dào zěn me gǎn xiè nín cái hǎo

신세를 졌을 때

덕분에 많은 도움이 되었습니다.	您真帮了大忙了。 Nín zhēn bāng le dà máng le
도움을 주셔서 감사 드립니다.	您给了我很大的帮助，谢谢。 Nín gěi le wǒ hěn dà de bāng zhù　xiè xie
폐를 끼쳐 드렸네요.	麻烦你了。 Má fan nǐ le

> A：麻烦你了。
> 　　Má fan nǐ le
> 　　(폐를 끼쳐 드렸네요.)
> B：哪儿的话，别客气！
> 　　Nǎr de huà bié kè qì
> 　　(천만에요. 별말씀을요.)

폐가 많았습니다.

太麻烦你了。
Tài má fan nǐ le

귀찮게 해 드렸습니다.

给你添麻烦了。
Gěi nǐ tiān má fan le

이번에 정말 폐를 많이 끼쳐드렸네요.

这次真是太麻烦您了。
Zhè cì zhēn shi tài má fan nín le

04-3

도움을 받았을 때

이렇게 도와줘서 고마워요.

谢谢你这样帮我。
Xiè xie nǐ zhè yàng bāng wǒ

A : 谢谢你这样帮我。
Xiè xie nǐ zhè yàng bāng wǒ
(이렇게 도와줘서 고마워요.)

B : 咱们是朋友，别见外。
Zán men shì péng you bié jiàn wài
(우리가 남인가요.)

당신 덕분이에요, 고맙습니다.

托你的福，谢谢。
Tuō nǐ de fú Xiè xie

고맙습니다, 다 여러분 덕이에요.

谢谢，这都是大家的功劳。
Xiè xie zhè dōu shì dà jiā de gōng láo

도와줘서 고마워.

谢谢你的帮忙。
Xiè xie nǐ de bāng máng

격려해 주셔서 감사 드립니다.

谢谢您的鼓励。
Xiè xie nín de gǔ lì
▶ 鼓励 : 격려하다, 북돋우다

큰 도움이 되었습니다.

对我帮助太大了。
Duì wǒ bāng zhù tài dà le

김 선생님, 제가 큰 은혜를 입었습니다.

金先生，这次承蒙您的厚恩。
Jīn xiān sheng zhè cì chéngméng nín de hòu ēn
▶ 承蒙 : (가르침, 은혜, 접대를) 받다, 입다

| 당신은 제 생명의 은인입니다. | 您是我生命的恩人。
Nín shì wǒ shēng mìng de ēn rén |
| 신세 많이 졌습니다. 고맙습니다. | 多亏大家，谢谢。
Duō kuī dà jiā xiè xie |

감사의 이유를 말할 때

나를 위로해 줘서 고마워요.	谢谢你安慰我。 Xiè xie nǐ ān wèi wǒ
걱정해 주셔서 고맙습니다.	谢谢您为我费心。 Xiè xie nín wèi wǒ fèi xīn
지도해 주셔서 감사합니다.	谢谢您的指教。 Xiè xie nín de zhǐ jiào
나에게 용기를 줘서 고마워요.	谢谢你鼓励我。 Xiè xie nǐ gǔ lì wǒ
친절을 베풀어 주셔서 감사합니다.	谢谢您的亲切关照。 Xiè xie nín de qīn qiē guān zhào
동반해 주셔서 정말 기쁩니다.	有您陪我，真是太高兴了。 Yǒu nín péi wǒ zhēn shi tài gāo xìng le
저희와 함께 시간을 보내 주셔서 감사합니다.	谢谢您肯挤出时间陪我们。 Xiè xie nín kěn jǐ chū shí jiān péi wǒ men
이 점, 정말 감사 드립니다.	这一点，真是太感谢了。 Zhè yì diǎn zhēn shi tài gǎn xiè le
어떻게 감사 드려야 할지 모르겠군요.	不知该怎样谢谢您。 Bù zhī gāi zěn yàng xiè xie nín
저는 영원히 당신의 우정을 잊지 못할 거예요.	我永远忘不了你的这份情谊。 Wǒ yǒng yuǎn wàng bu liǎo nǐ de zhè fèn qíng yì

감사의 선물을 주고받을 때

이거 정말 저한테 주는 겁니까?

这真是给我的？
Zhè zhēn shi gěi wǒ de

자, 받으세요. 이건 제 작은 성의에요.

请收下，这是我的一点心意。
Qǐng shōu xià　zhè shì wǒ de yì diǎn xīn yì

A : 请收下，这是我的一点心意。
　　Qǐng shōu xià　zhè shì wǒ de yì diǎn xīn yì
　　(자, 받으세요. 이건 제 작은 성의에요.)

B : 谢谢，你太客气了。
　　Xiè xie nǐ tài kè qi le
　　(고맙습니다. 너무 공손하시군요.)

당신에게 드리려고 뭘 좀 사왔어요.

我买了点东西，想送你。
Wǒ mǎi le diǎn dōng xi　xiǎng sòng nǐ

당신에게 드리는 조그만 선물입니다.

这是我给您的小礼物。
Zhè shì wǒ gěi nín de xiǎo lǐ wù

보잘 것 없는 거지만 받아 주십시오.

不成敬意，请您笑纳。
Bù chéng jìng yì　qǐng nín xiào nà
▶ 笑纳 : 웃으며 받아주세요.(선물할 때 쓰는 말)

이 선물은 제가 직접 만든 거예요.

这礼物是我亲手制作的。
Zhè lǐ wù shì wǒ qīn shǒu zhì zuò de

대단치 않지만 마음에 들었으면 합니다.

虽然不起眼，还望你能喜欢。
Suī rán bù qǐ yǎn　hái wàng nǐ néng xǐ huan

조그만 축하 선물을 가지고 왔어요.

我带来了小小的贺礼。
Wǒ dài lái le xiǎo xiǎo de hè lǐ

정말 고맙습니다만, 받을 수 없습니다.

虽然很感谢，可我不能收下。
Suī rán hěn gǎn xié　kě wǒ bù néng shōu xià

제 성의입니다, 받아주십시오.

礼轻情谊重，请您收下吧。
Lǐ qīng qíng yì zhòng　qǐng nín shōu xià ba
▶ 礼轻情谊重 : 선물은 변변치 않지만 성의는 고맙다

이건 정말 제가 갖고 싶었던 거예요.

这真是我非常想要的哟。
Zhè zhēn shi wǒ fēi chángxiǎng yào de yo

A:这真是我非常想要的。
Zhè zhēn shi wǒ fēi chángxiǎng yào de
(이건 정말 제가 갖고 싶었던 거예요.)
B:那太好了。
Nà tài hǎo le
(그것 잘 됐군요.)

아, 이러시면 안 되는데요. 받기 곤란합니다.

啊，这太不好意思了，我不敢收下。
Ā zhè tài bù hǎo yì si le wǒ bù gǎn shōu xià

무엇 때문에 저에게 주시는 거죠?

为什么送我？
Wèi shén me sòng wǒ

당신의 후한 선물에 어떻게 보답을 해야 할지 모르겠군요.

真不知该怎样报答您的厚礼。
Zhēn bù zhī gāi zěn yàng bào dá nín de hòu lǐ

훌륭한 선물을 주서서 어떻게 감사를 드려야 할지 모르겠군요.

承蒙您的厚意，不知该怎么感谢。
Chéngméng nín de hòu yì bù zhī gāi zěn me gǎn xiè

감사의 말에 응답할 때

감사할 필요까지야.

不用谢。
Bú yòng xiè

별말씀을요.

哪儿的话。
Nǎr de huà

별것 아닙니다.

没什么。
Méi shén me
▶ 일상적으로 가볍게 표현할 때

별말씀을 다 하십니다.

不用客气。
Bú yòng kè qi

천만에요.

没有的事。
Méi yǒu de shì

| 별말씀을요. | 不敢当，不敢当。
Bù gǎn dāng　bù gǎn dāng |

| 천만의 말씀입니다. | 哪里哪里。
Nǎ li nǎ li |

| 그러실 필요까지 없습니다(너무 사양하지 마세요). | 你太见外了。
Nǐ tài jiàn wài le |

| 괘념치 마십시오. | 请不要声张。
Qǐng bú yào shēngzhāng
▶ 声张 : 큰소리로 외치다, 널리 퍼뜨리다 |

| 감사합니다. 그럼 사양하지 않겠습니다. | 谢谢。　那，我就不客气了。
Xiè xie　Nà　wǒ jiù bú kè qi le |

| 별로 대단한 일도 아닙니다. | 这点事，真不足挂齿。
Zhè diǎn shì　zhēn bù zú guà chǐ
▶ 挂齿 : 언급하다 |

| 저도 마찬가지로 감사합니다. | 我同样感谢您。
Wǒ tóng yàng gǎn xiè nín |

| 도움이 되어 다행입니다. | 能帮上忙，我也很高兴。
Néng bāng shàngmáng　wǒ yě hěn gāo xìng |

道歉和抱歉

UNIT 05

상대방에게 실수를 했거나 잘못을 했을 때 우선 정중하게 사과를 하고 용서를 구하는 것이 도리입니다. 사과나 사죄를 할 때는 「对不起。 Duìbuqǐ (미안 합니다.)」 등의 표현 외에도 「抱歉 Bàoqiàn, 过意不去 Guò yì bú qù, 不 好意思 Bù hǎo yì si」 등도 많이 쓰입니다. 「사과드립니다」라고 할 때는 「我向您道歉 Wǒ xiàng nín dào qiàn」 이라고 하며, 용서를 구할 때는 「请您原谅我　Qǐng nín yuánliàng wǒ (용서해 주십시오.)」라고 합니다.

 05-1

미안함을 표시할 때

미안합니다.

对 不 起。
Duì bu qǐ

부디 양해해 주십시오.

请 原 谅。
Qǐng yuán liàng

정말 미안해.

实 在 对 不 起。
Shí zài duì bu qǐ

▶ **实在** : 확실히, 정말로, 사실은

아, 미안해요.

啊， 不 好 意 思。
Ā　　 bù hǎo yì si

폐를 끼쳐 드렸습니다.

给 您 添 麻 烦 了。
Gěi nín tiān má fan le

A : 给 您 添 麻 烦 了。
　　Gěi nín tiān má fan le
（폐를 끼쳐 드렸습니다.）

B : 别 客 气， 很 愿 意 为 您 效 劳。
　　Bié kè qi.　 hěn yuàn yì wèi nín xiào láo
（별말씀을요. 기꺼이 당신을 위해 최선을 다하겠 습니다.）

48

죄송합니다(송구합니다).
很抱歉。
Hěn bào qiàn

폐가 많았습니다.
让您费心了。
Ràng nín fèi xīn le

사과 · 사죄의 이유를 할 때

미안합니다. 늦었어요.
对不起，来晚了。
Duì bu qǐ　lái wǎn le

> A：对不起，来晚了。
> Duì bu qǐ　lái wǎn le
> (미안합니다. 늦었어요.)
> B：没什么，我也刚到。
> Méi shén me　wǒ yě gāng dào
> (괜찮아요. 저도 막 왔어요.)

기다리게 해서 미안해요.
对不起，让你等我。
Duì bu qǐ　ràng nǐ děng wǒ

늦었습니다, 정말 죄송합니다.
来晚了，真对不起。
Lái wǎn le　zhēn duì bu qǐ

죄송합니다, 기다리시게 했네요.
很抱歉，让您等我。
Hěn bào qiàn　ràng nín děng wǒ

오래 기다리시게 했습니다.
让你久等了。
Ràng nǐ jiǔ děng le

죄송합니다, 오래 기다리시게 했네요.
抱歉抱歉，让你久等了。
Bào qiàn bào qiàn　ràng nǐ jiǔ děng le

이 점에 대해서는 정말 미안합니다.
这一点，真是对不起。
Zhè yì diǎn　zhēn shi duì bu qǐ

죄송합니다, 폐를 끼쳤습니다.
对不起，打扰您了。
Duì bù qǐ　dǎ rǎo nín le

답장이 너무 늦어서 죄송합니다.
回信太迟了，真是抱歉。
Huí xìn tài chí le　zhēn shi bào qiàn

05-3 실례할 때

실례하겠습니다.	不好意思。 Bù hǎo yì si
실례합니다.	借光借光。 Jiè guāng jiè guāng ▶ 借光 : 남의 신세를 지다, (남에게 말을 걸 때) 실례합니다
수고하십니다.	劳驾。 Láo jià
말씀 좀 묻겠습니다.	请问。 Qǐng wèn
미안합니다. 제가 한 마디 하겠습니다.	对不起，我说一句。 Duì bu qǐ wǒ shuō yí jù

> A : 对不起，我说一句。
> Duì bu qǐ wǒ shuō yí jù
> (미안합니다. 제가 한 마디 하겠습니다.)
> B : 请讲。
> Qǐng jiǎng
> (말씀하세요.)

실례했습니다. 사람을 잘못 봤습니다.	对不起，我认错人了。 Duì bu qǐ wǒ rèn cuò rén le

05-4 실수를 했을 때

미안합니다. 제가 날짜를 혼동했군요.	不好意思，我记差了日期。 Bù hǎo yì si wǒ jì chà le rì qī
내가 말을 잘못했습니다.	是我说得不对。 Shì wǒ shuō de bú duì
모두 제가 부주의한 탓이에요.	都怪我不留神。 Dōu guài wǒ bù liú shén ▶ 留神 : 주의(조심)하다 (= 留心 liúxīn)

A：都怪我不留神。
Dōu guài wǒ bù liú shén
(모두 제가 부주의한 탓이에요.)

B：没关系，下次注意点儿吧。
Méi guān xi xià cì zhù yì diǎnr ba
(괜찮아요. 다음에는 조심하세요.)

저 참 바보 같았어요.
我这个人真像个傻瓜。
Wǒ zhè ge rén zhēn xiàng ge shǎ guā

제가 잘못했습니다, 사과드립니다.
是我错了，真抱歉。
Shì wǒ cuò le zhēn bào qiàn

05-5
잘못을 인정할 때

제가 잘못했습니다.
是我不对。
Shì wǒ bú duì

미안해요, 제가 잘못했어요.
对不起，我错了。
Duì bu qǐ wǒ cuò le

사실 저도 잘못한 걸요.
其实我也不好。
Qí shí wǒ yě bù hǎo

그건 고의가 아니었어요.
这不是故意的。
Zhè bú shì gù yì de

앞으로는 (그 얘기를) 꺼내지 않
을게요.
以后我不提了。
Yǐ hòu wǒ bù tí le

모두 제 탓이죠.
这都怨我。
Zhè dōu yuàn wǒ
▶ 怨 : 탓하다, 원망하다

제 부주의였습니다.
是我没注意。
Shì wǒ méi zhù yì

51

용서를 구할 때

용서해 주십시오.

请您原谅！
Qǐng nín yuán liàng

A：**请您原谅。**
　　Qǐng nín yuán liàng
　　（용서해 주십시오.）

B：**下不为例。**
　　Xià bù wéi lì
　　（다음에는 이러지 마세요.）

한 번 봐 주십시오.

请您原谅我这一次。
Qǐng nín yuán liàng wǒ zhè yí cì

제 잘못을 용서해 주십시오.

请饶恕我的过错。
Qǐng ráo shù wǒ de guò cuò
▶ 饶恕 : 용서하다

다시는 그런 일이 없을 겁니다.

我保证，不再犯同样的错误了。
Wǒ bǎo zhèng　bú zài fàn tóng yàng de cuò wù le

약속을 지키지 못한 걸 용서해 주세요.

请原谅我未能信守诺言。
Qǐng yuán liàng wǒ wèi néng xìn shǒu nuò yán
▶ 诺言 : 승낙의 말

정말 미안합니다만, 제가 고의로 그런 것은 아닙니다.

真对不起，可我不是故意的。
Zhēn duì bu qǐ　kě wǒ bú shì gù yì de

다음 번엔 절대 이러지 않겠어요.

下次我一定不这样做。
Xià cì wǒ yí dìng bú zhè yàng zuò

귀찮게 해 드려서 정말 미안해요.

让您费心了，真对不起。
Ràng nín fèi xīn le　zhēn duì bu qǐ

 05-7

사과 · 사죄의 말에 응답할 때

괜찮습니다.	没关系。 / 不要紧。 / 没什么。 Méi guān xi　　Bú yào jǐn　　Méi shén me
걱정하지 마십시오.	你不必担心。 Nǐ bú bì dān xīn
그까짓 것 문제될 것 없습니다.	那点事不成问题。 Nà diǎn shì bù chéng wèn tí
천만에요.	不用谢。 Bú yòng xié
개의치 마세요.	别在意。 Bié zài yì
사양하지 마세요.	你不要客气。 Nǐ bú yào kè qi
개의치 마세요.	您别介意。 Nín bié jiè yì
사과하실 필요 없습니다.	你不用陪礼。 Nǐ bú yòng péi lǐ

> A：请允许我向您赔不是。
> 　　Qǐng yǔn xǔ wǒ xiàng nín péi bú shi
> （저의 사과를 받아주세요.）
> B：你不用陪礼，我也做得不好。
> 　　Nǐ bú yòng péi lǐ　　wǒ yě zuò de bù hǎo
> （사과하실 필요 없습니다. 저도 잘못 했습니다.）

당신을 용서하겠어요.	我原谅你。 Wǒ yuán liàng nǐ
좋아요, 사과를 받아들이죠.	好吧，我接受你的道歉。 Hǎo ba　　wǒ jiē shòu nǐ de dào qiàn
당신은 아무런 잘못이 없어요.	你没什么错的。 Nǐ méi shén me cuò de
당신의 실수를 묵과할 수 없어요.	我可不能原谅你的过错。 Wǒ kě bù néng yuán liàng nǐ de guò cuò

祝贺和欢迎

UNIT 06

축하할 때는 보통 「祝贺你。 Zhùhè nǐ (축하해요.)」라고 합니다. 축하할 일이 있으면 문장 앞에 祝(zhù)를 자주 붙여 사용하는데, '祝'는 「축하(祝贺 zhùhè) 한다」라는 의미와 「~하기를 기원한다(祝愿 zhù yuàn)」라는 의미를 나타냅니다. 또한 「恭喜 gōng xǐ」라는 표현도 많이 사용하는데, 중첩형식인 「恭喜恭喜 Gōngxǐ gǐngxǐ」가 더 많이 사용 됩니다. 새해나 명절에 쓰이는 표현은 관용화되어 있으므로 잘 익혀두세요.

06-1 축하할 때

축하합니다.	祝贺你。 Zhù hè nǐ
축하드립니다.	恭喜恭喜。 Gōng xǐ gōng xǐ
생일 축하합니다.	祝你生日快乐。 Zhù nǐ shēng rì kuài lè

> A : 祝你生日快乐。
> Zhù nǐ shēng rì kuài lè
> (생일 축하합니다.)
> B : 谢谢!
> Xiè xie
> (고맙습니다!)

합격을 축하합니다.	恭喜你被录取了。 Gōng xǐ nǐ bèi lù qǔ le
취직을 축하드립니다.	祝贺你参加工作! Zhù hè nǐ cān jiā gōng zuò
좋은 직장을 찾은 것을 축하합니다.	恭喜你找到了好工作。 Gōng xǐ nǐ zhǎo dào le hǎo gōng zuò

54

승진을 축하합니다.	恭喜你升职！ Gōng xǐ nǐ shēng zhí
승리를 축하합니다.	庆贺胜利！ Qìng hè shèng lì
대학 합격을 축하합니다.	祝贺你考上大学。 Zhù hè nǐ kǎo shàng dà xué
졸업을 축하합니다.	祝贺你毕业！ Zhù hè nǐ bì yè
임신을 축하합니다.	恭喜你怀孕了。 Gōng xǐ nǐ huái yùn le
축하할 일이 생겼다면서요?	听说您有了喜事？ Tīng shuō nín yǒu le xǐ shì
아들을 얻으신 것 축하해요!	恭喜你生了个儿子！ Gōng xǐ nǐ shēng le ge ér zi
어떻게 해 내셨어요?	您是怎么做到的？ Nín shì zěn me zuò dào de
잘했다! 네가 정말 해냈구나.	太棒了，你小子真是好样的！ Tài bàng le nǐ xiǎo zi zhēn shì hǎo yàng de

행운을 빌 때

건강하시기를 빕니다.	祝你身体健康！ Zhù nǐ shēn tǐ jiàn kāng
행복하시기를 빕니다.	祝你们生活幸福！ Zhù nǐ men shēng huó xìng fú
백년해로하시기를 빕니다.	祝你们白头偕老。 Zhù nǐ men bái tóu xié láo
만사형통 하시기를 빕니다.	祝你万事如意！ Zhù nǐ wàn shì rú yì
속히 건강을 회복하시기 바랍니다.	祝你早日恢复健康。 Zhù nǐ zǎo rì huī fù jiàn kāng

| 성공을 빌겠습니다. | 祝你成功。
Zhù nǐ chéng gōng
▶ 시험이나 시합을 앞둔 사람에게 씀 |

부자 되세요.

恭喜发财!
Gōng xǐ fā cái

> A : 恭喜发财!
> Gōng xǐ fā cái
> (부자 되세요.)
> B : 同喜同喜!
> Tóng xǐ tóng xǐ
> (역시 부자 되세요.)
> *새해 인사과 같은 축하를 받았을 때 상대방에게 답할 때 쓰임

행운이 있기를 바랍니다.

祝你好运。
Zhù nǐ hǎo yùn

건강하시기를 빌겠습니다.

祝你身体健康。
Zhù nǐ shēn tǐ jiàn kāng

잘 다녀오시기 바랍니다.

祝你一路顺风。
Zhù nǐ yí lù shùn fēng
▶ 먼 길을 떠나는 사람에게 하는 인사

좋은 성적을 거두기를 바랍니다.

祝你取得好成绩。
Zhù nǐ qǔ dé hǎo chéng jì

모든 일이 순조롭기를 바랍니다!

祝你一切顺利!
Zhù nǐ yí qiè shùn lì

즐거운 여행이 되시기를 빕니다!

祝你旅途愉快!
Zhù nǐ lǚ tú yú kuài

사업이 번창하시기를 바랍니다!

祝你生意兴隆!
Zhù nǐ shēng yì xīng lóng
▶ 生意 : 장사, 영업

두 분 영원히 행복하세요.

祝你们永远幸福。
Zhù nǐ men yǒng yuǎn xìng fú

돈 많이 버세요!

祝你发大财!
Zhù nǐ fā dà cái

하루 속히 성공하십시오! 马到成功!
Mǎ dào chéng gōng

가시는 길 평안하세요! 一路平安!
Yí lù píng ān

행운이 있기를! 祝你好运。
Zhù nǐ hǎo yùn

당신에게 신의 가호가 있기를! 愿上帝保佑你!
Yuàn shàng dì bǎo yòu nǐ

축복을 기원할 때

새해 복 많이 받으십시오! 新年快了。
Xīn nián kuài le

새해 복 많이 받으십시오! 新年好!
Xīn nián hǎo

새해 복 많이 받으십시오! 过年好!
Guò nián hǎo

새해 복 많이 받으십시오! 恭喜新年，贺喜新年。
Gōng xǐ xīn nián hè xǐ xīn nián

더 나은 한 해가 되길 바랍니다. 祝你新年更上一层楼。
Zhù nǐ xīn nián gèng shàng yì céng lóu

새해 인사드립니다. 给您拜年了。
Gěi nín bài nián le

새해에는 모든 일이 잘 되기를 바랍니다! 祝你在新的一年里马到成功!
Zhù nǐ zài xīn de yì nián li mǎ dào chéng gōng

새해 즐겁게 보내시기 바랍니다! 祝你新年愉快!
Zhù nǐ xīn nián yú kuài

새해에는 모든 행운이 깃드시기를! 祝你新年交好运。
Zhù nǐ xīn nián jiāo hǎo yùn

 **06-4**

축하를 받았을 때

역시 축하드립니다!

同喜同喜！
Tóng xǐ tóng xǐ

고맙습니다. 운이 좋았던 것 같아요.

谢谢，看来我交好运了。
Xiè xie kàn lai wǒ jiāo hǎo yùn le

고마워. 난 네가 또 잊어버린 줄 알았어.

谢谢，我以为你又忘了呢。
Xiè xie wǒ yǐ wéi nǐ yòu wàng le ne

모두 당신 덕분입니다.

多亏有你。
Duō kuī yǒu nǐ

 **06-5**

환영할 때

열렬히 환영합니다.

热烈欢迎！
Rè liè huān yíng

안녕하세요. 미스 김. 입사를 축하합니다.

你好，金小姐，欢迎你进我们的公司。
Nǐ hǎo Jīn xiǎo jiě huān yíng nǐ jìn wǒ men de gōng sī

같이 일하게 되어 반갑습니다.

真高兴能跟你一起工作。
Zhēn gāo xìng néng gēn nǐ yì qǐ gōng zuò

A：真高兴能跟你一起工作。
Zhēn gāo xìng néng gēn nǐ yì qǐ gōng zuò
（같이 일하게 되어 반갑습니다.）
B：我也一样。
Wǒ yě yí yàng
（저도 마찬가지입니다.）

저의 집에 오신 것을 환영합니다.

欢迎您来我家做客。
Huān yíng nín lái wǒ jiā zuò kè

한국에 오신 것을 환영합니다.

欢迎您来韩国访问。
Huān yíng nín lái Hán guó fǎng wèn

이곳이 마음에 들기를 바랍니다.

希望这儿能使您满意。
Xī wàng zhèr néng shǐ nín mǎn yì

▶ 满意 : 만족하다, 흡족하다

큰 박수 부탁 드립니다.

请大家报以热烈的掌声！
Qǐng dà jiā bào yǐ rè liè de zhǎngshēng

이곳이 마음에 들기를 바랍니다.

希望这儿能使您满意。
Xī wàng zhèr néng shǐ nín mǎn yì

▶ 满意 : 만족하다, 흡족하다

큰 박수 부탁 드립니다.

请大家报以热烈的掌声！
Qǐng dà jiā bào yǐ rè liè de zhǎngshēng

感叹和称赞

UNIT 07

칭찬을 듣고서 기분 나쁠 사람은 아마 없을 것입니다. 특히 대인관계를 원만히 하기 위해서는 무엇보다도 상대방을 칭찬하는 것 이상으로 기분 좋게 하는 일은 없습니다. 여기서는 상대방의 장점이나 성품, 능력, 외모 등을 적절하게 말할 수 있도록 해당 표현을 익혀둡시다. 중국어에서는 특히 「很 hěn, 太 tài, 真 zhēn」 등을 주로 사용합니다.

감탄의 기분을 나타낼 때

멋지네요!	太 壮 观 了! Tài zhuàng guān le
훌륭합니다!	太 好 了! Tài hǎo le
와, 정말 아름답네요!	哇，真 是 太 美 了! Wā zhēn shi tài měi le
너무 맛있네요!	太 好 吃 了! Tài hǎo chī le

A:太 好 吃 了!
　Tài hǎo chī le
　(너무 맛있네요!)
B:那 就 多 吃 点 儿 吧。
　Nà jiù duō chī diǎnr ba
　(많이 드세요.)

잘했어요!	干 得 好! Gàn de hǎo
너무 재미있네요!	太 有 意 思 了! Tài yǒu yì si le

60

아가야, 정말 대단하구나!

乖乖，真了不得！
Guāi guāi　zhēn liǎo bu dé

07-2 감동했을 때

감동하여 목이 멥니다.

感动得说不出话来。
Gǎn dòng de shuō bu chū huà lái

지금의 심정을 말로 표현할 수 없습니다.

此时的心情难以言表。
Cǐ shí de xīn qíng nán yǐ yán biǎo

그는 감동한 나머지 할말을 잃었습니다.

他感动得说不出话来了。
Tā gǎn dòng de shuō bu chū huà lái le

감동해서 눈물이 다 날 것 같습니다.

感动得眼泪都要流出来了。
Gǎn dòng de yǎn lèi dōu yào liú chū lái le

그의 이야기는 너무도 감동적입니다.

他的故事太感人了。
Tā de gù shi tài gǎn rén le

07-3 성과를 칭찬할 때

대단하군요!

真了不起！
Zhēn liǎo bu qǐ

잘 하시는군요.

你真不错。
Nǐ zhēn bú cuò

정말 훌륭하군요!

真是太好了。
Zhēn shì tài hǎo le

참 잘하셨어요.

你干得太出色了。
Nǐ gàn de tài chū sè le

▶ 出色：출중하다

그렇죠, 그렇게 해야지요.

对呀，就该那么做。
Duì ya　jiù gāi nà me zuò

완벽합니다(지적할 결점이 없습니다).

没的说。
Méi de shuō

아주 잘 하고 있어요.

你们现在干得很好。
Nǐ men xiàn zài gàn de hěn hǎo

나는 당신이 자랑스럽습니다.

我为你骄傲。
Wǒ wèi nǐ jiāo ào

능력과 재주를 칭찬할 때

기억력이 참 좋으시군요.

你的记忆力可真好。
Nǐ de jì yì lì kě zhēn hǎo

당신은 능력이 대단하시군요.

您真有能力呀。
Nín zhēn yǒu néng lì ya

중국어를 유창하게 구사하시는군요.

汉语说得真流利啊。
Hàn yǔ shuō de zhēn liú lì a

A：汉语说得真地道，你怎么学的？
Hàn yǔ shuō de zhēn dì dao　nǐ zěn me xué de
(중국어 정말 잘 하시네요. 어떻게 배우셨어요?)

B：哪里，哪里。　谢谢您的夸奖。
Nǎ li　nǎ li　Xiè xie nín de kuā jiǎng
(아니에요. 과찬의 말씀이십니다.)

그는 정말 머리가 좋아요.

他的脑子真好用。
Tā de nǎo zi zhēn hǎo yòng

그는 똑똑한 사람이에요.

他是个明智的人。
Tā shì ge míng zhì de rén

그는 재능이 있어요.

他很有才气。
Tā hěn yǒu cái qì

A：小李这个人怎么样？
Xiǎo Lǐ zhè ge rén zěn me yàng
(샤오리 이 사람 어때요?)

B：他很有才气，是个难得的人才。
Tā hěn yǒu cái qì   shì ge nán dé de rén cái
(그는 재능이 있어요. 보기 드문 인재에요.)

그녀는 소질이 있어요.
她挺有灵气的。
Tā tǐng yǒu líng qì de

당신은 모르는 게 없군요.
你真是无所不知啊。
Nǐ zhēn shi wú suǒ bù zhī a

못하는 게 없으시군요.
你真是无所不能啊。
Nǐ zhēn shi wú suǒ bù néng a

07-5
외모를 칭찬할 때

당신은 정말 신사이군요.
你真是个绅士。
Nǐ zhēn shi ge shēn shí

정말 잘생겼다.
真帅。
Zhēn shuài

참 멋지군요.
真潇洒。
Zhēn xiāo sǎ

나이에 비해 훨씬 젊어 보이시는
군요.
你比年龄显得年轻多了。
Nǐ bǐ nián líng xiǎn de nián qīng duō le

이 아이 정말 귀엽다!
这孩子真可爱。
Zhè hái zi zhēn kě ài

당신은 눈이 참 예쁘군요.
你的眼睛好漂亮啊。
Nǐ de yǎn jing hǎo piào liang a

몸이 아주 좋습니다.
身体很好。
Shēn tǐ hěn hǎo

건강해 보이시는군요.
看起来很健康。
Kàn qǐ lái hěn jiàn kāng

어쩜 이렇게 날씬하세요?
你怎么这么苗条？
Nǐ zěn me zhè me miáo tiáo

63

그거 참 잘 어울립니다.

这跟你很配。
Zhè gēn nǐ hěn pèi

인기가 대단하시겠어요.

你这人肯定大有人气。
Nǐ zhè rén kěn dìng dà yǒu rén qì

사진보다 실물이 더 예쁘네요.

本人比照片更漂亮啊。
Běn rén bǐ zhào piàn gèng piào liang a

소유물을 칭찬할 때

그거 잘 사셨군요.

你算是买对了。
Nǐ suàn shi mǎi duì le

정말 근사한데요.

真是不错。
Zhēn shi bú cuò

최고입니다.

最好的。
Zuì hǎo de

멋진 집을 갖고 계시군요.

你的房子好漂亮啊。
Nǐ de fáng zi hǎo piào liang a

칭찬에 대해 응답할 때

칭찬해 주시니 고맙습니다.

谢谢您的夸奖。
Xiè xie nín de kuā jiǎng

과찬의 말씀입니다.

您过奖了。
Nín guò jiǎng le

별말씀을요, 과찬이십니다.

哪里哪里，你太过奖了。
Nǎ li nǎ li　nǐ tài guò jiǎng le

65

여러가지 감정

各种各样的感情

UNIT 08

「기쁘다, 즐겁다」라는 표현으로는 일반적으로 「高兴 gāoxìng, 开心 kāixīn」 등이 사용되며, 그 정도가 매우 심함을 나타낼 때는 「很 hěn, 好 hǎo, 真 zhēn, 太 tài」 등의 부사어를 앞에 붙여 다양하게 자신의 감정을 표현할 수 있습니다. 다른 사람의 행복이나 즐거움을 기원할 때는 「祝你幸福。Zhù nǐ xìngfú(행복을 기원합니다.)」 등의 표현을 사용하면 됩니다.

08-1 즐거울 때

정말 즐겁습니다.

真愉快！
Zhēn yú kuài

기뻐서 날아갈 듯 해요.

高兴得要飞了！
Gāo xìng de yào fēi le

정말 즐거워요!

真是太高兴了！
Zhēn shi tài gāo xìng le

너무 기뻐요.

真高兴！
Zhēn gāo xìng

좋아서 미치겠어요.

高兴得要疯了！
Gāo xìng de yào fēng le

콧노래라도 부르고 싶은 기분입니다.

高兴得直想哼哼。
Gāo xìng de zhí xiǎng hēng heng

기쁠 때

너무 기뻐요!

我非常高兴!
Wǒ fēi cháng gāo xìng

무척 기뻐요!

我太高兴了!
Wǒ tài gāo xìng le

기분 끝내주는군.

心情盖了帽儿了!
Xīn qíng gài le màor le

몹시 기뻐요!

我很高兴!
Wǒ hěn gāo xìng

기뻐서 펄쩍 뛸 것 같아.

高兴得就要飞起来似的。
Gāo xìng de jiù yào fēi qǐ lái shì de

야, 앗싸!

哇，太棒了。
Wā tài bàng le
▶ 젊은 층의 표현

제 평생에 이보다 더 기쁜 적이 없었어요.

我这辈子再没有比这更高兴的时候了。
Wǒ zhè bèi zi zài méi yǒu bǐ zhè gèng gāo xìng de shí hou le
▶ 辈子 : 일생, 평생

이보다 더 기쁠 수 없어요.

再没有比这更高兴的事了!
Zài méi yǒu bǐ zhè gèng gāo xìng de shì le

그는 희색이 만연했어요.

他满面喜色。
Tā mǎn miàn xǐ sè

정말이에요?

这是真的吗？
Zhè shì zhēn de ma

네가 잘돼서 나도 기뻐!

你风光我也高兴。
Nǐ fēng guāng wǒ yě gāo xìng

08-3 기쁜 소식을 들었을 때

듣던 중 반가운 소식인데요.

盼了好久才盼来的好消息。
Pàn le hǎo jiǔ cái pàn lái de hǎo xiāo xi

그 소식을 들으니 정말 기쁩니다.

听到那消息真高兴。
Tīng dào nà xiāo xi zhēn gāo xìng

꿈인 것 같아요.

我好像做梦一样。
Wǒ hǎo xiàng zuò mèng yí yàng

A : 听说你中彩了？祝贺你！
Tīng shuō nǐ zhòng cǎi le   Zhù hè nǐ

(복권에 당첨됐다면서? 축하해!)

B : 谢谢！我好像做梦一样。真不敢
Xiè xie   Wǒ hǎo xiàng zuò mèng yí yàng   Zhēn bù gǎn

相信。
xiāng xìn

(고마워요. 꿈인 것 같아요. 믿어지지 않아요.)

네가 좋다니 나도 기뻐.

你好了我也高兴。
Nǐ hǎo le wǒ yě gāo xìng

그거 반가운 소식이군요.

那真是令人高兴的消息啊。
Nà zhēn shi lìng rén gāo xìng de xiāo xi a

그녀가 들으면 틀림없이 기뻐할 거예요.

她要是知道了，肯定高兴。
Tā yào shi zhī dao le   kěn dìng gāo xìng

정말 기쁘시겠습니다.

您该多么高兴阿。
Nín gāi duō me gāo xìng a

그 소식을 들으면 그가 얼마나 기뻐할까!

他要是听到这个消息，该多么高兴啊。
Tā yào shi tīng dào zhè ge xiāo xi   gāi duō me gāo xìng a

이 소식을 듣고 얼마나 기뻐하는지 말도 마.

听到这消息那高兴劲儿，别提了。
Tīng dào zhè xiāo xi nà gāo xìng jìnr   bié tí le

08-4 기쁠 때 외치는 소리

만세!	万岁! Wàn suì
아싸!	哇噻! Wā sāi
야, 만세!	哇，万岁! Wā wàn suì
브라보!	好！好哇！ Hǎo Hǎo wa

08-5 재미있을 때

정말 재미있습니다.	很有意思。 Hěn yǒu yì si
재미있네요!	太有意思了！ Tài yǒu yì si le
그거 재미있겠는데요.	肯定会有意思的。 Kěn dìng huì yǒu yì si de
이 책은 재미없어요.	这本没意思。 Zhè běn méi yì si
오늘 재미있었어?	今天有意思吗？ Jīn tiān yǒu yì si ma
오늘밤 정말 재미있었습니다.	今天晚上太有意思了。 Jīn tiān wǎn shàng tài yǒu yì si le
재미있는 시간 보내세요.	望您愉快。 Wàng nín yú kuài
재미있게 보내세요!	望您玩儿好。 Wàng nín wánr hǎo
오늘밤, 덕분에 재미있었습니다.	托您的福，今天晚上过得真愉快。 Tuō nín de fú jīn tiān wǎn shang guò de zhēn yú kuài

당신은 재미있는 사람이군요.
你这人真风趣。
Nǐ zhè rén zhēn fēng qù

아주 묘미가 있고, 흥미진진하군요.
妙趣横生，津津有味。
Miào qù héng shēng　jīn jīn yǒu wèi
▶ 津津有味 : 흥미진진하다, 아주 맛있다

08-6 행운을 얻었을 때

날아갈 듯 해.
恨不得飞起来了。
Hèn bu dé fēi qǐ lái le

뭐가 그리 기쁘세요, 미스 김?
什么事那么高兴，金小姐？
Shén me shì nà me gāo xìng　Jīn xiǎo jiě

> A : 什么事那么高兴，金小姐？
> Shén me shì nà me gāo xìng　Jīn xiǎo jie
> (뭐가 그리 기쁘세요, 미스 김?)
> B : 男朋友向我求婚了。
> Nán péng you xiàng wǒ qiú hūn le
> (남자친구가 제게 청혼했어요.)

너무 기뻐서 말이 안 나와요.
我高兴得都说不出话来了。
Wǒ gāo xìng de dōu shuō bu chū huà lái le

08-7 행복할 때

더 이상 기쁠 수 없을 거야.
再没有比这更高兴的事了。
Zài méi yǒu bǐ zhè gèng gāo xìng de shì le

제 아들이 성공해서 정말 좋아요.
我儿子出息了，我真是好高兴。
Wǒ ér zi chū xi le　wǒ zhēn shi hǎo gāo xìng

난 정말로 만족스러워!
我真是太满意了！
Wǒ zhēn shi tài mǎn yì le

마음이 아주 편안해요.
心情好舒适啊。
Xīn qíng hǎo shū shì a

난 그것에 정말 흡족해.

我 为 这 些 感 到 心 满 意 足。
Wǒ wèi zhè xiē gǎn dào xīn mǎn yì zú

08-8

안심할 때

이 얼마나 다행인가요!

这 多 么 幸 运 啊!
Zhè duō me xìng yùn a

이제는 안심이에요.

现 在 放 心 了。
Xiàn zài fàng xīn le

안심하세요. 그런 일은 절대 생기지 않을 것입니다.

放 心 吧， 那 事 决 不 可 能 发 生。
Fàng xīn ba nà shì jué bù kě néng fā shēng

네가 나를 도와주겠다고 하니 안심이야.

既 然 有 你 帮 助 我， 我 就 放 心 了。
Jì rán yǒu nǐ bāng zhù wǒ wǒ jiù fàng xīn le

▶ 既然 : 이미 이렇게 된 바에야

08-9

화가 날 때

그가 또 약속을 어겼어. 화나 죽겠어.

他 又 失 约 了， 真 气 死 人 了。
Tā yòu shī yuē le zhēn qì sǐ rén le

화나서 미치겠어요.

气 疯 了。
Qì fēng le

참는 데도 한계가 있어요.

忍 耐 是 有 限 度 的。
Rěn nài shì yǒu xiàn dù de

정말 열 받는군!

太 让 人 生 气 了。
Tài ràng rén shēng qì le

더 이상은 못 참겠어요.

我 再 也 忍 受 不 了 了。
Wǒ zài yě rěn shòu bù liǎo le

생각할수록 화가 나요.

越 想 越 气。
Yuè xiǎng yuè qì

<table>
<tr><td></td><td>

A:这事我越想越生气，他怎么能这
Zhè shì wǒ yuè xiǎng yuè shēng qì　　tā zěn me néng zhè
么骗我呢？
me piàn wǒ ne
(이 일은 생각할수록 화가 나요. 그가 어떻게 저를 이렇게 속일 수가 있어요?)
B:别理他，知道他是什么人了，吸
Bié lǐ tā　　zhī dao tā shì shén me rén le　　xī
取教训吧。
qǔ jiào xun ba
(상관 마, 그가 어떤 사람인지 알잖아, 한 수 배웠다고 생각해.)

</td></tr>
</table>

날 건드리지 마!	别碰我！ Bié pèng wǒ
변명은 필요 없어.	你用不着跟我解释。 Nǐ yòng bu zháo gēn wǒ jiě shì
변명 따윈 하지 마!	你别狡辩了！ Nǐ bié jiǎo biàn le
농담하지 마!	你开什么玩笑！ Nǐ kāi shén me wán xiào
정말 화나 죽겠네!	气得我七窍生烟！ Qì de wǒ qī qiào shēng yān
날 얕보지 마.	不要看不起我。 Bú yào kàn bu qǐ wǒ
날 무시하지 마.	你别小看我。 Nǐ bié xiǎo kàn wǒ
일이 엉망이 됐어.	事情变糟了。 Shì qing biàn zāo le
정말 울화통 터지게 하는군.	真气死人了。 Zhēn qì sǐ rén le
날 정말 실망시키는구나.	你太让我失望了。 Nǐ tài ràng Wǒ shī wàng le
정말 말도 안 돼.	你真不像话。 Nǐ zhēn bú xiàng huà

입 닥쳐!
住嘴!
Zhù zuǐ

말참견하지 마.
不要插嘴。
Bú yào chā zuǐ

정말 열 받네.
真气人。
Zhēn qì rén

나 지금 화났어, 말 시키지 마.
我现在很生气，不要跟我说话。
Wǒ xiàn zài hěn shēng qì　bú yào gēn wǒ shuō huà

너 죽고 싶어!
你不想活啦!
Nǐ bù xiǎng huó la

08-10
상대방이 화가 났을 때

화내지 마세요!
别生气了!
Bié shēng qì le

화내지 마시고, 좀 푸세요.
别生闷气了，想开点儿。
Bié shēng mèn qì le　xiǎng kāi diǎnr

왜 자꾸 화를 내?
你怎么老生气呢?
Nǐ zěn me lǎo shēng qì ne

왜 저한테 화를 내세요?
你跟我发什么火?
Nǐ gēn wǒ fā shén me huǒ

날 건드리지 마세요.
你别惹我。
Nǐ bié rě wǒ

어떻게 화를 안 낼 수가 있어요?
怎么能不生气?
Zěn me néng bù shēng qì

그 사람 당신한테 화나 있어요.
那个人在生你的气呢。
Nà ge rén zài shēng nǐ de qì ne

화났어요?
你生气了?
Nǐ shēng qì le

그는 화를 잘 내요.
他本来就爱生气。
Tā běn lái jiù ài shēng qì

A：金先生好像很不高兴，是不是我
Jīn xiān sheng hǎo xiàng hěn bù gāo xìng shì bu shì wǒ

做错了什么？
zuò cuò le shén me

(미스터 김은 화가 난 것 같은데, 내가 뭘 잘못 했
나요?)

B：他很爱生气。
Tā hěn ài shēng qì

(그는 원래 화를 잘 내요.)

아직도 화났어요?

气还没消啊？
Qì hái méi xiāo a

그래서 나한테 화가 났어요?

那你就生我的气啊？
Nà nǐ jiù shēng wǒ de qì a

뭐 때문에 그렇게 씩씩거리니?

干嘛那么气呼呼的？
Gàn má nà me qì hū hu de

무엇 때문에 그가 저렇게 펄펄 뛰는 거야?

他暴跳如雷的，究竟为什么？
Tā bào tiào rú léi de jiū jìng wèi shén me

화를 제지할 때

그만 둬!

算了吧！
Suàn le ba

싸우지 마세요.

别打了。
Bié dǎ le

그만 하세요! 더 이상 못 참겠어요.

算了吧，我再也忍受不了了。
Suàn le ba wǒ zài yě rěn shòu bu liǎo le

닥쳐!

住口！
Zhù kǒu

무슨 소릴 하는 거야?

你胡扯些什么？
Nǐ hú chě xie shén me

그런 헛소리하지 마세요!

你不要胡说八道了！
Nǐ bú yào hú shuō bā dào le

74

바보 같은 소리 집어 치워!

快不要说那些傻话了！
Kuài bú yào shuō nà xiē shǎ huà le

말대꾸하지 마!

不许顶嘴！
Bù xǔ dǐng zuǐ

화를 달랠 때

화내지 마세요.

你不要生气。
Nǐ bú yào shēng qì

A : 你不要生气，孩子小，不懂事儿嘛。
Nǐ bú yào shēng qì　hái zi xiǎo　bù dǒng shìr ma
(화내지 마세요, 아이가 어려서 철이 없잖아요.)

B : 孩子不懂事儿，难道父母也不懂
Hái zi bù dǒng shìr　nán dào fù mǔ yě bù dǒng
事儿嘛？
shìr
(아이는 철이 없다지만 설마 부모까지 철이 없을
라고?)

진정하세요.

你镇静一下。
Nǐ zhèn jìng yí xià

화 내지 마세요.

不要发火嘛。
Bú yào fā huǒ ma

흥분하지 마.

不要激动了。
Bú yào jī dòng le

냉정함을 유지해.

要保持冷静。
Yào bǎo chí lěng jìng

이성을 잃으면 안 돼.

不能失去理智。
Bù néng shī qù lǐ zhì

나한테 화내지 마.

可别对我发火。
Kě bié duì wǒ fā huǒ

이런 일에 그렇게 화낼 필요 없어.

这点事用不着发那么大的火。
Zhè diǎn shì yòng bù zháo fā nà me dà de huǒ

노발대발하지 마!	**可别气坏了身体！** Kě bié qì huài le shēn tǐ
진정해. 이 정도도 다행이지 뭐.	**安静点儿，能这样也算是万幸的了。** Ān jìng diǎnr　néng zhè yàng yě suàn shi wàn xìng de le
이러지 마세요. 냉정하십시오.	**别这样，请你冷静。** Bié zhè yàng　qǐng nǐ lěng jìng
정신차려!	**打起精神来！** Dǎ qǐ jīng shén lái
정신차려!	**振作起来！** Zhèn zuò qǐ lái

08-13

슬플 때

아, 너무 슬퍼요!	**啊，真悲伤！** Ā zhēn bēi shāng
어머나, 가엾어라!	**哟，太可怜了！** Yō tài kě lián le
어머, 가엾게도!	**天啊，好可怜！** Tiān a hǎo kě lián
너무 괴로워요.	**很痛苦，** Hěn tòng kǔ
나는 마음이 아픕니다.	**我心里好痛苦。** Wǒ xīn li hǎo tòng kǔ
슬퍼서 울고만 싶습니다.	**我很伤心，只想哭。** Wǒ hěn shāng xīn zhǐ xiǎng kū
슬퍼서 울고 싶은 심정이에요.	**我悲伤得要哭出来。** Wǒ bēi shāng de yào kū chū lái
괜히 울적해요.	**不知怎么想哭呢。** Bù zhī zěn me xiǎng kū ne
세상이 꼭 끝나는 것 같아.	**就像到了世界末日。** Jiù xiàng dào le shì jiè mò rì

영화를 보다가 울어 본 적이 있니?

你看电影掉过眼泪吗？
Nǐ kàn diàn yǐng diào guo yǎn lèi ma

영화가 너무 슬퍼요.

电影实在太伤感了。
Diàn yǐng shí zài tài shāng gǎn le

08-14

외로울 때

너무 외로워.

我感到很孤独。
Wǒ gǎn dào hěn gū dú

쓸쓸해.

很寂寞。
Hěn jì mò

A：秋天了，风凉多了，落叶也多了。
Qiū tiān le　　fēng liáng duō le　　luò yè yě duō le
(가을이 되니까 바람도 차가워졌고, 낙엽도 많아
졌어요.)

B：是啊。我觉得很寂寞。
Shì a　　Wǒ jué de hěn jì mò
(맞아. 너무 쓸쓸해.)

A：别伤感了，下班以后我请你喝一
Bié shāng gǎn le　　xià bān yǐ hòu wǒ qǐng nǐ hē yì
杯去。
bēi qù
(너무 슬퍼 마, 퇴근하고 내가 한 잔 살게.)

나는 생활이 너무 무미건조해.

我的生活很空虚。
Wǒ de shēng huó hěn kōng xū

허송세월을 보냈어.

虚度了许多光阴。
Xū dù le xǔ duō guāng yīn

▶ 光阴：시간, 세월

 08-15

우울할 때

저는 우울해요.

我很郁闷。
Wǒ hěn yù mèn

한 가닥 희망도 없어요.

我算是没有一点希望了。
Wǒ suàn shi méi yǒu yì diǎn xī wàng le

비참해.

我太惨了。
Wǒ tài cǎn le

아무것도 하고 싶은 생각이 없어요.

我什么都不想做。
Wǒ shén me dōu bù xiǎng zuò

저는 지금 완전히 절망적인 상태예요.

我现在简直是绝望极了。
Wǒ xiàn zài jiǎn zhí shì jué wàng jí le

A : 我现在简直是绝望极了。
Wǒ xiàn zài jiǎn zhí shì jué wàng jí le
(저는 지금 완전히 절망적인 상태예요.)

B : 别那样！天无绝人之路，总会有
Bié nà yàng Tiān wú jué rén zhī lù zǒng huì yǒu
办法的。
bàn fǎ de
(그러지 마세요! 하늘이 무너져도 솟아날 구멍은
있는 법, 틀림없이 방법이 있을 거예요.)

저를 우울하게 만들지 마세요.

你别让我太忧郁。
Nǐ bié ràng wǒ tài yōu yù

모든 것이 끝났다고 생각했어요.

我认为一切都完了。
Wǒ rèn wéi yí qiè dōu wán le

아무 희망도 없어요!

太绝望了！
Tài jué wàng le

조금도 희망이 보이질 않아요.

看不到一点希望。
Kàn bu dào yì diǎn xī wàng

78

08-16

슬픔과 우울함을 위로할 때

슬퍼하지 마세요.
不要伤心了。
Bú yào shāng xīn le

기분을 좀 푸세요.
开开心吧。
Kāi kai xīn ba

이래서는 안 됩니다.
这可怎么行呢。
Zhè kě zěn me xíng ne

왜 이래?
你怎么啦？
Nǐ zěn me la

내가 당신 옆에서 돌봐 줄게요.
我会在旁边照顾你的。
Wǒ huì zài páng biān zhào gù nǐ de
▶ 照顾 : 돌보다, 배려하다, 주의하다

너무 우울해하지 마.
不要太忧郁。
Bú yào tài yōu yù

기운 내.
打起精神！
Dǎ qǐ jīng shen

너는 이겨낼 거야.
你肯定会克服的。
Nǐ kěn dìng huì kè fú de
▶ 肯定 : 틀림없다, 긍정하다

너무 많이 생각하지 마세요. 즐거운 일들을 자주 생각하세요!
别想太多了，多想点儿高兴的事！
Bié xiǎng tài duō le duō xiǎng diǎnr gāo xìng de shì

푹 자고 슬픈 일은 잊어버리세요.
好好睡一觉，忘掉悲痛吧。
Hǎo hǎo shuì yí jiào wàng diào bēi tòng ba

어떻게 견디셨어요?
您是怎么忍受的？
Nín shì zěn me rěn shòu de

부친께서 돌아가셨다니, 슬픔을 극할 길이 없습니다.
听说令尊去世了，真是不胜哀悼。
Tīng shuō lìng zūn qù shì le zhēn shì bú shèng āi dào

자신이 놀랐을 때

맙소사!	我的天啊！ Wǒ de tiān a
저런, 세상에!	哎哟，我的天啊！ Āi yō wǒ de tiān a
하느님 맙소사!	天啊！ Tiān a
말도 안 돼!	太不像话了！ Tài bú xiàng huà le

A：君子动口不动手，他怎么能打老
Jūn zǐ dòng kǒu bú dòng shǒu　tā zěn me néng dǎ lǎo

婆呢？
po ne

（군자는 말로 하지 완력을 쓰지 않는데, 그는 어떻게 마누라를 때릴 수 있어?)

B：太不像话了！真给咱们男人丢脸。
Tài bú xiàng huà le　Zhēn gěi zán men nán rén diū liǎn

（정말 말도 안 돼! 우리 남자들의 수치야.）

어머나!	哎哟妈呀！ Āi yō mā ya
오, 안 돼!	噢，不行！ Ō bù xíng
어때? 정말 놀랐지?	怎么样？吓着了吧？ Zěn me yàng Xià zháo le ba
아이, 깜짝이야!	唷，吓死了！ Yō xià sǐ le
놀랍군요!	真惊人！ Zhēn jīng rén

<table>
<tr><td></td><td>

A：真惊人，大学生就业率只有５１
Zhēn jīng rén　　dà xué shēng jiù yè lù zhǐ yǒu bǎi fēn zhī

％ 。
wǔshí yī

(놀랍네요, 대학생의 취업률이 51퍼센트밖에 안 돼요.)

B：真让人担心。
Zhēn ràng rén dān xīn

(정말 걱정이군요.)

</td></tr>
</table>

정말 놀랐어.	真是吓坏了。 Zhēn shì xià huài le
이거 큰일났군!	这下闯了大祸了。 Zhè xià chuǎng le dà huò le
너 때문에 놀랐잖아.	你把我吓了一跳。 Nǐ bǎ wǒ xià le yí tiào
놀랐니?	你吃惊了？ Nǐ chī jīng le

08-18 믿어지지 않을 때

설마.	不可能。 Bù kě néng
믿을 수 없어.	真不敢相信！ Zhēn bù gǎn xiāng xìn
믿어지지 않는데요.	真让人不敢相信。 Zhēn ràng rén bù gǎn xiāng xìn
내 눈을 믿을 수가 없어.	真不敢相信我的眼睛。 Zhēn bù gǎn xiāng xìn wǒ de yǎn jing
어떻게 그럴 수가 있어?	这怎么可能呢？ Zhè zěn me kě néng ne

A：咱们国家的交通事故率是世界第
Zán men guó jiā de jiāo tōng shì gù lǜ shì shì jiè dì

一。
yī

(우리나라의 교통사고율은 세계 제일이다)

B：这怎么可能呢？你看错了吧？
Zhè zěn me kě néng ne　Nǐ kàn cuò le ba

(어떻게 이럴 수가 있어? 네가 잘못 본 거 아냐?)

08-19 무섭거나 두려울 때

무서워요.

我害怕。
Wǒ hài pà

정말 모골이 송연해지는군요.

真让人毛骨悚然。
Zhēn ràng rén máo gǔ sǒng rán

정말 무서운 영화였어.

那电影恐怖极了。
Nà diàn yǐng kǒng bù jí le

간 떨어질 뻔했어요(무서워 죽을 뻔 했어).

我差点被吓死。
Wǒ chá diǎn bèi xià sǐ

그 생각만 하면 무서워요.

想起来就害怕。
Xiǎng qǐ lái jiù hài pà

등골에 땀이 나요.

脊梁骨阵阵发凉。
Jǐ liáng gǔ zhèn zhèn fā liáng

내 팔에 소름 돋는 것 좀 보세요.

你看看我胳膊上的鸡皮疙瘩。
Nǐ kàn kan wǒ gē bo shang de jī pí gē dá

온몸에 소름끼쳐요.

我浑身起了鸡皮疙瘩呢。
Wǒ hún shēn qǐ le jī pí gē dá ne

아이고 무서워.

后怕。
Hòu pà

왜 이걸 무서워해요?

你为什么不敢做那事？
Nǐ wèi shén me bù gǎn zuò nà shì

A：你为什么不敢做那事？
Nǐ wèi shén me bù gǎn zuò nà shì

(왜 이걸 무서워해요?)

B：因为我有恐高症，不敢坐电梯上
Yīn wèi wǒ yǒu kǒng gāo zhèng bù gǎn zuò diàn tī shàng

去。
qù

(저는 고소공포증이 있어서 엘리베이터를 타고 올라갈 수가 없습니다.)

진정시킬 때

무서워하지 마!

别怕，不要怕！
Bié pà bú yào pà

진정해.

镇静点儿。
Zhèn jìng diǎnr

그건 별거 아니야.

这没什么了不起。
Zhè méi shén me liǎo bu qǐ

앉아서 긴장을 푸세요.

坐下来放松放松。
Zuò xià lái fàng sōng fàng sōng

깊이 숨을 들이쉬세요.

来一个深呼吸。
Lái yí ge shēn hū xī

무서웠지요?

害怕了吧？
Hài pà le ba

무서워하지 마세요.

你不要害怕。
Nǐ bú yào hài pà

진정하세요.

你镇静一下。
Nǐ zhèn jìng yí xià

두려워하지 마세요.

你不用怕。
Nǐ bu yòng pà

A：你不用怕，有我呢！
Nǐ bú yòng pà　　yǒu wǒ ne
(두려워 마, 내가 있잖아!)

B：谢谢你，请你不要离开我。
Xiè xie nǐ　qǐng nǐ bú yào lí kāi wǒ
(고마워, 날 떠나지 마.)

두려울 게 뭐가 있겠어?

有什么可怕的？
Yǒu shén me kě pà de

부끄러울 때

너무 부끄럽네요.

多不好意思啊。
Duō bù hǎo yì si a

저는 이 일을 부끄럽게 생각합니다.

我对此感到很惭愧。
Wǒ duì cǐ gǎn dào hěn cán kuì
▶ 惭愧 : 부끄럽다, 면구스럽다

이것은 제게 수치스런 일입니다.

这事对我来说是个羞耻。
Zhè shì duì wǒ lái shuō shì ge xiū chǐ

A：这事对我来说是个耻辱。
Zhè shì duì wǒ lái shuō shì ge chǐ rǔ
(이것은 제게 수치스런 일입니다.)

B：其实没那么严重，你想得太多了
Qí shí méi nà me yán zhòng　nǐ xiǎng de tài duō le
(사실 별 거 아니에요. 너무 깊이 생각하지 마세요.)

너는 창피한 줄 알아야지.

你要知道羞耻。
Nǐ yào zhī dao xiū chǐ

창피하지도 않아요?

你不嫌丢脸吗？
Nǐ bù xián diū liǎn ma

이것은 나에게 있어서 큰 치욕입니다.

这个对我来说是莫大的耻辱。
Zhè ge duì wǒ lái shuō shì mò dà de chǐ rǔ

84

아마추어 선수한테 지다니 너무 창피해.

竟然输给了业余选手，太丢人了。
Jìng rán shū gěi le yè yú xuǎn shǒu tài diū rén le

▶ 竟然 : 뜻밖에, 상상외로 / 业余 : 여가의, 아마추어의

시험에 떨어져서 너무 창피해.

考试没及格，真丢人。
Kǎo shì méi jí gé zhēn diū rén

08-22

수줍어할 때

당신 차례예요. 수줍어 마세요.

轮到你了，不要不好意思。
Lún dào nǐ le bú yào bù hǎo yì si

당신은 사람들 앞에서 왜 그렇게도 부끄럼을 탑니까?

你在众人面前怎么那么害羞！
Nǐ zài zhòng rén miàn qián zěn me nà me hài xiū

그는 부끄러워 할 말을 못합니다.

他羞怯得说不出话来。
Tā xiū qiè de shuō bu chū huà lái

그는 창피를 당한 뒤로 나쁜 습관을 고쳤습니다.

他羞愧得改掉了他的坏习惯。
Tā xiū kuì de gǎi diào le tā de huài xí guàn

젊은이, 왜 그렇게 부끄럼을 타?

大小伙子怎么那么害羞。
Dà xiǎo huǒ zi zěn me nà me hài xiū

너무 창피해. 어떻게 하지?

太丢人了，我该怎么办？
Tài diū rén le wǒ gāi zěn me bàn

A : 太丢人了，我该怎么办？
Tài diū rén le wǒ gāi zěn me bàn
(너무 창피해. 어떻게 하지?)

B : 没什么。年轻人失败是难免的，
Méi shén me Nián qīng rén shī bài shì nán miǎn de
关键是你能不能重新站起来。
guān jiàn shì nǐ néng bu néng chóng xīn zhàn qǐ lái
(괜찮아요. 젊을 때 실패는 불가피한 거예요. 중요한 것은 다시 일어설 수 있느냐 하는 거예요.)

걱정을 물을 때

무슨 일이야?

什么事啊？
Shén me shì a

무슨 걱정거리라도 있습니까?

有什么心事吗？
Yǒu shén me xīn shi ma

어디가 불편하니?

哪儿不舒服？
Nǎr bù shū fu

무슨 일 때문에 이렇게 괴로워하는 거야?

什么事让你这么难过？
Shén me shì ràng nǐ zhè me nán guò

A : 什么事让他这么难过？
Shén me shì ràng tā zhè me nán guò
(무슨 일 때문에 이렇게 괴로워하는 거야?)

B : 他和女朋友分手了。
Tā hé nǚ péng you fēn shǒu le
(그는 여자친구와 헤어졌대.)

걱정되는 일이라도 있으세요?

你有什么心事吗？
Nǐ yǒu shén me xīn shì ma

우울해 보이네요.

看着挺忧郁的。
Kàn zhe tǐng yōu yù de

안색이 안 좋아요.

你的脸色很不好啊。
Nǐ de liǎn sè hěn bù hǎo a

무슨 일이 잘못됐니?

出了什么差错吗？
Chū le shén me chā cuò ma

걱정할 때

저는 이제 어떡하죠?

我该如何是好？
Wǒ gāi rú hé shì hǎo
▶ 如何 : 어떻게 하면

한잠도 못 잤어요.

一夜没合眼。
Yí yè méi hé yǎn

요즘 기분이 좋지 않아요.

这几天心情不好。
Zhè jǐ tiān xīn qíng bù hǎo

오늘 기분이 이상해요.

今天这心情好古怪。
Jīn tiān zhè xīn qíng hǎo gǔ guài

완전 절망이야.

心情绝望极了。
Xīn qíng jué wàng jí le

긴장과 초조할 때

그는 왜 안절부절못하죠?

他怎么坐立不安呢？
Tā zěn me zuò lì bù ān ne

A：他怎么坐立不安呢？
Tā zěn me zuò lì bù ān ne
(그는 왜 안절부절못하죠?)

B：听说他买的那股出问题了。
Tīng shuō tā mǎi de nà gǔ chū wèn tí le
(그가 산 주식에 문제가 생겼대요.)

무슨 일로 그렇게 조급해 하세요?

你有什么事那么着急？
Nǐ yǒu shén me shì nà me zháo jí

▶ 着急 : 조급해하다, 초조해하다

긴장과 초조함을 진정시킬 때

긴장을 좀 풀어.

你放松一下。
Nǐ fàng sōng yí xià

걱정하지 마세요.

您不要担心。
Nín bú yào dān xīn

걱정할 것 없어요.

用不着担心。
Yòng bu zháo dān xīn

좋아질 거예요.

会好起来的。
Huì hǎo qǐ lái de

결과에 대해 걱정하지 마세요.

您不用挂念结果。
Nín bú yòng guà niàn jié guǒ

너무 심각하게 받아들이지 마세요.

不要把它想得太重。
Bú yào bǎ tā xiǎng de tài zhòng

그것은 문제없어요.

那没问题。
Nà méi wèn tí

기운 내!

加油啊！
Jiā yóu a

걱정말고 말씀하세요.

别担心，说吧。
Bié dān xīn shuō ba

걱정해 주셔서 고맙습니다.

谢谢您为我费心。
Xiè xie nín wèi wǒ fèi xīn

08-27 귀찮을 때

정말 귀찮아 죽겠어.

真是讨厌死了。
Zhēn shi tǎo yàn sǐ le

날 귀찮게 하지 마.

不要烦我。
Bú yào fán wǒ

당신 참 짜증나게 하는군요.

你这人真烦人。
Nǐ zhè rén zhēn fán rén

정말 짜증나.

真烦。
Zhēn fán

08-28 불평할 때

너 또 투덜거리는 거야.

你这人又发牢骚了。
Nǐ zhè rén yòu fā láo sāo le

나한테 무슨 불만 있어요?

你对我有什么不满的吗？
Nǐ duì wǒ yǒu shén me bù mǎn de ma

왜 그게 제 탓이죠?

那为什么要怨我？
Nà wèi shén me yào yuàn wǒ

당신 그런 태도, 난 너무 불쾌해요.

你这个态度，很让我不快。
Nǐ zhè ge tài dù　hěn ràng wǒ bú kuài

> A：你这是什么态度？
> 　　Nǐ zhè shì shén me tài dù
> 　　(이 무슨 태도예요?)
> B：有理不在声高，你喊什么？
> 　　Yǒu lǐ bú zài shēng gāo　nǐ hǎn shén me
> 　　(목소리 크다고 다 옳은 줄 알아요, 왜 소리를 질러요?)

정말 말도 안 돼.

真不像话。
Zhēn bú xiàng huà

도대체 뭐가 불만입니까?

到底对什么不满？
Dòo dǐ duì shén me bù mǎn

08-29

불평 · 불만을 말릴 때

됐어. 더 이상 말하지 마!

够了，别再说了！
Gòu le　bié zài shuō le

뭐가 그렇게 불만인가요?

你到底有什么可不满的？
Nǐ dào dǐ yǒu shén me kě bù mǎn de

너무 그러지 마.

不要太过分。
Bú yào tài guò fèn

그만 좀 불평해.

少发牢骚。
Shǎo fā láo sāo

08-30 지겹고 지루할 때

정말 지겨워 죽겠어, 정말.
真是烦死了，烦透了。
Zhēn shì fán sǐ le　fán tòu le

일이 지겹지 않으세요?
你不厌倦你做的工作吗？
Nǐ bú yàn juàn nǐ zuò de gōng zuò ma

네, 이젠 진저리가 나요.
是啊，已经厌倦得不得了。
Shì a　yǐ jing yàn juàn de bù de liǎo

지긋지긋해요, 그렇죠?
很腻人，是吧？
Hěn nì rén　shì ba

지루해 죽겠어요.
真是无聊死了。
Zhēn shi wú liáo sǐ le

08-31 짜증날 때

아, 정말 짜증나.
咳，真讨厌。
Hāi　zhēn tǎo yàn

정말 스트레스 쌓이는군!
真让人受不了。
Zhēn ràng rén shòu bu liǎo

정말 짜증스러워요.
真让人讨厌。
Zhēn ràng rén tǎo yàn

이 일은 해도 해도 끝이 없군.
这事干来干去没个头。
Zhè shì gàn lái gàn qù méi ge tóu

08-32 부러울 때

너무 부럽습니다.
非常羡慕。
Fēi cháng xiàn mù

저도 당신의 용기가 부럽습니다.
我也很羡慕你的勇气。
Wǒ yě hěn xiàn mù nǐ de yǒng qì

A : 我也很羡慕你的勇气。
Wǒ yě hěn xiàn mù nǐ de yǒng qì
(저도 당신의 용기가 부럽습니다.)

B : 这没什么，如果你处在当时的情
Zhè méi shén me　　rú guǒ nǐ chǔ zài dāng shí de qíng
况下，你也会那做的。
kuàng xià　　　nǐ yě huì nà zuò de
(아무것도 아니에요, 만약 당신도 그 때 그 상황
이었으면 그렇게 했을 거예요.)

나한테 뭐 부러울 게 있다고.

我有什么可羡慕的。
Wǒ yǒu shén me kě xiàn mù de

아쉬워할 때

그 사람이 실패하다니 정말 안됐군요.

他竟然失败了，太可惜。
Tā jìng rán shī bài le　　tài kě xī

사실 그건 피할 수도 있었는데.

那其实是可避免的。
Nà qí shí shì kě bì miǎn de

애당초 영어공부를 좀 열심히 했더라면 좋았을 텐데.

当初再用心学学英语就好了。
Dāng chū zài yòng xīn xué xue Yīng yǔ jiù hǎo le

▶ 用心 : 심혈을 기울이다, 집중하다

운이 좀 없었을 뿐이야.

不过是少了点运气罢了。
Bú guò shì shǎo le diǎn yùn qì bà le

난 정말 이곳을 그리워할 거야.

我以后会怀念这个地方的。
Wǒ yǐ hòu huì huái niàn zhè ge dì fang de

후회할 때

그에게 사과했어야 하는 건데.

我应该向他道歉才是。
Wǒ yīng gāi xiàng tā dào qiàn cái shì

91

| 이젠 너무 늦었어. | 现在已经太晚了。
Xiàn zài yǐ jing tài wǎn le |

| 난 절대로 후회하지 않아. | 我可不后悔。
Wǒ kě bú hòu huǐ |

> A：你和她分手不后悔吗？
> Nǐ hé tā fēn shǒu bú hòu huǐ ma
> (그와 헤어져도 후회 안 할 거니?)
> B：我可不后悔。
> Wǒ kě bú hòu huǐ
> (절대로 후회하지 않아.)

| 조금 더 분발하면 좋았을 텐데. | 再努把力就好了。
Zài nǔ bǎ lì jiù hǎo le |

| 언젠가는 후회할 겁니다. | 往后肯定会后悔的。
Wǎng hòu kěn dìng huì hòu huǐ de |

| 후회해도 어쩔 수 없어. | 后悔也来不及了。
Hòu huǐ yě lái bu jí le |

▶ 상대를 위로하는 뉘앙스

낙담하거나 실망스러울 때

| 낙담하지 말아요. | 不要气馁。
Bú yào qì něi |

> A：不要气馁。坚持下去。
> Bú yào qì něi Jiān chí xià qù
> (낙담하지 말고, 계속 하세요.)
> B：也只好坚持了。
> Yě zhǐ hǎo jiān chí le
> (계속하는 수밖에 없겠군요.)

| 나를 실망시키지 마세요. | 不要让我失望。
Bú yào ràng wǒ shī wàng |

| 너에게 너무 실망했어. | 我对你太失望了。
Wǒ duì nǐ tài shī wàng le |

08-36 유감스러울 때

정말 유감입니다.	真遗憾。 Zhēn yí hàn
만약 그렇다면, 너무나 유감스럽습니다.	要是那样，那太遗憾了。 Yào shi nà yàng　nà tài yí hàn le
당신이 오시지 않아서 너무 유감스러웠습니다.	你不能来真是太遗憾了！ Nǐ bù néng lái zhēn shi tài yí hàn le
유감스럽지만, 찬성합니다.	虽然有些遗憾，但我赞成。 Suī rán yǒu xiē yí hàn　dàn wǒ zàn chéng
안타깝지만, 못 갈 것 같군요.	很遗憾，我可能去不了。 Hěn yí hàn　wǒ kě néng qù bu liǎo
그다지 가망이 없어 보이는데요.	我看没多大指望。 Wǒ kàn méi duō dà zhǐ wàng

> A：我看没多大指望。
> 　　Wǒ kàn méi duō dà zhǐ wàng
> 　（그다지 가망이 없어 보이는데요.）
> B：别急着下结论，再等等看。
> 　　Bié jí zhe xià jié lùn　zài děng deng kàn
> 　（조급하게 결론 내리지 마세요, 좀더 기다려 보세요.）

08-37 황당하거나 당황할 때

날 놀리는 거죠?	你骗我呢吧？ Nǐ piàn wǒ ne ba
너무 황당해.	太荒唐。 Tài huāng táng
얼빠진 소리하지 마!	不要胡闹！ Bú yào hú nào

A：不要胡闹！
Bú yào hú nào

(얼빠진 소리하지 마!)

B：谁跟你胡闹，这是真的。
Shéi gēn nǐ hú nào　zhè shì zhēn de

(누가 얼이 빠졌대. 이건 진짜야.)

그건 너무 황당한 해석이야.

这完全是荒谬的解释。
Zhè wán quán shì huāng miù de jiě shì

너의 의견은 너무 비합리적이야.

你的意见完全不合情理。
Nǐ de yì jiàn wán quán bù hé qíng lǐ

뭐라고요? 정말 믿을 수가 없네요.

什么？真难以相信。
Shén me　Zhēn nán yǐ xiāng xìn

너무 터무니가 없군요.

太荒谬了！
Tài huāng miù le

다툴 때

사람을 놀리는 거야?

拿人开心呢？
Ná rén kāi xīn ne

내 말대로 해!

你就听我的！
Nǐ jiù tīng wǒ de

그만 해둬, 좀 조용히 해!

算了吧，你们给我安静点！
Suàn le ba　nǐ men gěi wǒ ān jìng diǎn

이봐요! 목소리 좀 낮추는 게 어때요?

我说，你小点声好不好？
Wǒ shuō　nǐ xiǎo diǎn shēng hǎo bu hǎo

바보 같은 소리하지 마세요.

不要尽说傻话了。
Bú yào jìn shuō shǎ huà le

당신, 어떻게 그런 말을 할수 있죠?

你怎么能说那种话？
Nǐ zěn me néng shuō nà zhǒng huà

도대체 무엇 때문에 다투셨어요?

你们到底为什么吵架？
Nǐ men dào dǐ wèi shén me chǎo jià

94

너 두고 보자!

你等着瞧！
Nǐ děng zhe qiáo

내가 뭐가 틀렸다는 거야?

你说我有什么错？
Nǐ shuō wǒ yǒu shén me cuò

네가 완전히 망쳤어.

你算毁了我了！
Nǐ suàn huǐ le wǒ le

당신, 한번 해보자는 거야?

你怎么着？
Nǐ zěn me zháo

08-39

화해할 때

두 사람 화해하세요.

你们俩和解吧。
Nǐ men liǎ hé jiě ba

> A：看在我的面子上，你们俩和解吧。
> Kàn zài wǒ de miàn zi shang nǐ men liǎ hé jiě ba
> (제 얼굴을 봐서라도 두 사람 화해하세요.)
>
> B：我没什么，看他愿意不愿意了。
> Wǒ méi shén me kàn tā yuàn yì bu yuàn yì le
> (저는 상관없는데, 그 사람이 원하는지 모르겠군요.)

그 일은 잊어버리세요.

就把那事给忘了吧。
Jiù bǎ nà shì gěi wàng le ba

남자 대 남자로 이야기합시다.

咱们来一个男人之间的对话。
Zán men lái yí ge nán rén zhī jiān de duì huà

네가 동생에게 양보해라.

你就让让弟弟吧。
Nǐ jiù ràng rang dì di ba

화해합시다.

咱们和好吧。
Zán men hé hǎo ba

우리가 오해했어요.

我们之间误解。
Wǒ men zhī jiān wù jiě

당신한테 화를 낸 게 아니었어요.

我没有跟你生气呀！
Wǒ méi yǒu gēn nǐ shēng qì ya

 08-40

좋고 싫음을 물을 때

어떤 종류의 영화를 좋아하세요?

你喜欢什么类型的电影？
Nǐ xǐ huan shén me lèi xíng de diàn yǐng

A : 你喜欢什么类型的电影？
Nǐ xǐ huan shén me lèi xíng de diàn yǐng
(어떤 종류의 영화를 좋아하세요?)

B : 我喜欢科幻片。
Wǒ xǐ huan kē huàn piàn
(저는 SF영화를 좋아합니다.)

어떤 TV프로를 좋아하세요?

你喜欢什么样的电视节目？
Nǐ xǐ huan shén me yàng de diàn shì jié mù

어떤 날씨를 좋아하세요?

你喜欢什么样的天气？
Nǐ xǐ huan shén me yàng de tiān qì

08-41

좋아하는 것을 말할 때

음악 듣는 거 좋아합니다.

我喜欢听音乐。
Wǒ xǐ huan tīng yīn yuè

나는 PC게임광입니다.

我是电脑游戏迷。
Wǒ shì diàn nǎo yóu xì mí

커피보다는 홍차를 마시겠습니다.

喝咖啡还不如喝红茶呢。
Hē kā fēi hái bù rú hē hóng chá ne

나는 포도주보다는 맥주가 좋습니다.

和葡萄酒比起来我更喜欢啤酒。
Hé pú táo jiǔ bǐ qǐ lái wǒ gèng xǐ huan pí jiǔ

나는 뮤직 비디오를 굉장히 좋아합니다.

我非常喜欢音乐像带。
Wǒ fēi cháng xǐ huan yīn yuè xiàng dài

나는 수영장에서 수영하는 것을 좋아합니다.

我喜欢到游泳池游泳。
Wǒ xǐ huan dào yóu yǒng chí yóu yǒng

PART 1

싫어하는 것을 말할 때

나는 이런 종류의 음식을 좋아하지 않아요.

我不喜欢吃这种类型的食物。
Wǒ bù xǐ huan chī zhè zhǒng lèi xíng de shí wù

그다지 좋아하는 것은 아닙니다.

我并不是太喜欢。
Wǒ bìng bú shì tài xǐ huan

별거 아냐(별로야).

不怎么样。
Bù zěn me yàng

난 지금 움직이기 싫어(꼼짝도 하기 싫어).

我现在一动也不想动。
Wǒ xiàn zài yí dòng yě bù xiǎng dòng

A : 你陪我去听音乐会吧？
Nǐ péi wǒ qù tīng yīn yuè huì ba
(나 콘서트에 데려가 줄 거지?)

B : 我现在一动也不想动，你找别人
Wǒ xiàn zài yí dòng yě bù xiǎng dòng nǐ zhǎo bié rén
吧。
ba
(난 지금 꼼짝도 하기 싫어, 다른 사람 찾아 봐.)

97

PART 2

日常会话
일상 회화

날씨

天气

UNIT 01

① 동북의 흑룡강성:여름은 덥지 않고 짧으며, 겨울은 매우 춥고 길다. ② 남부의 대만, 해남, 광동, 광서, 운남 남부: 겨울이 없어 사계절이 따뜻하거나 덥고, 비가 많으며 수목이 항상 푸르다. ③ 장강 중하류와 회하 유역:겨울은 춥고 여름은 더우며 사계절이 분명하다. ④ 서북 내륙지역:일년 내내 가물고 황사가 많으며 일교차가 비교적 크다. ⑤ 청장 고원:중국의 특수한 고냉지구에 속하며 공기가 희박하고 일년 내내 눈이 쌓여 있다.

날씨를 물을 때

오늘 날씨 어때요?	今天天气怎么样？ Jīn tiān tiān qì zěn me yàng
한국의 날씨는 어때요?	韩国的气候怎么样？ Hán guó de qì hòu zěn me yàng

A : 韩国的气候怎么样？
Hán guó de qì hòu zěn me yàng
(한국의 날씨는 어때요?)

B : 四季分明的半海洋性气候，很舒服。
Sì jì fēn míng de bàn hǎi yáng xìng qì hòu hěn shū fu
(사계절이 분명한 반 해양성 기후라서 쾌적해요.)

바깥 날씨는 어때요?	外面的天气怎么样？ Wài miàn de tiān qì zěn me yàng
그곳 날씨는 어떻습니까?	那边的天气怎么样？ Nà biān de tiān qì zěn me yàng
서울 날씨는 어떻습니까?	首尔的天气怎么样？ Shǒu ěr de tiān qì zěn me yàng

이런 날씨 좋아하세요?

你喜欢这种天气吗？
Nǐ xǐ huan zhè zhǒng tiān qì ma

날씨가 좋을 때

날씨 참 좋죠?

今天天气真好，是吧？
Jīn tiān tiān qì zhēn hǎo　shì ba

> A：今天天气真好，是吧？
> 　　Jīn tiān tiān qì zhēn hǎo　shì ba
> 　　(날씨 참 좋죠?)
> B：是啊，待在家里太可惜了。出去
> 　　Shì a　dāi zài jiā li tài kě xī le　Chū qù
> 走走吧。
> zǒu zou ba
> 　　(그래요, 집에 있기에는 너무 아까워요. 나가서
> 　　좀 걸읍시다.)

오늘은 날씨가 좋습니다.

今天天气很好。
Jīn tiān tiān qì hěn hǎo

날이 개이기 시작했어요.

天气开始转晴了。
Tiān qì kāi shǐ zhuǎn qíng le

오늘은 맑습니다.

今天很晴朗。
Jīn tiān hěn qíng lǎng

오늘은 구름 한 점 없이 맑습니다.

今天晴空万里。
Jīn tiān qíng kōng wàn lǐ

오늘 날씨는 따뜻해요.

今天很暖和。
Jīn tiān hěn nuǎn huo

오늘 날씨는 선선해요.

今天很凉快。
Jīn tiān hěn liáng kuài

한국의 날씨는 정말 좋아요.

韩国的气候真好。
Hán guó de qì hòu zhēn hǎo

01-3 날씨가 나쁠 때

오늘 날씨는 정말 좋지 않아요.	今天天气真不好。 Jīn tiān tiān qì zhēn bù hǎo
오늘은 날씨가 몹시 나쁘군요.	今天天气坏得很。 Jīn tiān tiān qì huài de hěn
오늘은 약간 흐려요.	今天有点儿阴。 Jīn tiān yǒu diǎnr yīn
날씨가 그리 좋지 않아요.	天气不太好。 Tiān qì bú tài hǎo

01-4 비가 내릴 때

오늘 비가 내릴까요?	今天有雨吗？ Jīn tiān yǒu yǔ ma
비가 내릴 것 같습니까?	会不会下雨？ Huì bu huì xià yǔ
이렇게 날씨가 좋은데, 절대 비가 올 리가 없어요.	天气这么好，下不了雨。 Tiān qì zhè me hǎo xià bu liǎo yǔ

> A : 你带把伞把。听说今天有雨。
> Nǐ dài bǎ sǎn ba　　Tīng shuō jīn tiān yǒu yǔ
> (우산을 가지고 가세요. 오늘 비가 온다고 하네요.)
> B : 天气这么好，下不了雨。
> Tiān qì zhè me hǎo　　xià bu liǎo yǔ
> (날씨가 이렇게 좋은데, 절대 비가 올 리가 없어요.)

(천둥을 동반한) 소나기가 내릴 것 같습니다.	看来要下雷阵雨了。 Kàn lái yào xià léi zhèn yǔ le
어제는 한 차례 폭우가 내렸습니다.	昨天下了一场暴雨。 Zuó tiān xià le yì cháng bào yǔ
저녁에 가랑비가 내릴 것 같습니다.	晚上将会有小雨。 Wǎn shàng jiāng huì yǒu xiǎo yǔ

연일 궂은 비가 내립니다.

阴雨连绵。
Yīn yǔ lián mián

이번 비는 너무 오래 내립니다.

这雨下得太长了。
Zhè yǔ xià de tài cháng le

비가 곧 멎을 것 같아요.

看来雨要停了。
Kàn lái yǔ yào tíng le

6월 말부터 7월 초까지는 장마철입니다.

六月底到七月初是梅雨期。
Liù yuè dǐ dào qī yuè chū shì méi yǔ qī

바람이 불 때

밖에 바람이 너무 세차게 불어요.

外边风刮得很大。
Wài bian fēng guā de hěn dà

> A : **外面风刮得很大，没事别出门了。**
> Wài miàn fēng guā de hěn dà　　méi shì bié chū mén le
> (밖에 바람이 세차게 부니, 별일 없으면 나가지 마세요.)
>
> B : **我得去学校接孩子。**
> Wǒ děi qù xué xiào jiē hái zi
> (학교에 아이를 데리러 가야 해요.)

지금 밖에 바람이 세차게 붑니다.

外面正在刮大风。
Wài mian zhèng zài guā dà fēng

중국에서 황사가 날아옵니다.

从中国刮过来的黄沙。
Cóng Zhōng guó guā guò lái de huáng shā

더위에 대해서

더워 죽겠어요.

热死了。
Rè sǐ le

오늘은 어제보다 더워요.

今天比昨天热。
Jīn tiān bǐ zuó tiān rè

103

날씨가 갈수록 더워져요.

天气越来越热。
Tiān qì yuè lái yuè rè

아주 푹푹 찌네요.

非常闷热。
Fēi cháng mēn rè

거기는 여기만큼 더운가요?

那儿有这儿热吗？
Nàr yǒu zhèr rè ma

A: 这儿的冬天冷吧？你穿得太少了。
Zhèr de dōng tiān lěng ba Nǐ chuān de tài shǎo le
(여기 겨울은 춥지요? 당신 옷을 너무 가볍게 입었네요.)
B: 我怕热，不怕冷。
Wǒ pà rè bú pà lěng
(저는 더위는 타지만 추위는 타지 않아요.)

01-7 **추위에 대해서**

추워 죽겠어요.

冷死了。
Lěng sǐ le

오늘은 어제보다 추워요.

今天比昨天冷。
Jīn tiān bǐ zuó tiān lěng

올 겨울은 예년보다 더 추워요.

今年冬天比往年更冷。
Jīn nián dōng tiān bǐ wǎng nián gèng lěng

날씨가 점점 서늘해져요.

天气渐渐凉了。
Tiān qì jiàn jiàn liáng le

A: 天气渐渐凉了。小心别感冒了。
Tiān qì jiàn jiàn liáng le Xiǎo xīn bié gǎn mào le
(날씨가 점점 서늘해지네요. 감기에 걸리지 않게 조심하세요.)
B: 可不是。早晚凉，温差很大。
Kě bú shì Zǎo wǎn liáng wēn chā hěn dà
(그러게요. 아침저녁으로 서늘해서 일교차가 커요.)

오늘 날씨는 춥지도 덥지도 않아요.

今天天气不冷也不热。
Jīn tiān tiān qì bù lěng yě bú rè

날씨가 갑자기 추워졌어요.

天忽然冷起来了。
Tiān hū rán lěng qǐ lái le

올 겨울은 특히 추워요.

今年冬天特别冷。
Jīn nián dōng tiān tè bié lěng

오늘 눈은 내리지만, 날씨는 그리 춥지 않은데.

今天下雪，可是天气不太冷。
Jīn tiān xià xuě　　kě shì tiān qì bú tài lěng

일기예보에 대해서

일기예보에서는 내일 날씨가 맑을 거라고 하네요.

天气预报说明天会晴。
Tiān qì yù bào shuō míng tiān huì qíng

오늘 일기예보에선 뭐라던가요?

今天的天气预报怎么说？
Jīn tiān de tiān qì yù bào zěn me shuō

듣기로는 내일 바람도 불고, 비도 온다네요.

听说明天下雨，还刮大风。
Tīng shuō míng tiān xià yǔ　　hái guā dà fēng

계절에 대해서

당신은 어느 계절을 가장 좋아하세요?

你最喜欢哪个季节？
Nǐ zuì xǐ huan nǎ ge jì jié

난 가을을 좋아해.

我喜欢秋天。
Wǒ xǐ huan qiū tiān

한국은 사계절이 뚜렷해요.

韩国的气候，四季分明。
Hán guó de qì hòu　　sì jì fēn míng

최근에는 봄·가을이 갈수록 짧아져요.

最近，春秋越来越短。
Zuì jìn　　chūn qiū yuè lái yuè duǎn

날씨가 따뜻해지기 시작했습니다.

终于开始转暖了。
Zhōng yú kāi shǐ zhuǎn nuǎn le

여름이 오면 혹서를 견디기가 너무 힘듭니다.

到了夏天最受不了酷热。
Dào le xià tiān zuì shòu bu liǎo kù rè

A：最受不了夏天的酷热。你呢？
Zuì shòu bu liǎo xià tiān de kù rè　Nǐ ne
(여름철 무더위를 가장 견딜 수 없어요. 당신은요?)
B：我还好，我不怕热。
Wǒ hái hǎo　wǒ bú pà rè
(저는 그런 대로 괜찮아요. 더위를 안 타거든요.)

안개가 끼었어.

起雾了。
Qǐ wù le

A：起雾了，开车小心点！
Qǐ wù le　kāi chē xiǎo xīn diǎn
(안개가 끼었으니 운전 조심해요!)
B：知道了。
Zhī dao le
(알았어요.)

여름철 무더위는 정말로 견디기 힘듭니다.

夏天真是酷热难耐。
Xià tiān zhēn shí kù rè nán nài

가을 날씨는 아주 시원합니다.

秋天的天气很凉爽。
Qiū tiān de tiān qì hěn liáng shuǎng

가을은 수확의 계절입니다.

秋天是收获的季节。
Qiū tiān shì shōu huò de jì jié

가을 하늘은 높고 날씨는 서늘합니다.

秋高气爽。
Qiū gāo qì shuǎng

주말에 단풍구경 갑시다.

周末去看红也吧。
Zhōu mò qù kàn hóng yè ba

시간과 날짜

时间与日期

UNIT 02

중국어로 시간이나 연·월·일을 물을 때는「几 jǐ (몇)」을 사용합니다. 연도를 읽을 때는 일반적으로 숫자 하나하나를 읽어줍니다.「몇 월 며칠」을 물을 때는「几月几日 jǐ yuè jǐ rì」혹은「几月几号 jǐ yuè jǐ hào」라고 말하면 됩니다. 요일은「星期一 xīngqīyī」,「星期二 xīngqī'èr」…로 쓰며, 일요일만「星期天 xīngqītiān, 星期日 xīngqīrì, 礼拜天 lǐbàitiān」으로 씁니다.

시간을 물을 때

지금 몇 시입니까?

现在几点？
Xiàn zài jǐ diǎn

A : **现在几点？**
Xiàn zài jǐ diǎn
(지금 몇 시입니까?)

B : **差十分九点。**
Chà shí fēn jiǔ diǎn
(8시 50분입니다.)

실례합니다. 지금 몇 시입니까?

不好意思，现在几点了？
Bù hǎo yì si xiàn zài jǐ diǎn le

지금이 몇 시라고 생각하십니까?

你估计现在几点？
Nǐ gū jì xiàn zài jǐ diǎn

몇 시쯤 됐을까요?

大约能有几点？
Dà yuē néng yǒu jǐ diǎn

12시 다 돼 가죠?

快要十二点了吧？
Kuài yào shí èr diǎn le ba

시간을 말할 때

벌써 10시가 됐네.	**现在都十点了。** Xiàn zài dōu shí diǎn le
아침 6시입니다.	**早晨六点。** Zǎo chén liù diǎn
지금은 오후 3시입니다.	**现在下午三点钟。** Xiàn zài xià wǔ sān diǎn zhōng
지금은 6시 15분입니다.	**现在是六点十五分。** Xiàn zài shì liù diǎn shí wǔ fēn
지금은 오후 2시 16분입니다.	**现在是下午两点十六分。** Xiàn zài shì xià wǔ liǎng diǎn shí liù fēn
오후 3시입니다.	**下午三点。** Xià wǔ sān diǎn
새벽 4시입니다.	**凌晨四点。** Líng chén sì diǎn
곧 9시가 됩니다.	**快九点了。** Kuài jiǔ diǎn le
9시 조금 지났습니다.	**九点过一点儿。** Jiǔ diǎn guò yì diǎnr
지금은 6시 30분이에요.	**现在六点三十分。** Xiàn zài liù diǎn sān shí fēn
	现在六点半。 Xiàn zài liù diǎn bàn
6시 45분이에요.	**差一刻七点。** Chà yí kè qī diǎn
지금은 7시 15분이에요.	**现在七点一刻。** Xiàn zài qī diǎn yí kè
	现在七点十五分。 Xiàn zài qī diǎn shí wǔ fēn
지금 6시 15분입니다.	**现在六点一刻。** Xiàn zài liù diǎn yí kè

시간에 대해서

그는 몇 시에 나갔니?

他几点出去的？
Tā jǐ diǎn chū qù de

A : 他几点出去的？
Tā jǐ diǎn chū qù de
(그는 몇 시에 나갔니?)

B : 我也不知道，我一回来他就不在
Wǒ yě bù zhī dào wǒ yì huí lái tā jiù bú zài
家。
jiā
(저도 몰라요, 돌아와 보니까 집에 없었어요)

오늘 시간 있어요?

今天你有没有空？
Jīn tiān nǐ yǒu méi yǒu kòng

시간은 얼마든지 있지요.

我有的是时间。
Wǒ yǒu de shì shí jiān

내일 오전에 시간 있어요?

明天上午有时间吗？
Míng tiān shàng wǔ yǒu shí jiān ma

15분이나 기다렸어요.

我等了你一刻钟。
Wǒ děng le nǐ yí kè zhōng

몇 시에 일어납니까?

你什么时候起床？
Nǐ shén me shí hou qǐ chuáng

A : 你什么时候起床？
Nǐ shén me shí hou qǐ chuáng
(언제 일어나요?)

B : 说不准。睡到自然醒吧。
Shuō bu zhǔn Shuì dào zì rán xǐng ba
(글쎄요. 깰 때까지 자요.)

시간은 얼마나 걸립니까?

需要多长时间。
Xū yào duō cháng shí jiān

언제 돌아옵니까?

你什么时候回来？
Nǐ shén me shí hou huí lái

시간이 됐습니다.

到点了。
Dào diǎn le

몇 시에 오세요?	你几点过来？ Nǐ jǐ diǎn guò lái
언제 시작합니까?	什么时候开始？ Shén me shí hou kāi shǐ
몇 시에 점심을 먹습니까?	中午几点吃午饭？ Zhōng wǔ jǐ diǎn chī wǔ fàn
오전 몇 시에 만날까요?	上午几点见面？ Shàng wǔ jǐ diǎn jiàn miàn
점심휴식 시간은 얼마나 됩니까?	你们午休时间多长？ Nǐ men wǔ xiū shí jiān duō cháng

> A : 你们午休时间多长？
> Nǐ men wǔ xiū shí jiān duō cháng
> (점심휴식 시간은 얼마나 됩니까?)
> B : 一个多小时吧。
> Yí ge duō xiǎo shí ba
> (1시간 좀 넘을 거예요.)

| 몇 시에 시작합니까? | 几点开始？
Jǐ diǎn kāi shǐ |
| 여기는 몇 시에 문을 닫습니까? | 这儿几点钟关门。
Zhèr jǐ diǎn zhōng guān mén |

날짜에 대해서

오늘은 며칠입니까?	今天几号？ Jīn tiān jǐ hào
오늘은 5월 8일이에요.	今天五月八号。 Jīn tiān wǔ yuè bā hào
어제는 며칠이었습니까?	昨天是几号？ Zuó tiān shì jǐ hào
모레는 10월 1일입니다.	后天是十月一日。 Hòu tiān shì shí yuè yí rì

| 오늘은 무슨 날입니까? | 今天是什么日子？
Jīn tiān shì shén me rì zi |

요일에 대해서

오늘은 무슨 요일입니까?	今天星期几？ Jīn tiān xīng qī jǐ
오늘은 월요일입니다.	今天星期一。 Jīn tiān xīng qī yī
모레는 화요일입니다.	后天是星期二。 Hòu tiān shì xīng qī èr
주말에 뭐하세요?	周末你干什么？ Zhōu mò nǐ gàn shén me

> A：周末你干什么？
> Zhōu mò nǐ gàn shén me
> (주말에 뭐하세요?)
> B：和家人在一起休息。
> Hé jiā rén zài yì qǐ xiū xi
> (가족들과 같이 쉴 거예요.)

| 다음주 주말에 시간 있어요? | 下个周末你有空吗？
Xià ge zhōu mò nǐ yǒu kòng ma |
| 지난 토요일에 어디 갔었어? | 上个周六你去哪儿了？
Shàng ge zhōu liù nǐ qù nǎr le |

월(달)에 대해서

| 오늘이 몇 월 며칠이죠? | 今天几月几号？
Jīn tiān jǐ yuè jǐ hào |
| 어제는 몇 월 며칠이었습니까? | 昨天是几月几号？
Zuó tiān shì jǐ yuè jǐ hào |

당신 생일은 몇 월 며칠인가요?

你的生日是几月几号？
Nǐ de shēng rì shì jǐ yuè jǐ hào

02-7 연도에 대해서

올해는 몇 년도입니까?

今年是几年？
Jīn nián shì jǐ nián

당신은 몇 년 생입니까?

你是哪年出生的？
Nǐ shì nǎ nián chū shēng de

02-8 기간과 때를 말할 때

며칠이나 걸립니까?

得多少天？
Děi duō shao tiān

내일 다시 오겠습니다.

我明天再来。
Wǒ míng tiān zài lái

최소한 일주일은 필요합니다.

至少需要一个星期。
Zhì shǎo xū yào yí ge xīng qī

A : 办签证延期手续得需要多长时间？
Bàn qiān zhèng yán qī shǒu xù děi xū yào duō cháng shí jiān
(연장하는 데 얼마나 걸립니까?)
B : 至少要一个星期。
Zhì shǎo yào yí ge xīng qī
(최소한 일주일 걸립니다.)

일주일 후에 다시 오십시오.

请你一个星期后再来。
Qǐng nǐ yí ge xīng qī hòu zài lái

그는 지난달에 이사갔어요.

他上个月搬走了。
Tā shàng ge yuè bān zǒu le

오늘은 제 생일입니다.

今天是我的生日。
Jīn tiān shì wǒ de shēng rì

112

> A：今天是我的生日。
> Jīn tiān shì wǒ de shēng rì
> (오늘은 제 생일입니다.)
>
> B：是吗？ 祝你生日快乐！
> Shì ma　Zhù nǐ shēng rì kuài lè
> (그래요? 생일 축하해요!)

저는 글피에 출국해요.

我大后天就要出国了。
Wǒ dà hòu tiān jiù yào chū guó le

너 어제 어디 있었어?

你昨天在哪儿？
Nǐ zuó tiān zài　nǎr

나 내일 여행가.

我明天去旅行。
Wǒ míng tiān qù lǚ xíng

나는 내일 집에서 쉬어요.

我明天在家休息。
Wǒ míng tiān zài jiā xiū xi

모레 오전에 약속 있으세요?

你后天上午有没有约会？
Nǐ hòu tiān shàng wǔ yǒu méi yǒu yuē huì

내일은 좀 일찍 오세요.

明天早一点儿来吧。
Míng tiān zǎo yì　diǎnr　lái ba

이번 주말에 뭐 하고 싶으세요?

这个周末你想做什么？
Zhè ge zhōu mò nǐ xiǎng zuò shén me

113

约会

UNIT 03

약속을 청하는 입장에서는 먼저 상대방에게 편한 시간과 장소를 물어 불편하지 않도록 배려하는 것이 좋습니다. 상대방의 형편을 고려하지 않고 약속을 해서는 안 되며, 서로 착오가 생기지 않도록 정확히 확인을 해둘 필요가 있습니다. 반대로 약속을 받아들일 때는 자신의 스케줄을 먼저 점검해보고 가능한 시간을 말해야 하며, 부득이 거절할 때는 상대방의 기분이 상하지 않도록 주의해야 합니다.

약속을 청할 때

시간 있으세요?

很 想 见 您 一 面 。

您看有时间吗？
Nín kàn yǒu shí jiān ma

당신을 한번 뵙고 싶습니다.

很 想 见 您 一 面 。
Hěn xiǎng jiàn nín yí miàn

이쪽으로 와 주실 수 있으세요?

您能不能到我这里来一下儿？
Nín néng bu néng dào wǒ zhè li lái yí xiàr

A : 你能不能到我这里来一下儿？
　　Nǐ néng bu néng dào wǒ zhè li lái yí xiàr
　　(이쪽으로 와 주실 수 있으세요?)

B : 好，我马上就去。
　　Hǎo　wǒ mǎ shàng jiù qù
　　(네, 곧 갈게요.)

언제 한번 만나요.

找时间见个面吧。
Zhǎo shí jiān jiàn ge miàn ba

잠깐 만날 수 있을까요?

我能见见你吗？
Wǒ néng jiàn jian nǐ ma

이번 주말에 시간 있으세요?

这个周末你有时间吗？
Zhè ge zhōu mò nǐ yǒu shí jiān ma

114

내일 약속 있으세요?

明天有没有约会？
Míng tiān yǒu méi yǒu yuē huì

약속 시간을 정할 때

언제 방문하면 좋겠습니까?

什么时候拜访您好呢？
Shén me shí hou bài fǎng nín hǎo ne

몇 시로 했으면 좋겠어요?

你说定几点好？
Nǐ shuō dìng jǐ diǎn hǎo

> A：你说几点好？下班以后怎么样？
> Nǐ shuō jǐ diǎn hǎo　Xià bān yǐ hòu zěn me yàng
> (몇 시로 했으면 좋겠어요? 퇴근 후 어때요?)
> B：可以，六点在停车场见。
> Kě yǐ　liù diǎn zài tíng chē chǎng jiàn
> (6시에 주차장에서 봅시다.)

몇 시가 편하십니까?

几点钟方便？
Jǐ diǎn zhōng fāng biàn

언제 시간이 나십니까?

您什么时候有空？
Nín shén me shí hou yǒu kòng

오전 9시는 어떻습니까?

上午九点怎么样？
Shàng wǔ jiǔ diǎn zěn me yàng

어느 정도 시간을 내주실 수 있습니까?

能抽出多长时间？
Néng chōu chū duō cháng shí jiān

약속 장소를 정할 때

어디서 뵐까요?

我们在什么地方见面？
Wǒ men zài shén me dì fang jiàn miàn

내일 기차역에서 만나자.

明天在火车站见吧。
Míng tiān zài huǒ chē zhàn jiàn ba

| 어디서 만나는 게 좋을까요? | 在哪儿见面好呢？
Zài nǎr jiàn miàn hǎo ne |

> A : 在哪儿见面好呢？
> Zài nǎr jiàn miàn hǎo ne
> (어디서 만나는 게 좋을까요?)
> B : 还是老地方吧。
> Hái shì lǎo dì fang ba
> (늘 만나던 곳으로 하지요.)

| 이곳으로 올 수 있습니까? | 你能到这里来吗？
Nǐ néng dào zhè li lái ma |
| 어디서 만나지? | 在哪儿见面呢？
Zài nǎr jiàn miàn ne |

약속 제안을 승낙할 때

좋아요, 올 때까지 기다릴게요.	好，不见不散。 Hǎo bú jiàn bú sàn
늘 만나던 곳에서 봅시다.	老地方见。 Lǎo dì fang jiàn
좋아요, 그렇게 합시다.	没问题，就这么定吧。 Méi wèn tí jiù zhè me dìng ba
좋아요, 말씀하신 대로 합시다.	成，按你说的办。 Chéng àn nǐ shuō de bàn
그렇게 하도록 합시다.	就这么办了。 Jiù zhè me bàn le
좋아요, 시간 괜찮아요.	好，我有时间。 Hǎo wǒ yǒu shí jiān

PART 2

03-5 약속 제안을 거절할 때

미안해요, 오늘 제가 좀 바빠서요.
对不起，今天我有点忙。
Duì bu qǐ　jīn tiān wǒ yǒu diǎn máng

시간이 없는데요.
没有时间啊。
Méi yǒu shí jiān a

선약이 있어서요.
我已经有安排了。
Wǒ yǐ jing yǒu ān pái le

다음으로 미루는 게 좋겠어요.
推到下次好了。
Tuī dào xià cì hǎo le

이번 주말엔 다른 계획이 있어요.
这个周末我另有计划。
Zhè ge zhōu mò wǒ lìng yǒu jì huà

A : 这个周末我已经有安排了。
Zhè ge zhōu mò wǒ yǐ jing yǒu ān pái le
(이번 주말엔 다른 일이 있어요.)
B : 那就推到下个周末吧。
Nà jiù tuī dào xià ge zhōu mò ba
(그럼 다음 주로 미룹시다.)

오늘 누가 오기로 돼 있어요.
今天我约了人。
Jīn tiān wǒ yuē le rén

미안합니다. 저녁에 약속이 있습니다.
对不起，晚上我有约。
Duì bu qǐ　wǎn shàng wǒ yǒu yuē

 03-6 약속을 변경하거나 취소할 때

다른 날로 하면 어떻겠습니까?
改天怎么样？
Gǎi tiān zěn me yàng

날짜를 변경해 주시겠습니까?
请改一下日子，好吗？
Qǐng gǎi yí xià rì zi　hǎo ma

미안하지만, 오늘 갈 수 없게 됐어요.
很抱歉，今天我去不了了。
Hěn bào qiàn　jīn tiān wǒ qù bu liǎo le

A：很抱歉，今天我去不了了。
Hěn bào qiàn　jīn tiān wǒ qù bu liǎo le
(미안하지만, 오늘 갈 수 없게 됐어요.)

B：真遗憾，只好下次有机会在说了！
Zhēn yí hàn　zhǐ hǎo xià cì yǒu jī huì zài shuō le
(아쉽네요, 다음 기회를 기다릴 수밖에 없군요.)

| 내일 다른 일이 있어서 갈 수 없어요. | 我明天有别的事，不能去。
Wǒ míng tiān yǒu bié de shì　bù néng qù |

 03-7

약속하고 만났을 때

서둘러, 시간 없어.	快点儿，没有时间了。 Kuài diǎnr　méi yǒu shí jiān le
기다려, 금방 갈게.	等一下，我马上就来。 Děng yí xià　wǒ mǎ shàng jiù lái
올 때까지 기다릴게요.	不见不散。 Bú jiàn bú sàn
당신이 안 오면, 난 어떡해요?	你不来，我怎么办？ Nǐ bù lái　wǒ zěn me bàn
오늘은 내가 바빠서 갈 수 없어.	今天我很忙，去不了了。 Jīn tiān wǒ hěn máng　qù bu liǎo le
오래 기다리시게 했네요.	让您久等了。 Ràng nín jiǔ děng le
늦었습니다.	我来晚了。 Wǒ lái wǎn le
왜 이제야 오니?	你怎么才来呢？ Nǐ zěn me cái lái ne

A：你怎么才来呢？
Nǐ zěn me cái lái ne
(왜 이제야 오니?)

B:路上堵车。对不起。
Lù shang dǔ chē　　Duì bu qǐ
(오는 길에 차가 막혔어요. 미안해요.)

저는 또 다른 일이 있어서 먼저 가 볼게요.

失陪了，我还有别的事，先走一步。
Shī péi le　　wǒ hái yǒu bié de shì　　xiān zǒu yí bù

소대

邀请

UNIT 04

일단 알게 된 사람이나 친구와 한층 더 친해지기 위해서는 자신의 집이나 파티에 초대해서 대화를 나누는 일은 매우 중요한 의미를 갖습니다. 중국 사람들은 우리와 마찬가지로 기쁜 일이 있을 때 많은 사람들이 모여 축하를 해줍니다. 식사를 대접할 때에는 음식을 부족하지 않게 준비합시다. 우리가 흔히 쓰는「한턱 내다, 식사를 대접하다」라는 표현은 중국어로「请客 Qǐng kè」라고 합니다.

초대할 때

함께 저녁식사 합시다.	一起吃晚饭吧。 Yì qǐ chī wǎn fàn ba

> A : 一起吃晚饭吧。
> Yì qǐ chī wǎn fàn ba
> (함께 저녁식사를 합시다.)
> B : 好哇。
> Hǎo wa
> (좋아요.)

내일 저희 집에 놀러 오십시오.	明天请到我家来玩儿吧。 Míng tiān qǐng dào wǒ jiā lái wánr ba
저희 집에 놀러 오세요.	请您来我家作客。 Qǐng nín lái wǒ jiā zuò kè
점심을 대접하고 싶습니다.	我想请你吃午饭。 Wǒ xiǎng qǐng nǐ chī wǔ fàn
오늘 오후에 시간이 있습니까?	今天下午有空吗？ Jīn tiān xià wǔ yǒu kòng ma
술을 대접하고 싶습니다.	我想请你喝酒。 Wǒ xiǎng qǐng nǐ hē jiǔ

오늘은 제가 한 턱 내겠습니다.　　**今天我请客。**
Jīn tiān wǒ qǐng kè

6시에 마중을 나가겠습니다.　　**六点钟我去接你。**
Liù diǎn zhōng wǒ qù jiē nǐ

제 초대를 받아주시겠습니까?　　**肯接受我的邀请吗？**
Kěn jiē shòu wǒ de yāo qǐng ma

초대에 응할 때

좋습니다. 가겠습니다.　　**好，我愿意去。**
Hǎo . wǒ yuàn yì qù

네, 기꺼이 가겠습니다.　　**是，我乐意去。**
Shì wǒ lè yì qù

꼭 갈게.　　**我肯定去。**
Wǒ kěn dìng qù

그거 좋죠.　　**那好哇。**
Nà hǎo wa

좋은 생각이에요.　　**真是好主意。**
Zhēn shi hǎo zhǔ yi

그거 아주 좋겠는데요.　　**那太好了。**
Nà tài hǎo le

저는 좋습니다.　　**我可以。**
Wǒ kě yǐ

초대에 응할 수 없을 때

죄송합니다만, 다른 약속이 있습니다.　　**抱歉，我有别的事。**
Bào qiàn wǒ yǒu bié de shì

감사합니다만, 됐습니다.

谢谢，我看免了吧。
Xiè xie wǒ kàn miǎn le ba

> A：**今天我想请你喝酒。**
> Jīn tiān wǒ xiǎng qǐng nǐ hē jiǔ
> (오늘 제가 술 한 잔 대접하고 싶은데요.)
> B：**对不起，不行。我已经有安排了。**
> duì bù qǐ bù xíng Wǒ yǐ jing yǒu ān pái le
> (미안하지만, 안 될 것 같아요. 제가 다른 약속이
> 있어서요.)

몸이 좀 안 좋습니다.

我有点儿不舒服。
Wǒ yǒu diǎnr bù shū fu

오늘은 너무 바쁩니다.

今天我太忙了。
Jīn tiān wǒ tài máng le

죄송하지만, 갈 수 없을 것 같군요.

对不起，我可能去不了。
Duì bu qǐ wǒ kě néng qù bu liǎo

죄송하지만, 처리해야 할 일이 있
습니다.

对不起，我还有事需要处理。
Duì bu qǐ wǒ hái yǒu shì xū yào chǔ lǐ

방문

访问

UNIT 05

초대한 사람은 방문자를 친절히 안내하며, 초대받은 사람은 「谢谢您的招待。Xièxie nín de zhāodài (초대해 주셔서 감사합니다)」라고 감사의 의미를 표현합니다. 이 때 초대를 한 사람은 방문자에게 「请 qǐng」이란 말을 자주 사용합니다. 문장 속의 「请」은 경어(敬语)로 높임의 의미를 나타내고, 「请」 뒤에 구체적인 동사를 생략하여도 상황에 맞게 「드십시오, 이쪽으로 오세요, 앉으세요」라는 의미를 나타냅니다.

 05-1

방문했을 때

계십니까?

有人吗？
Yǒu rén ma

초대해 주셔서 감사합니다.

谢谢您的招待。
Xiè xie nín de zhāo dài

제가 너무 일찍 왔나 봐요.

我来得太早了吧。
Wǒ lái de tài zǎo le ba

죄송합니다. 늦었습니다.

对不起，我来晚了。
Duì bu qǐ　wǒ lái wǎn le

제가 작은 선물을 가져왔습니다,
받아 주십시오.

我带了个小礼物，请收下。
Wǒ dài le ge xiǎo lǐ wù　qǐng shōu xià

A : **这是我小小的心意，请你收下吧。**
Zhè shì wǒ xiǎo xiǎo de xīn yì　qǐng nǐ shōu xià ba
(이건 제 작은 성의니, 받아주십시오.)

B : **你太客气了。**
Nǐ tài kè qi le
(이런 것까지 준비하시다니.)

123

 05-2

방문객을 맞이할 때

들어오십시오.	请进。 Qǐng jìn
앉으십시오.	请坐吧。 Qǐng zuò ba
어서 오세요.	欢迎，欢迎。 Huān yíng huān yíng
와 주셔서 감사합니다.	欢迎光临。 Huān yíng guāng lín
이쪽으로 오시죠.	往这边来。 Wǎng zhè biān lái
편히 하세요.	不要客气。 Bú yào kè qì

 05-3

방문객을 대접할 때

뭘 드시겠어요?	您要喝点儿什么？ Nín yào hē diǎnr shén me
녹차 한 잔 하시겠어요?	要不要来一杯绿茶？ Yào bu yào lái yì bēi lù chá
커피 한 잔 끓여드릴게요.	我给您煮杯咖啡吧。 Wǒ gěi nín zhǔ bēi kā fēi ba
음료수 한 잔 드시겠어요?	来一杯饮料怎么样？ Lái yì bēi yǐn liào zěn me yàng
많이 드세요.	多吃一点儿啊。 Duō chī yì diǎnr a

방문을 마칠 때

이만 돌아갈게요.	我该回家了。 Wǒ gāi huí jiā le

> A：我该走了，太晚了。
> Wǒ gāi zǒu le　tài wǎn le
> (가봐야겠습니다. 너무 늦었어요.)
> B：急什么？还早呢。
> Jí shén me　Hái zǎo ne
> (뭘 그리 서두르세요? 아직 시간이 이른데요.)

융숭한 대접에 감사 드립니다.	谢谢你的盛情款待。 Xiè xie nǐ de shèng qíng kuǎn dài
늦었습니다. 이만 가봐야 겠습니다.	时间不早了，我得告辞了。 Shí jiān bù zǎo le　wǒ děi gào cí le

주인으로서의 작별 인사

살펴 가십시오.	您慢走。 Nín màn zǒu
지금 가신다는 말씀이세요?	你这就要走？ Nǐ zhè jiù yào zǒu
시간 나시면 언제든 오세요.	有空随时过来坐坐。 yǒu kòng suí shí guò lái zuò zuo
살펴 가세요. 시간이 있으면 또 놀러 오세요.	您走好，有时间再来玩儿啊。 Nín zǒu hǎo　yǒu shí jiān zài lái wánr a

吃饭和请酒

UNIT 06

「식사하셨습니까?」라고 물을 때는「你吃饭了吗? Nǐ chī fàn le ma」라고 하며 식사를 함께 할 것을 제의할 때는「咱们一起吃饭吧。Zánmen yìqǐ chī fàn ba」라고 하면 됩니다. 식사 초대를 한 사람은 이것저것 권유를 하며 음식은 먹고 남도록 풍성하게 차립니다. 초대받은 사람은 너무 많이 먹지 않으며 주인이 음식을 권할 때도 한 번 사양을 하는 것이 미덕입니다.

06-1

식사를 제의할 때

당신을 저녁식사에 초대하고 싶어요.	我想请你吃晚饭。 Wǒ xiǎng qǐng nǐ chī wǎn fàn
중국 요리 먹어봤어요?	你吃过中国菜吗? Nǐ chī guo Zhōng guó cài ma

> A : 你吃过韩国菜吗?
> Nǐ chī guo Hán guó cài ma
> (한국 요리 먹어 본 적 있어요?)
> B : 吃过几次。
> Chī guo jǐ cì
> (몇 번 먹었어요.)

배고픈데, 우리 뭐 좀 먹읍시다.	肚子饿了，我们吃点儿东西吧。 Dù zi è le wǒ men chī diǎnr dōng xi ba
여기 들어가서 뭐 좀 먹읍시다.	进这儿吃点什么吧。 Jìn zhèr chī diǎn shén me ba
점심을 시켜 먹읍시다.	中午叫饭吃吧。 Zhōng wǔ jiào fàn chī ba
뭐 드시겠어요?	你要吃什么? Nǐ yào chī shén me

126

식사하러 오세요.

你来吃饭吧。
Nǐ lái chī fàn ba

지금은 아무 것도 먹고 싶지 않아요.

我现在什么都不想吃。
Wǒ xiàn zài shén me dōu bù xiǎng chī

A：进这儿吃点什么吧。
Jìn zhèr chī diǎn shén me ba
(들어가서 뭘 좀 먹읍시다.)
B：我现在什么都不想吃。
Wǒ xiàn zài shén me dōu bù xiǎng chī
(전 지금 아무것도 먹고 싶지 않아요.)

06-2
자신이 대접할 때

오늘은 내가 쏠게.

今天我请你吃饭。
Jīn tiān wǎ qǐng nǐ chī fàn

제가 점심을 사겠습니다.

我请你吃午饭。
Wǒ qǐng nǐ chī wǔ fàn

오늘 저녁 나가서 식사합시다. 제가 사겠습니다.

今天晚上出去吃饭吧，我请客。
Jīn tiān wǎn shàng chī qù chī fàn ba wǒ qǐng kè

06-3
식사할 때

많이 드십시오.

请多用。
Qǐng duō yòng

천천히 드십시오.

请慢用。
Qǐng màn yòng

사양하지 말고 많이 드세요.

不要客气，请多用。
Bú yào kè qi qǐng duō yòng

A：你试试看，这个菜味道怎么样？
Nǐ shì shi kàn　zhè ge cài wèi dao zěn me yàng
(맛 좀 보세요, 음식 맛이 어때요?)

B：味道不错。
Wèi dao bú cuò
(맛이 좋네요.)

매운 것은 싫어요.	我不要辣的。 Wǒ bú yào là de
목말라 죽겠어요.	渴死我了。 Kě sǐ wǒ le
맛있겠네요!	真香呀！ Zhēn xiāng ya
사람마다 입맛이 다릅니다.	众口难调。 Zhòng kǒu nán tiáo
나는 중국 요리를 좋아해.	我爱吃中国菜。 Wǒ ài chī Zhōng guó cài

06-4 식사를 마칠 때

맛있게 드셨습니까?	你吃好了吗？ Nǐ chī hǎo le ma
오늘 거하게 잘 먹었습니다.	今天太丰盛了。 Jīn tiān tài fēng shèng le
이 요리는 제가 지난번에 먹은 것보다 맛있어요.	这个菜比我上次吃过的好。 Zhè ge cài bǐ wǒ shàng cì chī guo de hǎo

A：这个菜比我上次吃过的好。
Zhè ge cài bǐ wǒ shàng cì chī guo de hǎo
(이 음식은 내가 전에 먹었던 것보다 맛있어요.)

B：可能换厨师了。
Kě néng huàn chú shī le
(아마 요리사가 달라서일 거예요.)

| 맛있게 드셨습니까? | 您吃好了吗？
Nín chī hǎo le ma |

 **06-5**

술을 마시러 가자고 할 때

술 한 잔 하시겠어요?	要不要喝一杯？ Yào bu yào hē yì bēi
오늘 밤 한 잔 하시죠?	今晚来一杯如何？ Jīn wǎn lái yì bēi rú hé
저희 집에 가서 한 잔 합시다.	到我家喝几杯去。 Dào wǒ jiā hē jǐ bēi qù

> A : 到我家喝几杯去。
> Dào wǒ jiā hē jǐ bēi qù
> (저희 집에 가서 한 잔 합시다.)
> B : 算了，下次再说吧。
> Suàn le xià cì zài shuō ba
> (됐어요. 다음 번에 해요.)

| 술이 무척 셉니다. | 很能喝酒。
Hěn néng hē jiǔ |

 **06-6**

술집에서

무얼 마시겠습니까?	要喝什么样的？ Yào hē shén me yàng de
얼음을 타서 주세요.	要带冰的。 Yào dài bīng de
이 술은 독한가요?	这酒烈吗？ Zhè jiǔ liè ma
안주는 무엇이 있습니까?	有什么下酒菜？ Yǒu shén me xià jiǔ cài

맥주 한 잔 더 하시겠어요?	要不要再来一杯啤酒？ Yào bu yào zài lái yì bēi pí jiǔ
제가 한 잔 따라 드리겠습니다.	我敬你一杯。 Wǒ jìng nǐ yì bēi
아니요, 됐습니다. 과음했습니다.	不用了，谢谢。我喝多了。 Bú yòng le xiè xie Wǒ hē duō le
오늘 밤 취하도록 마셔 봅시다.	今晚不醉不归。 Jīn wǎn bú zuì bù guī
마시면서 얘기 나눕시다.	我们边喝边谈。 Wǒ men biān hē biān tán
우리 2차 갑시다(우리 자리를 옮겨 한 잔 더 합시다).	我们换个地方再去喝几杯。 Wǒ men huàn ge dì fang zài qù hē jǐ bēi

电话

UNIT 07

전화를 걸 때는 먼저 자신의 이름이나 소속을 알리는 게 예의입니다. 「~를 바꿔 주십시오」라고 할 때는 「请让~接电话。Qǐng ràng ~ jiē diànhuà」라고 합니다. 전화로 「여보세요」라고 할 때에는 「喂 wèi」 혹은 「你好 Nǐ hǎo」라고 하며, 「喂」는 본래 4성이지만 부드럽고 친밀감을 주기 위해 남쪽 사람들은 주로 2성으로 발음합니다.

07-1 전화를 걸기 전에

전화번호는 몇 번입니까?
电话号码是多少？
Diàn huà hào mǎ shì duō shao

휴대폰 번호는 몇 번입니까?
你的手机号是多少？
Nǐ de shǒu jī hào shì duō shao

팩스번호는 몇 번입니까?
传真号是多少？
Chuán zhēn hào shì duō shao

공중전화는 어디에 있습니까?
请问，公用电话在哪儿？
Qǐng wèn　gōng yòng diàn huà zài nǎr

전화기 좀 빌릴 수 있을까요?
借用一下电话可以吗？
Jiè yòng yí xià diàn huà kě yǐ ma

07-2 전화를 걸 때

여보세요.
喂。
Wèi

여보세요, 1234-5678인가요?
喂，是不是一二三四五六七八？
Wèi　shì bu shì yāo èr sān sì wǔ liù qī bā

여보세요, 안녕하세요! 베이징 호텔입니까?	喂，您好！是北京饭店吗？ Wèi　nín hǎo　Shì Běi jīng fàn diàn ma
이 선생 계십니까?	李先生在吗？ Lǐ　xiān sheng zài　ma
여보세요, 거기가 왕 선생님 댁인가요?	请问，那儿是不是王先生家？ Qǐng wèn　nàr　shì bu shì Wáng xiān sheng jiā
이렇게 밤 늦게 전화 드려 죄송합니다.	这么晚了给您打电话，真对不起。 Zhè me wǎn le gěi nín dǎ diàn huà　zhēn duì bu qǐ
왕 선생 좀 바꿔 주세요.	请让王先生接电话。 Qǐng ràng Wáng xiān sheng jiē diàn huà
750호실로 연결해 주십시오.	请转七五零号房间。 Qǐng zhuǎn qī wǔ líng hào fáng jiān

 07-3 전화가 걸려왔을 때

전화 왔어요.	来电话了。 Lái diàn huà le
전화 왔어요. 빨리 받아요.	来电话了，快来接。 Lái diàn huà le　kuài lái jiē
제가 전화 받을게요.	我来接电话。 Wǒ lái jiē diàn huà
통화 중이네요.	占线 Zhàn xiàn
연결이 안 됩니다.	打不通。 Dǎ bu tōng

07-4 전화를 받을 때

미스터 리, 전화 받아.

李先生，接电话吧。
Lǐ xiān sheng　jiē diàn huà ba

누구한테서 온 전화에요?

谁来的电话？
Shéi lái de diàn huà

누굴 바꿔 드릴까요?

您找哪位？
Nín zhǎo nǎ wèi

A : 喂？ 请问您找哪位？
　　Wèi　Qǐng wèn nín zhǎo nǎ wèi
(여보세요? 누굴 바꿔 드릴까요?)

B : 我找杨萍。
　　Wǒ zhǎo Yáng Píng
(양핑 좀 바꿔 주십시오.)

A : 我就是。 你是哪位？
　　Wǒ jiù shì　Nǐ shì nǎ wèi
(전데요. 누구세요?)

누구십니까?

哪位？
Nǎ wèi

어디십니까?

请问您是哪儿？
Qǐng wèn nín shì nǎr

잠시 기다리세요.

请稍等一下。
Qǐng shāo děng yí xià

제가 받을게요.

我来接吧。
Wǒ lái jiē ba

전데요.

我就是。
Wǒ jiù shì

전화하시는 문은 누구시죠?

请问打电话的是哪位？
Qǐng wèn dǎ diàn huà de shì nǎ wèi

전화 반갑습니다.

很高兴接到你的电话。
Hěn gāo xìng jiē dào nǐ de diàn huà

전화 고맙습니다.

谢谢你的电话。
Xiè xie nǐ de diàn huà

07-5 용건을 물을 때

무슨 일이십니까?

您有什么事？
Nín yǒu shén me shì

무슨 일이세요, 이렇게 급하게?

什么事，这么着急。
Shén me shì zhè me zháo jí

급한 일이 있으신가요?

您有急事吗？
Nín yǒu jí shì ma

그녀를 무슨 일로 찾으세요?

您找她有事吗？
Nín zhǎo tā yǒu shì ma

리리는 방금 나갔는데 무슨 일로 찾으세요?

丽丽刚出去，找她有什么事儿？
Lì li gāng chū qù zhǎo tā yǒu shén me shìr

A : 丽丽刚出去，你打她的手机吧。
Lì li gāng chū qù nǐ dǎ tā de shǒu jī ba
(리리는 방금 나갔으니 휴대전화로 해 보세요.)

B : 她的手机号是多少？
Tā de shǒu jī hào shì duō shao
(휴대전화 번호가 몇 번이에요?)

07-6 전화를 바꿔줄 때

여보세요, 안녕하세요. 이 선생님 좀 부탁 드립니다.

喂，你好！请找一下李老师。
Wèi nǐ hǎo Qǐng zhǎo yí xià Lǐ lǎo shī

잠시만 기다리세요.

请稍等。
Qǐng shāo děng

실례지만 누굴 찾으십니까?

先生，请问您找谁？
Xiān sheng qǐng wèn nín zhǎo shéi

전화를 끊지 마세요. 곧 연결해 드릴게요.

请先别挂断电话，马上给您接上。
Qǐng xiān bié guà duàn diàn huà mǎ shàng gěi nín jiē shàng

통화 중일 때

사장님은 지금 통화 중이시니 잠시만 기다리세요.

老板正在通话中，请您稍等。
Lǎo bǎn zhèng zài tōng huà zhōng　qǐng nín shāo děng

통화 중이니, 잠시 후에 다시 거세요.

占线，待会儿再打过来。
Zhàn xiàn　dāi huìr zài dǎ guò lái

전화를 받을 상대가 없을 때

지금 자리에 안 계세요.

线在不在。
Xiàn zài bú zài

그는 출장 갔는데요.

他出差了。
Tā chū chāi le

그 사람 집에 없는데요, 방금 나갔어요.

他不在家，刚刚出去
Tā bú zài jiā　gāng gāng chū qù

그는 회의 중입니다.

他正在开会。
Tā zhèng zài kāi huì

그 사람 외출 중인데요.

他出去了。
Tā chū qù le

전화를 부탁할 때

저에게 전화하라고 전해 주세요.

让他给我回电话。
Ràng tā gěi wǒ huí diàn huà

A：他不在，刚刚出去。
Tā bú zài　gāng gāng chū qù
(그 사람은 없어요, 방금 나갔어요.)

B : 那 等 他 回 来 ， 让 他 给 我 回 电 话 ，
Nà děng tā huí lái　ràng tā gěi wǒ huí diàn huà

我 姓 王 。
wǒ xìng Wáng

(돌아오면 저에게 전화 좀 하라고 하세요, 저는 미스터 왕입니다.)

A : 好 的 。
Hǎo de

(네.)

그가 오면 너에게 전화하라고 전할게.

等 他 回 来 了 我 让 他 给 你 去 电 话 。
Děng tā huí lái le wǒ ràng tā gěi nǐ qù diàn huà

전화 기다릴게.

我 等 你 电 话 。
Wǒ děng nǐ diàn huà

07-10

메시지를 주고받을 때

메시지를 남기시겠어요?

您 要 不 要 留 言 ?
Nín yào bu yào liú yán

아니요, 제가 다음에 다시 걸죠.

不 用 了 ， 我 下 次 再 打 。
Bú yòng le　wǒ xià cì zài dǎ

제 메시지를 전해 주시겠어요?

您 可 以 帮 我 留 言 吗 ?
Nín kě yǐ bāng wǒ liú yán ma

제가 전화했었다고 전해 주십시오.

请 转 告 他 ， 我 来 过 电 话 。
Qǐng zhuǎn gào tā　wǒ lái guo diàn huà

A : 请 转 告 他 回 来 就 给 我 回 电 话 。
Qǐng zhuǎn gào tā huí lái jiù gěi wǒ huí diàn huà

(돌아오면 전화 좀 해 달라고 전해 주십시오.)

B : 他 知 道 你 的 电 话 吗 ?
Tā zhī dao nǐ de diàn huà ma

(그가 당신 전화번호를 압니까?)

그 사람에게 뭐라고 전해 드릴까요?

我 怎 么 转 告 他 ?
Wǒ zěn me zhuǎn gào tā

잘못 걸려온 전화를 받았을 때

몇 번으로 거셨습니까?

你打的是多少？
Nǐ dǎ de shì duō shao

제가 잘못 걸었습니다.

我打错了。
Wǒ dǎ cuò le

죄송합니다. 잘못 거셨습니다.

对不起，您打错了。
Duì bu qǐ Nín dǎ cuò le

A : 对不起，您打错了。
Duì bu qǐ nín dǎ cuò le
(죄송합니다. 잘못 거셨습니다.)

B : 您那儿是六四二九一一五八吗？
Nín nàr shì liù sì èr jiǔ yāo yāo wǔ bā ma
(거기 6429-1158 아니에요?)

A : 不是。
Bú shì
(아닌데요.)

B : 对不起。
Duì bu qǐ
(죄송합니다.)

잘못 거셨네요. 여기는 왕 씨네 집이 아닙니다.

你拨错了，这不是王先生家。
Nǐ bō cuò le zhè bú shì Wáng xiān sheng jiā

죄송해요. 잘못 걸었습니다.

我打错了，对不起。
Wǒ dǎ cuò le duì bu qǐ

통화에 문제가 있을 때

혼선이 됐어요.

串线了。
Chuàn xiàn le

좀 천천히 말씀해 주세요.

请您慢一点儿说。
Qǐng nín màn yì diǎnr shuō

좀 크게 말씀해 주십시오.	请大声点儿。 Qǐng dà shēng diǎnr

전화를 끊을 때

그가 갑자기 전화를 끊어버렸어.	他突然挂断了电话。 Tā tū rán guà duàn le diàn huà
전화가 갑자기 끊어졌어.	电话突然断了。 Diàn huà tū rán duàn le

A：电话突然断了。
　　Diàn huà tū rán duàn le
　　(전화가 갑자기 끊어졌어.)
B：对不起。手机没电了，刚换了个
　　Duì bu qǐ　Shǒu jī méi diàn le　　gāng huàn le ge
　　新的。
　　xīn de
　　(미안해, 휴대전화 배터리가 다 돼서 방금 새것으로 갈아 끼웠어.)

그는 말을 다 듣지도 않고 전화를 끊어버렸어.	他没听完就挂了电话。 Tā méi tīng wán jiù guà le diàn huà
끊으세요!	挂了吧! Guà le ba
끊을게.	挂了! Guà le

국제전화를 걸 때

국제전화를 걸고 싶은데요.	我要打国际电话。 Wǒ yào dǎ guó jì diàn huà
한국의 서울로 걸고 싶은데요.	我想打到韩国首尔。 Wǒ xiǎng dǎ dào Hán guó Shǒu ěr

138

전화번호가 어떻게 됩니까?

电话号码是多少？
Diàn huà hào mǎ shì duō shao

전화가 연결되었습니다.

您的电话接通了。
Nín de diàn huà jiē tōng le

말씀하십시오.

请讲。
Qǐng jiǎng

07-15

휴대전화를 이용할 때

자리에 안 계십니다. 휴대전화로
전화해보세요.

他现在不在，打一下手机。
Tā xiàn zài bú zài   dǎ yí xià shǒu jī

급한 일이면 그의 휴대전화에 거
세요.

有急事就打他的手机吧。
Yǒu jí shì jiù dǎ tā de shǒu jī ba

PART 2

个人身上

UNIT 08

중국에서는 우리와는 달리 서양에서처럼 만으로 나이를 계산합니다. 이것을 「周岁 zhōusuì」라고 합니다. 예전에는 우리처럼 태어나면서 바로 1살이 되었는데 이것을 「虚岁 xū suì」라고 합니다. 상대에게 나이를 물을 때는 「你多大了? Nǐ duō dà le」나 「你多大年纪? Nǐduō dàniánjì」라고 합니다. 「你几岁? Nǐ jǐ suì」는 어린아이에게 나이를 물을 때 쓰는 표현입니다.

출신지에 대해서

고향은 어디입니까?	你的老家在哪儿? Nǐ de lǎo jiā zài nǎr

> A : 你的老家在哪儿?
> 　　Nǐ de lǎo jiā zài nǎr
> （고향은 어디입니까?）
> B : 庆州。南方的一个城市。
> 　　Qìng zhōu　Nán fāng de yí ge chéng shì
> （경주에요. 남쪽에 있는 도시예요.）

제 고향은 시골이에요.	我的老家在乡下。 Wǒ de lǎo jiā zài xiāng xià
어디서 오셨습니까?	您从什么地方来的? Nín cóng shén me dì fang lái de
저는 한국인입니다.	我是韩国人。 Wǒ shì Hán guó rén
나는 북경에서 왔어요.	我从北京来的。 Wǒ cóng Běi jīng lái de
저 여자는 중국인이 아니라 한국인이에요.	她不是中国人，是韩国人。 Tā bú shì Zhōng guó rén　shì Hán guó rén

당신들은 모두 한국인인가요?　你们都是韩国人吗？
Nǐ men dōu shì Hán guó rén ma

나이에 대해서

무슨 띠입니까?

你属什么？
Nǐ shǔ shén me

> A：你属什么？
> Nǐ shǔ shén me
> (무슨 띠입니까?)
> B：我属猪。
> Wǒ shǔ zhū
> (돼지띠예요.)

올해 몇 살이에요?

你今年多大了？
Nǐ jīn nián duō dà le

스물 두 살이에요.

我二十二岁。
Wǒ èr shí èr suì

금년에 연세가 어떻게 되세요?

您今年多大岁数？
Nín jīn nián duō dà suì shu

> A：您今年多大岁数？
> Nín jīn nián duō dà suì shu
> (금년에 연세가 어떻게 되세요?)
> B：你看我有多大呢？
> Nǐ kàn wǒ yǒu duō dà ne
> (몇 살로 보여요?)

나이를 여쭤 봐도 실례가 안 될까요?

打听一下岁数不失礼吧？
Dǎ tīng yí xià suì shu bù shī lǐ ba

> A：请问你多大岁数？
> Qǐng wèn nǐ duō dà suì shu
> (나이가 어떻게 되십니까?)
> B：三十五了。
> Sān shí wǔ le
> (서른 다섯입니다.)

20대 초반입니다.	刚过二十岁。 Gāng guò èr shí suì
30대 후반입니다.	三十多快四十了。 Sān shí duō kuài sì shí le
저와 동갑이군요.	你和我同岁呀。 Nǐ hé wǒ tóng suì ya
당신은 나이보다 젊어 보입니다.	你显得比岁数年轻。 Nǐ xiǎn de bǐ suì shu nián qīng

생일에 대해서

| 오늘이 무슨 날일까요? | 你猜猜今天是什么日子？
Nǐ cāi cai jīn tiān shì shén me rì zi |

> A : 你猜猜他有多大？
> Nǐ cāi cai tā yǒu duō dà
> (저 사람 몇 살인 것 같아?)
>
> B : 这很难猜吧。四十出头？
> Zhè hěn nán cāi ba　Sì shí chū tou
> (추측하기 어렵네요. 40대 초반?)

오늘 네 생일이지, 그렇지?	今天是你的生日，对吧？ Jīn tiān shì nǐ de shēng rì duì ba
생일 축하해요!	祝你生日快乐！ Zhù nǐ shēng rì kuài lè
생일이 언제입니까?	生日是什么时候？ Shēng rì shì shén me shí hou
몇 년도에 태어나셨어요?	哪年出生的？ Nǎ nián chū shēng de
생일은 몇 월 며칠입니까?	你的生日是几月几号？ Nǐ de shēng rì shì jǐ yuè jǐ hào

가족

家族

UNIT 09

중국은 도시의 경우 인구억제 정책이 순조롭게 진행됐는데, 시대 변화에 따라 사람들의 가치관이 변화되었음을 말합니다. 즉 모든 어려움을 참아 가면서 자식을 위해 살아가던 중국인들의 생활방식이 바뀐 것입니다. 우리나라도 마찬가지겠지만 중국에서도 이제는 개인의 행복과 여유를 희생하면서까지 대를 잇는 일에 얽매이지 않겠다는 자유분방한 사고방식을 가진 사람들이 많아졌습니다.

09-1 가족에 대해서 물을 때

가족은 몇 분이나 됩니까?

你家有几口人？
Nǐ jiā yǒu jǐ kǒu rén

식구는 많습니까?

家里人多吗？
Jiā li rén duō ma

가족에 대해 좀 말씀해 주시겠습니까?

能谈谈你家庭情况吗？
Néng tán tan nǐ jiā tíng qíng kuàng ma

A：跟父母一起过吗？
Gēn fù mǔ yì qǐ guò ma
(부모님과 함께 사세요?)

B：不，我自己住。
Bù wǒ zì jǐ zhù
(아니오, 혼자 삽니다.)

A：你们家兄弟几个？
Nǐ men jiā xiōng dì jǐ ge
(형제가 몇 분이에요?)

B：我们家男孩儿就我一个，我还有
Wǒ men jiā nán hár jiù wǒ yí ge wǒ hái yǒu
一个妹妹。
yí ge mèi mei
(우리집에서 아들은 저 하나고, 여동생이 한 녕 있습니다.)

143

부친께서는 무슨 일을 하십니까?

请问令尊在哪里高就？
Qǐng wèn lìng zūn zài nǎ li gāo jiù

남편은 어떤 일을 하세요?

你先生做什么工作？
Nǐ xiān sheng zuò shén me gōng zuò

A：你先生做什么工作？
Nǐ xiān sheng zuò shén me gōng zuò
(남편은 어떤 일을 하세요?)
B：他在市厅工作，是公务员。
Tā zài shì tīng gōng zuò　　shì gōng wù yuán
(시청에서 근무해요, 공무원이에요.)

부모님은 연세가 어떻게 되십니까?

请问双亲今年高寿？
Qǐng wèn shuāng qīn jīn nián gāo shòu

부모님은 건강하게 살아 계시나요?

你父母都健在吗？
Nǐ fù mǔ dōu jiàn zài ma

가족에 대해 대답할 때

우리 식구는 다섯 명입니다.

我家有五口人。
Wǒ jiā yǒu wǔ kǒu rén

우리는 대가족입니다.

我们家是一个大家族。
Wǒ men jiā shì yí ge dà jiā zú

저는 부모님과 같이 살고 있습니다.

我跟父母一起过呢。
Wǒ gēn fù mǔ yì qǐ guò ne

전 외아들인데, 당신은요?

我是独生子，你呢？
Wǒ shì dú shēng zǐ　　nǐ ne

할아버지도 함께 사십니까?

爷爷也跟你们在一起吗？
Yé ye yě gēn nǐ men zài yì qǐ ma

우리 식구는 세 명입니다.

我家有三口人。
Wǒ jiā yǒu sān kǒu rén

당신은 몇 째입니까?

你是老几？
Nǐ shì lǎo jǐ

저도 외동딸이에요.

我也是独生女。
Wǒ yě shì dú shēng nǚ

제가 맏이에요.

我是老大。
Wǒ shì lǎo dà

형제자매에 대해서

형제나 자매가 있습니까?

有兄弟姐妹吗？
Yǒu xiōng dì jiě mèi ma

형은 둘 있는데, 누나는 없어요.

有两个哥哥，没有姐姐。
Yǒu liǎng ge gē ge   méi yǒu jiě jie

형제자매가 몇이세요?

你有几个兄弟姐妹？
Nǐ yǒu jǐ ge xiōng dì jiě mèi

저는 오빠가 둘, 언니가 하나 있어요.

我有两个哥哥，一个姐姐。
Wǒ yǒu liǎng ge gē ge   yí ge jiě jie

오빠(형)는 이미 결혼했어요.

我哥哥已经结婚了。
Wǒ gē gē yǐ jing jié hūn le

언니(누나)는 나보다 한 살이 많아요.

我姐姐比我大一岁。
Wǒ jiě jie bǐ wǒ dà yí suì

남동생은 나보다 세 살이 적어요.

我弟弟比我小三岁。
Wǒ dì di bǐ wǒ xiǎo sān suì

친척과 자녀에 대해서

친척이 많습니까?

你家亲戚多吗？
Nǐ jiā qīn qī duō ma

<table>
<tr><td></td><td>A : 你家亲戚多吗？
Nǐ jiā qīn qī duō ma
(친척들은 많이 있습니까?)
B : 不少。我们家是个大家族。
Bù shǎo Wǒ men jiā shì ge dà jiā zú
(많아요. 우리집은 대가족이에요.)</td></tr>
</table>

나는 삼촌과 이모가 있습니다.
我有叔叔，还有阿姨。
Wǒ yǒu shū shu hái yǒu ā yí

아이들은 몇 명이나 됩니까?
你有几个孩子？
Nǐ yǒu jǐ ge hái zi

자녀들은 몇 살입니까?
子女多大了？
Zǐ nǚ duō dà le

애들 이름이 뭐죠?
孩子们叫什么名字？
Hái zi men jiào shén me míng zi

아들만 둘이고 딸은 없습니다.
有两个儿子，没有女儿。
Yǒu liǎng ge ér zi méi yǒu nǚ ér

애들은 학교에 다니나요?
孩子们上学了吗？
Hái zi men shàng xué le ma

아이는 언제 가질 예정입니까?
你们想什么时候要孩子？
Nǐ men xiǎng shén me shí hou yào hái zi

<table>
<tr><td>A : 你们想什么时候要孩子？
Nǐ men xiǎng shén me shí hou yào hái zi
(언제 가질 예정입니까?)
B : 还没计划呢。
Hái méi jì huà ne
(아직 계획이 없어요.)</td></tr>
</table>

아이들이 셋 있어요. 딸 둘하고,
아들 하나이에요.
有三个孩子，两个女儿，一个儿子。
Yǒu sān ge hái zi liǎng ge nǚ ér yí ge ér zi

당신 딸은 누구를 닮았어요?
你的女儿像谁？
Nǐ de nǚ ér xiàng shéi

09-5 거주지에 대해서

집이 어디세요?

你家在哪儿？
Nǐ jiā zài nǎr

당신 집은 여기에서 먼 가요?

你家离这儿远不远？
Nǐ jiā lí zhèr yuǎn bu yuǎn

A : 你家离这儿远不远？
Nǐ jiā lí zhèr yuǎn bu yuǎn
(당신 집은 여기에서 먼 가요?)

B : 不远，就在这附近。
Bù yuǎn jiù zài zhè fù jìn
(안 멀어요. 바로 이 근처예요.)

PART 2

결혼

结婚

UNIT 10

연애가 자유로운 도시에서는 직장에서 결혼식을 치러주며 간략한 주례의식을 거친 다음 신랑신부 맞절, 양가부모 및 손님들에게 인사 그리고 술을 들고 축배를 올리는 「敬酒 jìngjiǔ」가 있은 다음, 신랑신부가 각 식탁마다 다니면서 술을 권하며 인사합니다. 신랑은 양복을 입으며, 신부는 「旗袍 qípáo」 혹은 서양식 웨딩드레스를 입습니다. 신랑 측에서 대부분의 살림살이를 장만하고 신부측에서 약간의 살림자금을 보태주는 것이 한국과는 다릅니다.

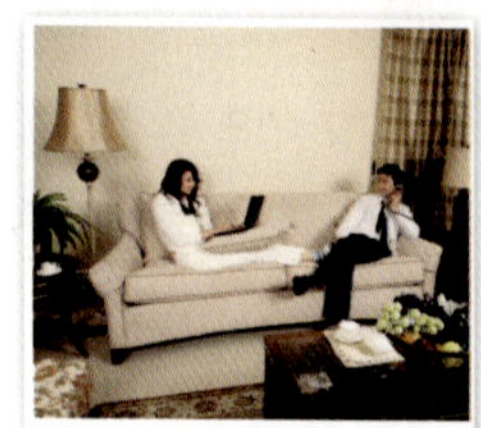

10-1

청혼과 약혼에 대해서

저와 결혼해 주시겠습니까?	你肯跟我结婚吗？ Nǐ kěn gēn wǒ jié hūn ma
내 아내가 되어 줄래요?	做我的妻子好吗？ Zuò wǒ de qī zi hǎo ma
당신과 평생 함께 있고 싶습니다.	想一辈子跟你在一起。 Xiǎng yí bèi zi gēn nǐ zài yì qǐ
우리는 이번 달에 약혼했습니다.	我们这个月定的婚。 Wǒ men zhè ge yuè dìng de hūn
그녀는 리우이다의 약혼녀예요.	她是刘一达的未婚妻。 Tā shì Liú Yī dá de wèi hūn qī

10-2

결혼에 대해서

결혼하셨습니까?	请问，你结婚了吗？ Qǐng wèn nǐ jié hūn le ma

언제 결혼을 하셨습니까?

什么时候成家的?
Shén me shí hou chéng jiā de

결혼한 지 얼마나 됐습니까?

结婚多长时间了?
Jié hūn duō cháng shí jiān le

A : 结婚多长时间了?
　　Jié hūn duō cháng shí jiān le
　　(결혼한 지 얼마나 됐습니까?)

B : 刚六个月。
　　Gāng liù ge yuè
　　(이제 6개월 됐습니다.)

당신은 기혼입니까, 미혼입니까?

请问你是已婚还是未婚?
Qǐng wèn nǐ shì yǐ hūn hái shi wèi hūn

저는 독신입니다.

我是单身。
Wǒ shì dān shēn

별거와 이혼에 대해서

우리는 별거 중입니다.

我们分居了。
Wǒ men fēn jū le

저는 이혼했습니다.

我离婚了。
Wǒ lí hūn le

우리는 이혼할 생각입니다.

我们打算离婚。
Wǒ men dǎ suan lí hūn

A : 我们打算离婚。
　　Wǒ men dǎ suan lí hūn
　　(우리는 이혼할 생각입니다.)

B : 真遗憾。不后悔吗?
　　Zhēn yí hàn　Bú hòu huǐ ma
　　(유감이군요. 후회하지 않습니까?)

A : 不会的。
　　Bú huì de
　　(후회하지 않아요.)

149

직업

职业

UNIT 11

직업선택의 기준은 무엇보다도 돈 문제와 연관이 있습니다. 중국에서는 급여수준이 높은 합작회사, 연안해안도시(심천, 주해, 광주 등)로 고급인력이 모이며, 얼마 전까지만 하더라도 고급인력이 아니더라도 영어, 일어 가능자라면 여행 가이드가 되어 팁(小費)과 환전 대행 등으로 고수입자가 될 수 있었습니다. 그리고 학력과 상관 없이 택시기사가 되면 비교적 높은 수입을 올릴 수 있어, 예전에는 실제로 중국의 택시기사가 고소득자로 분류되기도 했었답니다.

직업을 물을 때

어떤 일을 합니까?

你是做什么工作的？
Nǐ shì zuò shén me gōng zuò de

어디에서 일하세요?

你在哪儿工作？
Nǐ zài nǎr gōng zuò

당신 직업이 무엇입니까?

你的职业是什么？
Nǐ de zhí yè shì shén me

제가 보기에 당신은 변호사 같은데요.

我看你像个律师。
Wǒ kàn nǐ xiàng ge lǜ shī

A：你是做什么工作的？
　　Nǐ shì zuò shén me gōng zuò de
（당신을 뭘 하시는 분이세요?）

B：你看呢？
　　Nǐ kàn ne
（보시기에는 어떠세요?）

A：我看你像个律师。
　　Wǒ kàn nǐ xiàng ge lǜ shī
（변호사 같아 보이는데요.）

150

직업을 말할 때

저는 무역을 하는 사람입니다.
我是做贸易的。
Wǒ shì zuò mào yì de

지금은 회사에 다니지 않습니다.
我现在不上班。
Wǒ xiàn zài bú shàng bān

은행에서 일합니다.
我在银行工作。
Wǒ zài yín háng gōng zuò

저는 공무원입니다.
我是公务员。
Wǒ shì gōng wù yuán

저는 가정주부입니다.
我是家庭主妇。
Wǒ shì jiā tíng zhǔ fù

저는 노동자입니다.
我是工人。
Wǒ shì gōng rén

저는 기술자입니다.
我是技术员。
Wǒ shì jì shù yuán

저는 벌써 퇴직했습니다.
我已经退休了。
Wǒ yǐ jing tuì xiū le

저는 샐러리맨(봉급생활자)입니다.
我是工薪族。
Wǒ shì gōng xīn zú

저는 사무원입니다.
我是事务员。
Wǒ shì shì wù yuán

저는 한국 기업에서 근무하고 있습니다.
我在一家韩国企业工作。
Wǒ zài yì jiā Hán guó qǐ yè gōng zuò

저는 프리랜서입니다.
我是自由职业者。
Wǒ shì zì yóu zhí yè zhě

저는 미취업 청년(백수)입니다.
我是个待业青年。
Wǒ shì ge dài yè qīng nián

11-3

사업에 대해서

사업은 잘 되시죠?

生 意 还 顺 利 吧？
Shēng yì hái shùn lì ba

A：工作怎么样？ 还顺利吧？
Gōng zuò zěn me yàng　 Hái shùn lì ba
(일은 어때요? 잘 되시죠?)

B：算是顺利吧。挣点儿辛苦钱吧！
Suàn shi shùn lì ba　 Zhēng diǎnr xīn kǔ qián ba
(잘 되는 편입니다. 돈 버는 게 다 힘들죠!)

그런 대로 괜찮아요.

还好。
Hái hǎo

그저 그래요.

马马虎虎。
Mǎ mǎ hū hū

중국에서 장사하는 일은 쉽지 않네요.

在中国做买卖，真不容易！
Zài Zhōng guó zuò mǎi mài　 zhēn bù róng yì

UNIT 12

爱好和余暇

취미만큼 범위가 다양한 화제도 흔치 않습니다. 취미와 관련된 대화를 통해 상대방의 성격을 파악해둔다면 개인적 친교에 도움이 될 뿐 아니라 비즈니스에서도 유익한 점이 많을 것입니다. 상대방에게 취미를 물을 때는「你的爱好是什么? Nǐ de àihào shì shénme (취미가 무엇입니까?)」라고 합니다.

취미와 흥미를 물을 때

취미가 무엇입니까?

你的爱好是什么?
Nǐ de ài hào shì shén me

어떤 취미를 갖고 계세요?

请问你有什么爱好?
Qǐng wèn nǐ yǒu shén me ài hào

무엇을 수집합니까?

你收藏什么?
Nǐ shōu cáng shén me

A：你收藏什么?
　　Nǐ shōu cáng shén me
　　(무엇을 수집하십니까?)
B：我喜欢收藏货币。
　　Wǒ xǐ huan shōu cáng huò bì
　　(화폐 수집하는 것을 좋아합니다.)

음악감상 좋아하세요?

你爱听音乐吗?
Nǐ ài tīng yīn yuè ma

어떤 악기를 다루십니까?

你会些什么乐器?
Nǐ huì xiē shén me yuè qì

취미와 흥미에 대해 대답할 때

제 취미는 장기입니다.

我的爱好是下象棋。
Wǒ de ài hào shì xià xiàng qí

음악감상을 좋아해요.

我喜欢听音乐。
Wǒ xǐ huan tīng yīn yuè

낚시를 좋아합니다.

我喜欢钓鱼。
Wǒ xǐ huan diào yú

대단히 좋은 취미를 가지셨군요.

你有挺不错的爱好。
Nǐ yǒu tǐng bú cuò de ài hào

제 취미는 아주 다양해요.

我的兴趣很广泛。
Wǒ de xìng qù hěn guǎng fàn

A : 你有什么爱好？
Nǐ yǒu shén me ài hào
(취미가 뭐예요?)

B : 我的兴趣很广泛，没一定的。
Wǒ de xìng qù hěn guǎng fàn　méi yí dìng de
(제 취미는 광범위해서 특별하게 하나를 꼽을 수
없네요.)

저는 그런 일에는 별로 흥미가 없
습니다.

我对那些事没什么兴趣。
Wǒ duì nà xiē shì méi shén me xìng qù

저는 등산을 좋아하게 되었습니다.

我喜欢上了登山。
Wǒ xǐ huan shàng le dēng shān

저는 영화광입니다.

我是个电影迷。
Wǒ shì ge diàn yǐng mí

많은 취미가 있지만, 제일 즐기는
건 독서입니다.

有很多爱好，但最喜欢的还是看书。
Yǒu hěn duō ài hào　dàn zuì xǐ huan de hái shi kàn shū

취미에 너무 빠지지 마세요.

不要太沉醉在自己的兴趣里。
Bú yào tài chén zuì zài zì jǐ de xìng qù li

여가활동에 대해서

주말에는 주로 무엇을 합니까?
周末主要干什么？
Zhōu mò zhǔ yào gàn shén me

여가시간을 어떻게 보내세요?
你怎么打发闲暇？
Nǐ zěn me dǎ fā xián xià

어떻게 기분 전환하세요?
你怎么转换心情？
Nǐ zěn me zhuǎn huàn xīn qíng

A : 用什么办法转换心情？
Yòng shén me bàn fǎ zhuǎn huàn xīn qíng
(어떤 방법으로 기분 전환하세요?)
B : 看电影。
Kàn diàn yǐng
(영화를 봐요.)

주말에 무슨 계획이 있으세요?
周末有什么计划吗？
Zhōu mò yǒu shén me jì huà ma

휴일에 무얼 하실 겁니까?
假日打算干什么？
Jià rì dǎ suan gàn shén me

일과 후에 무엇을 하세요?
工作之余干什么？
Gōng zuò zhī yú gàn shén me

A : 明天是休息日，你有什么安排？
Míng tiān shì xiū xi rì nǐ yǒu shén me ān pái
(내일은 휴일인데 넌 뭘 할 계획이니?)
B : 我打算待在家里。
Wǒ dǎ suan dāi zài jiā li
(그냥 집에 있을 생각이에요.)

오락

娱乐

중국의 대표적인 오락으로는 마작(麻雀)이 있습니다. 마작은 실내 놀이의 한 종류로 네 사람이 136개의 패(牌)를 가지고 짝을 맞추는 놀이입니다. 마작은 명절 때 많이 하지만 우리나라의 장기처럼 평상시에도 친목도모를 위해 자주 하는 놀이입니다. 한국에서는 남자들이 장기를 주로 하지만, 마작은 여자들도 많이 즐기는 놀이입니다.

오락과 유흥

카지노는 몇 시부터 시작합니까?

赌场从几点开始？
Dǔ chǎng cóng jǐ diǎn kāi shǐ

좋은 카지노를 소개해 주십시오.

请给我介绍个好赌场。
Qǐng gěi wǒ jiè shào ge hǎo dǔ chǎng

카지노는 아무나 들어갈 수 있습니까?

赌场谁都可以进吗？
Dǔ chǎng shéi dōu kě yǐ jìn ma

칩은 어디서 바꿉니까?

在哪儿换币？
Zài nǎr huàn bì

현금으로 주세요.

请给我现金。
Qǐng gěi wǒ xiàn jīn

좀 쉬운 게임은 있습니까?

有没有容易点的游戏？
Yǒu méi yǒu róng yì diǎn de yóu xì

좀 더 좋은 나이트클럽이 있으면 하나만 소개해 주세요.

有没有好点儿的夜总会，介绍一个。
Yǒu méi yǒu hǎo diǎnr de yè zǒng huì jiè shào yí ge

인기가 있는 디스코텍은 어디입니까?

最受欢迎的迪厅是哪里？
Zuì shòu huān yíng de dí tīng shì nǎ li

연극을 보고 싶은데요.

想 看 场 话 剧。
Xiǎng kàn chǎng huà jù

A : 最 近 想 看 场 话 剧。
Zuì jìn xiǎng kàn chǎng huà jù
(요사이 연극이 보고 싶어.)
B : 《茶 馆》 的 档 期 刚 过， 恐 怕 没 什
Chá guǎn de dàng qī gāng guò kǒng pà méi shén
么 可 看 的 了。
me kě kàn de le
(《차관》 공연기간도 막 끝나서 아마 볼 게 없을 거야.)

이건 무슨 공연입니까?

这 是 什 么 演 出？
Zhè shì shén me yǎn chū

무대 근처 자리로 주시겠어요?

能 给 我 离 舞 台 近 点 儿 的 座 位 吗？
Néng gěi wǒ lí wǔ tài jìn diǎnr de zuò wèi ma

어떤 음악 연주합니까?

都 有 什 么 音 乐？
Dōu yǒu shén me yīn yuè

저와 함께 춤추시겠어요?

能 和 我 一 起 跳 舞 吗？
Néng hé wǒ yì qǐ tiào wǔ ma

젊은 사람이 많습니까?

年 轻 人 多 吗？
Nián qīng rén duō ma

어서 오십시오. 몇 분이십니까?

欢 迎 光 临， 几 位？
Huān yíng guāng lín jǐ wèi

가라오케에 대해서

가라오케 가자!

去 唱 卡 拉 OK！
Qù chàng kǎ lā

좋시.

好 吧。
Hǎo ba

이 근처에 가라오케가 있습니까?

这 附 近 有 卡 拉 OK 吗？
Zhè fù jìn yǒu kǎ lā ma

한국 노래는 있습니까?	有韩国歌吗？ Yǒu Hán guó gē ma
무슨 노래 부르실래요?	你唱什么歌？ Nǐ chàng shén me gē
한국 노래 할 줄 아세요?	你会唱韩国歌吗？ Nǐ huì chàng Hán guó gē ma
노래를 잘 하시는군요.	您唱的真好。 Nín chàng de zhēn hǎo
그는 노래를 잘합니다.	他很会唱歌。 Tā hěn huì chàng gē
저는 음치입니다.	我五音不全。 Wǒ wǔ yīn bù quán
옛날 노래밖에 못 부릅니다.	我只回唱老歌。 Wǒ zhǐ huì chàng lǎo gē

문화생활

文化生活

UNIT 14

중국도 고도 경제성장으로 생활수준이 향상되었을 뿐만 아니라, 주5일 근무제에 따른 주말연휴(双休日 shuāngxiūrì)와 노동절(劳动节 Láodòngjié), 국경절(国庆节 Quóqìngjié)의 7일간 연휴가 있기 때문에 여행, 문화생활 등 삶의 질을 높이는 데 관심이 집중되고 있습니다. 노동절이나 국경절 연휴도 본래는 1~3일간이지만 앞뒤 주말연휴를 합쳐 긴 휴가를 갖는 것도 장거리 여행과 떨어져 사는 가족과 상봉을 권장하기 위한 국가 차원의 배려라고 합니다.

책에 대해서

어떤 책을 즐겨 읽으십니까?

你喜欢读什么样的书?
Nǐ xǐ huan dú shén me yàng de shū

A : **你喜欢读哪类书?**
Nǐ xǐ huan dú nǎ lèi shū
(어떤 책을 즐겨 읽으십니까?)

B : **精典的都喜欢。**
Jīng diǎn de dōu xǐ huan
(우수도서는 모두 좋아해요.)

주로 애정소설을 읽습니다.

主要看言情小说。
Zhǔ yào kàn yán qíng xiǎo shuō
▶ 言情 : 남녀간의 애정을 묘사하다

저는 손에 잡히는 대로 다 읽습니다.

我是随意，逮什么读什么。
Wǒ shì suí yì dǎi shén me dú shén me

책을 많이 읽으십니까?

你读书很多吗?
Nǐ dú shū hěn duō ma

이 책은 재미없어요.

这本没意思。
Zhè běn méi yì si

좋아하는 작가는 누구입니까?	你喜欢的作家是谁？ Nǐ xǐ huan de zuò jiā shì shéi
요즘 베스트셀러는 무엇입니까?	最近的畅销书是什么？ Zuì jìn de chàng xiāo shū shì shén me
이 책은 지루해요.	这本太冗长。 Zhè běn tài rǒng cháng
대충 한 번 훑어 봤어요.	泛泛地浏览了一遍。 Fàn fàn de liú lǎn le yí biàn
그녀는 책벌레입니다.	她可是个书呆子。 Tā kě shì ge shū dāi zi
요즘 읽을 만한 좋은 책이 있나요?	最近有什么可读的好书吗？ Zuì jìn yǒu shén me kě dú de hǎo shū ma

> A：最近有什么可读的好书，给我推
> 荐推荐。
> Zuì jìn yǒu shén me kě dú de hǎo shū gěi wǒ tuī jiàn tuī jiàn
>
> (요즘에 뭐 읽을 만한 좋은 책 있으면 추천 좀 해 주세요.)
>
> B：最近真没什么好书。商业炒作太
> 多。
> Zuì jìn zhēn méi shén me hǎo shū Shāng yè chǎo zuò tài duō
>
> (요즘엔 정말 좋은 책이 별로 없어요. 상업성이 짙은 책들이 너무 많아요.)

| 만화를 좋아해요. | 我喜欢看漫画。
Wǒ xǐ huan kàn màn huà |
| 수필보다 소설을 좋아합니다. | 和随笔比，我更喜欢看小说。
Hé suí bǐ bǐ wǒ gèng xǐ huan kàn xiǎo shuō |

신문과 잡지에 대해서

| 무슨 신문을 보십니까? | 你看什么报纸？
Nǐ kàn shén me bào zhǐ |

〈인민일보〉를 구독하고 있습니다.	我订阅 ＜人民日报＞。 Wǒ dìng yuè Rén mín rì bào
어떤 신문을 받아 보십니까?	你订了什么报纸？ Nǐ dìng le shén me bào zhǐ
오늘 신문 보셨어요?	你看没看今天的报纸？ Nǐ kàn méi kàn jīn tiān de bào zhǐ
그 사건은 일면에 났어요.	事件登在头版呢。 shì jiàn dēng zài tóu bǎn ne
어느 신문에 게재되었나요?	登在什么报纸上？ Dēng zài shén me bào zhǐ shang
그 사람 신문에 났더군요.	那人上报了。 Nà rén shàng bào le
저는 기사 제목들만 봐요.	我只看报道的题目。 Wǒ zhǐ kàn bào dào de tí mù
저는 스포츠면을 먼저 읽습니다.	我最先看体育版。 Wǒ zuì xiān kàn tǐ yù bǎn
어떤 잡지를 좋아합니까?	你喜欢什么样的杂志？ Nǐ xǐ huan shén me yàng de zá zhì
자동차 잡지를 구독합니다.	我订阅汽车杂志。 Wǒ dìng yuè qì chē zá zhì
그 잡지는 격주로 발행됩니다.	那是隔周发行的期刊。 Nà shì gé zhōu fā xíng de qī kān

음악에 대해서

어떤 음악을 가장 좋아하십니까?	你最爱听什么音乐？ Nǐ zuì ài tīng shén me yīn yuè

> A：你最爱听什么音乐？
> Nǐ zuì ài tīng shén me yīn yuè
> (어떤 음악을 가장 좋아하십니까?)

B：我比较喜欢听轻音乐。
Wǒ bǐ jiào xǐ huan tīng qīng yīn yuè
(저는 경음악을 비교적 좋아합니다.)

음반을 많이 갖고 계십니까?

你有许多唱片吗？
Nǐ yǒu xǔ duō chàng piàn ma

A：你的唱片多不多？
Nǐ de chàng piàn duō bu duō
(음반이 많으십니까?)

B：唱片？没有。我有很多光盘。
Chàng piàn Méi yǒu Wǒ yǒu hěn duō guāng pán
(음반이요? 없어요. 전 CD가 많아요.)

당신은 음악회에 자주 가십니까?

你常去音乐会吗？
Nǐ chàng qù yīn yuè huì ma

저는 클래식 매니아입니다.

我是古典迷。
Wǒ shì gǔ diǎn mí

저는 경음악을 좋아합니다.

我喜欢轻音乐。
Wǒ xǐ huan qīng yīn yuè

어제 광장에서 음악회가 열렸습니다.

昨天在广场开了音乐会。
Zuó tiān zài guǎngchǎng kāi le yīn yuè huì

나한테 콘서트 입장권 두 장 있는데, 같이 갈래요?

我有两张音乐会的票一起去吧。
Wǒ yǒu liǎng zhāng yīn yuè huì de piào yì qǐ qù ba

이 부근에 노래방이 있습니까?

这附近有没有歌舞厅？
Zhè fù jìn yǒu méi yǒu gē wǔ tīng

14-4 그림에 대해서

미술전시회에 가시겠습니까?

你去不去看画展？
Nǐ qù bu qù kàn huà zhǎn

함께 미술전시회를 보러 갑시다.

一起去看美术展吧。
Yì qǐ qù kàn měi shù zhǎn ba

이 작품은 어느 시대의 것입니까?
这个作品是哪个时代的？
Zhè ge zuò pǐn shì nǎ ge shí dài de

저는 그림 그리기를 좋아합니다.
我喜欢画画儿。
Wǒ xǐ huan huà huàr

이 작품은 정말 아름답네요.
这个作品真是太美了。
Zhè ge zuò pǐn zhēn shi tài měi le

저는 미술품 수집을 좋아합니다.
我喜欢搜集美术品。
Wǒ xǐ huan sōu jí měi shù pǐn

그림을 아주 잘 그리시는군요.
你画得真好。
Nǐ huà de zhēn hǎo

좋아하는 화가는 누군가요?
你喜欢的画家是谁？
Nǐ xǐ huan de huà jiā shì shéi

A：你喜欢油画还是图画？
Nǐ xǐ huan yóu huà hái shi tú huà
(유화를 좋아하세요, 아니면 회화를 좋아하세요?)
B：都还可以。 不过我最喜欢的是版
画。
Dōu hái kě yǐ   Bú guò wǒ zuì xǐ huan de shì bǎn huà
(다 좋아해요. 하지만 제가 가장 좋아하는 것은
판화입니다.)

텔레비전과 영화

电视和电影

UNIT 15

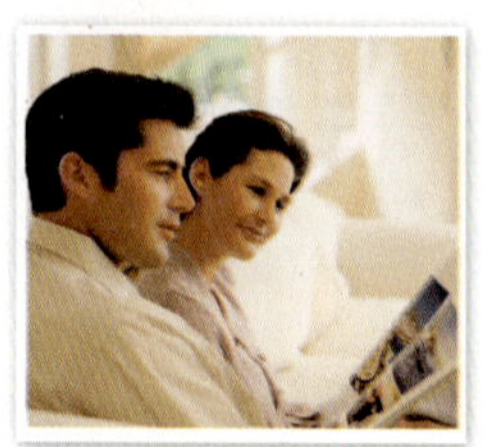

경극은 중국에서 영향력이 가장 크고 가장 대표적인 연극입니다. 경극은 극본, 연기, 음악, 노래, 소도구, 분장, 의상 등의 예술적 요소를 다채롭게 결합한 총체적 예술로 창(唱, 노래), 과(科, 연기), 백(白, 대사)의 삼위일체에 안무가 곁들여집니다. 경극은 중국의 전통적인 음악, 노래, 낭독, 춤, 서커스, 무술 등을 잘 융합시킨 것으로 중국 고유의 전통적인 종합 무대예술이라고 할 수 있습니다.

텔레비전에 대해서

어떤 텔레비전 프로그램을 좋아하십니까?

你喜欢哪类电视节目?
Nǐ xǐ huan nǎ lèi diàn shì jié mù

> A : 你喜欢哪类电视节目?
> Nǐ xǐ huan nǎ lèi diàn shì jié mù
> (어떤 텔레비전 프로그램을 좋아하십니까?)
> B : 我比较喜欢专访节目。
> Wǒ bǐ jiào xǐ huan zhuān fǎng jié mù
> (저는 특집보도 프로그램을 비교적 좋아합니다.)

연속극을 좋아합니다.

我喜欢连续剧。
Wǒ xǐ huan lián xù jù

오늘 저녁에는 무슨 프로그램을 하나요?

今晚电视有什么节目?
Jīn wǎn diàn shì yǒu shén me jié mù

오늘 재미있는 텔레비전 프로그램이 있나요?

今天，电视有什么好节目没有?
Jīn tiān diàn shì yǒu shén me hǎo jié mù méi yǒu

오늘 저녁 텔레비전에서 어떤 프로그램을 방송합니까?

今天晚上电视节目怎么样?
Jīn tiān wǎn shàng diàn shì jié mù zěn me yàng

지금 방송하고 있는 프로그램은 뭡니까?	现在电视演的是什么？ Xiàn zài diàn shì yǎn de shì shén me
어젯밤 텔레비전 영화 어땠어요?	昨晚的电视里演的怎么样？ Zuó wǎn de diàn shì li yǎn de zěn me yàng
리모콘이 어디 있죠?	遥控器在哪里？ Yáo kòng qì zài nǎ li
텔레비전 프로그램 편성표에 써 있어요.	电视节目预告上写着呢。 Diàn shì jié mù yù gào shang xiě zhe ne

영화와 연극에 대해서

그 영화는 며칠에 상영합니까?	那部电影几号上映？ Nà bù diàn yǐng jǐ hào shàng yìng
영화는 몇 시에 상영합니까?	电影几点开始？ Diàn yǐng jǐ diǎn kāi shǐ
표를 샀습니까?	买票了吗？ Mǎi piào le ma
오늘 저녁에 무슨 영화를 상영합니까?	今晚演什么电影？ Jīn wǎn yǎn shén me diàn yǐng
중국 영화를 좋아하십니까?	你喜欢中国电影吗？ Nǐ xǐ huan Zhōng guó diàn yǐng ma
영화배우 중 누굴 좋아합니까?	你喜欢哪一位电影明星？ Nǐ xǐ huan nǎ yí wèi diàn yǐng míng xīng
장쯔이를 제일 좋아합니다.	我最喜欢章子怡。 Wǒ zuì xǐ huan Zhāng Zǐ yí
영화 보러 자주 가십니까?	你常去看电影吗？ Nǐ cháng qù kàn diàn yǐng ma
저는 한 달에 두 번 영화를 봅니다.	一个月我看两场电影。 Yí ge yuè wǒ kàn liǎng chǎng diàn yǐng

영화 보러 갈래?	去看电影吗？ Qù kàn diàn yǐng ma
무슨 좋은 영화라도 하니?	有什么好电影吗？ Yǒu shén me hǎo diàn yǐng ma
영화 보는 걸 무척 좋아해.	我最喜欢看电影。 Wǒ zuì xǐ huan kàn diàn yǐng
그가 출연한 영화를 가장 좋아해.	我最爱看他演的电影。 Wǒ zuì ài kàn tā yǎn de diàn yǐng
이 영화는 정말 끝내줘.	这个电影太棒了。 Zhè ge diàn yǐng tài bàng le
이 영화는 별로야.	这部电影不怎么样。 Zhè bù diàn yǐng bù zěn me yàng
어떤 연극을 좋아하십니까?	你喜欢什么样的戏？ Nǐ xǐ huan shén me yàng de xì
최근에 어떤 괜찮은 연극을 보셨습니까?	最近你看过什么好戏吗？ Zuì jìn nǐ kàn guo shén me hǎo xì ma
극장에서 오페라 《춘희》를 공연하고 있어.	歌剧院正在上演歌剧《茶花女》。 Gē jù yuàn zhèng zài shàng yǎn gē jù　Chá huā nǚ
이 연극은 풍격이 혁신적이고 개방적입니다.	这部话剧风格很前卫。 Zhè bù huà jù fēng gé hěn qián wèi
조조 영화는 사람이 비교적 적어요.	早场电影人比较少。 Zǎo chǎng diàn yǐng rén bǐ jiào shǎo
주말 밤 시간대 영화표는 사기 힘들어요.	周末夜场电影票不太好买。 Zhōu mò yè chǎng diàn yǐng piào bú tài hǎo mǎi
자동차 극장은 음향 효과가 괜찮아요.	汽车剧场的音响效果不错。 Qì chē jù chǎng de yīn xiǎng xiào guǒ bú cuò

A : 好莱坞大片比较合适在汽车影院
Hǎo lái wū dà piàn bǐ jiào hé shì zài qì chē yǐng yuàn
看。
kàn
(할리우드 대작은 자동차 극장에서 보는 게 좋아요.)

B : 我也这么想。
Wǒ yě zhè me xiǎng
(저도 그렇게 생각해요.)

烹调

UNIT 16

중국인들은 식사를 할 때 젓가락(筷子)을 주로 사용하며 음식을 덜어먹는 것이 일반적입니다. 중국음식은 대개 찬 음식에서 따뜻한 음식 순으로 먹습니다. 「냉채」 같은 것으로 입맛을 돋우고, 따뜻한 요리들을 먹은 다음, 마지막에 국수를 먹습니다. 「먹다, 마시다」는 중국어로 「吃 chī」라고 말할 수도 있지만 일반적으로는 「吃 chī, 喝 hē」라고 나누어 말합니다.

16-1 요리 취향에 대해서

전 뭐든 잘 먹어요.	我什么都吃。 Wǒ shén me dōu chī
전 먹는 걸 안 가려요.	我不挑食。 Wǒ bù tiāo shí
전 식성이 까다로워요(편식이 심해요).	我很挑嘴。 Wǒ hěn tiāo zuǐ
그는 음식을 가려먹어요.	他有点偏食。 Tā yǒu diǎn piān shí
저는 돼지고기를 못 먹어요.	我不吃猪肉。 Wǒ bù chī zhū ròu
이걸 먹으면 속이 좋지 않습니다.	吃这个，肚子不好受。 Chī zhè ge dù zi bù hǎo shòu
저는 매운 음식을 좋아합니다.	我喜欢吃辣的。 Wǒ xǐ huan chī là de
배탈이 나다.	闹肚子。 Nào dù zi

A：我不能吃辣的，一吃辣的，就闹
Wǒ bù néng chī là de yì chī là de jiù nào
肚子。
dù zi
(저는 매운 걸 못 먹어요. 매운 걸 먹으면 바로 배
탈이 나요.)
B：那你可真没口福。
Nà nǐ kě zhēn méi kǒu fú
(정말 먹을 복이 없군요.)

저는 단 것을 잘 먹습니다.

我喜欢吃甜的。
Wǒ xǐ huan chī tián de

A：听说客人们不喜欢吃荤，今天点
Tīng shuō kè rén men bù xǐ huan chī hūn jīn tiān diǎn
的菜都很清淡。
de cài dōu hěn qīng dàn
(손님들이 고기 요리를 좋아하지 않는다고 해서
오늘은 모두 담백한 음식으로 주문했어요.)
B：您想得很周到。 谢谢！
Nín xiǎng de hěn zhōu dào Xiè xie
(세심하게 배려해 주시는군요. 고맙습니다!)

이건 별로 좋아하지 않아요.

这个我不太喜欢。
Zhè ge wǒ bú tài xǐ huan

저는 기름기 있는 음식을 안 좋아
해요.

我不喜欢油腻的。
Wǒ bù xǐ huan yóu nì de

저는 찬 음식을 싫어합니다.

我不喜欢凉菜。
Wǒ bù xǐ huan liáng cài

이제 이 음식에 질렸어요.

这东西我已经吃腻了。
Zhè dōng xi wǒ yǐ jing chī nì le

쓰고 짜서, 무슨 맛이 있겠어요!

又苦又咸，有什么吃头！
Yòu kǔ yòu xián yǒu shén me chī tou

향기로우면서도 아삭아삭해서 정
말 맛있어요.

又香又脆真好吃。
Yòu xiāng yòu cuì zhēn hǎo chī

이 음식은 너무 오래 볶았어요.

这菜炒老了。
Zhè cài chǎo lǎo le

저는 맛이 담백한 음식이 좋아요.	我喜欢口味清淡的菜。 Wǒ xǐ huan kǒu wèi qīng dàn de cài
이 탕은 맛과 향기가 좋으니 한번 맛보세요.	这汤很鲜，你尝尝。 Zhè tāng hěn xiān nǐ chángchang
좀 담백한 음식은 없나요?	有没有清淡点儿的菜？ Yǒu méi yǒu qīng dàn diǎnr de cài
그는 중국 요리를 아주 즐겨먹습니다.	他很喜欢吃中国菜。 Tā hěn xǐ huan chī Zhōng guó cài
요즘은 한식이 유행이더군요.	最近流行韩食了。 Zuì jìn liú xíng Hán shí le

16-2 식욕에 대해서

배 고파요.	我饿了。 Wǒ è le
목말라 죽겠어요.	渴死我了。 Kě sǐ wǒ le
배가 부르군요.	我吃饱了。 Wǒ chī bǎo le
전 식욕이 왕성해요.	我很能吃。 Wǒ hěn néng chī
먹고 싶은 생각이 없어요.	我不想吃。 Wǒ bù xiǎng chī
항상 그렇게 빨리 드세요?	你总是吃得这么快吗？ Nǐ zǒng shì chī de zhè me kuài ma
당신은 대식가이시군요.	你好大的胃口啊。 Nǐ hǎo dà de wèi kǒu a
제가 과식을 했나 봐요.	我好像吃多了。 Wǒ hǎo xiàng chī duō le

전 별로 먹고 싶지 않은데요.

我 不 太 想 吃。
Wǒ bú tài xiǎng chī

먹을 복이 있군요.

大 饱 口 福!。
Dà bǎo kǒu fú

你 真 有 口 福。
Nǐ zhēn yǒu kǒu fú

오늘은 제대로 식욕이 생기는데요!

今 天 可 真 是 食 欲 大 开 呀!
Jīn tiān kě zhēn shi shí yù dà kāi ya

입맛이 하나도 없어요.

一 点 都 没 胃 口。
Yì diǎn dōu méi wèi kǒu

저는 조금밖에 안 먹어요.

我 只 能 吃 一 点。
Wǒ zhǐ néng chī yì diǎn

맛에 대해서

맛이 어떻습니까?

味 道 怎 么 样?
Wèi dao zěn me yàng

아주 맛있는데요.

非 常 好 吃。
Fēi cháng hǎo chī

A : 味 道 怎 么 样?
Wèi dao zěn me yàng
(맛이 어떻습니까?)

B : 非 常 好。 色 香 味 具 全。
Fēi cháng hǎo   Sè xiāng wèi jù quán
(아주 맛있는데요. 색, 향, 맛 모두 최고예요.)

어느 것이나 다 맛있어요.

哪 个 都 好 吃。
Nǎ ge dōu hǎo chī

이 음식은 너무 맵군요.

这 菜 太 辣 了。
Zhè cài tài là le

군침이 도는군요.

我 流 口 水 了。
Wǒ liú kǒu shuǐ le

생각보다 맛있군요.	比想象中好吃多了。 Bǐ xiǎng xiàng zhōng hǎo chī duō le
이건 맛이 별로 없군요.	这个不怎么样。 Zhè ge bù zěn me yàng
이건 제 입맛에 안 맞아요.	这个不合我的胃口。 Zhè ge bù hé wǒ de wèi kǒu
냄새가 좋은데요.	真好闻。 Zhēn hǎo wén
맛있어요.	好吃。 Hǎo chī
달콤해요.	很甜。 Hěn tián
별로 맛이 없어요.	不太好吃。 Bú tài hǎo chī
싱거워요.	味道淡淡的。 Wèi dao dàn dan de
담백해요.	很清淡。 Hěn qīng dàn
구역질나.	恶心。 Ě xin
비린내나요.	有腥味。 Yǒu xīng wèi
써요.	味道苦。 Wèi dao kǔ
너무 짜요.	味道太咸。 Wèi dao tài xián
아주 매워요.	好辣啊。 Hǎo là a
시큼해요.	酸酸的。 Suān suan de
아주 신선해요.	挺新鲜的。 Tǐng xīn xiān de

너무 달아요.

太甜了。
Tài tián le

연해요.

好软。
Hǎo ruǎn

질겨요.

太硬了。
Tài yìng le

아주 찰기가 있어요(쫀득쫀득해요).

粘粘乎乎的。
Nián nian hū hū de

기름기가 많아요.

这个好肥啊。
Zhè ge hǎo féi a

기름기가 없어요.

这肉挺瘦的。
Zhè ròu tǐng shòu de

맛이 개운해요!

真爽口！
Zhēn shuǎng kǒu

健康

UNIT 17

우리의 경우 건강이라면 신체 건강에 집착하는 경향이 있으나 중국인들은 신체적 건강뿐만 아니라 정신적 건강도 대단히 중시합니다. 중국인들은 노년기 건강관리에 대한 관심이 많아 우리보다 경제환경이 열악함에도 불구하고 많은 장수노인을 양산한 듯합니다. 대체로 현재 50세 이하의 중국인들은 같은 나이의 한국인들보다 나이 들어 보이는 데 반해, 50세 이상의 중국인들은 건강하다는 인상을 주기도 합니다.

17-1

건강에 대해서

건강해 보이시는군요.

看 起 来 很 健 康。
Kàn qǐ lái hěn jiàn kāng

A : **你 身 体 看 起 来 很 好。**
　　Nǐ shēn tǐ kàn qǐ lái hěn hǎo
　　(건강해 보이시는군요.)

B : **是 的， 我 从 来 不 去 医 院， 不 吃 药。**
　　Shì de 　 wǒ cóng lái bú qù yī yuàn 　 bù chī yào
　　(네, 지금까지 병원에 가 본 적도 없고 약을 먹어 본 적도 없어요.)

건강은 어떠세요?

身 体 好 吗？
Shēn tǐ hǎo ma

요즘 건강은 어떠십니까?

你 最 近 身 体 好 吗？
Nǐ zuì jìn shēn tǐ hǎo ma

오늘은 좀 괜찮으세요?

今 天 您 好 点 吗？
Jīn tiān nín hǎo diǎn ma

건강 상태는 어때요?

健 康 状 况 怎 么 样？
Jiàn kāng zhuàngkuàng zěn me yàng

17-2

건강이 좋을 때

건강상태가 양호합니다.
身体状况良好。
Shēn tǐ zhuàngkuàng liáng hǎo

덕분에 아주 건강합니다.
감사합니다.
谢谢，我身体很好。
Xiè xie wǒ shēn tǐ hěn hǎo

요 며칠 몸이 좋지 않습니다.
这几天身体不太好。
Zhè jǐ tiān shēn tǐ bú tài hǎo

건강보다 더 중요한 건 없습니다.
没有比健康更重要的了。
Méi yǒu bǐ jiàn kāng gèng zhòng yào de le

저는 예전부터 줄곧 건강했습니다.
我一向身体很好。
Wǒ yí xiàng shēn tǐ hěn hǎo
▶ 一向 : 줄곧, 요즘, 지난번에

17-3

건강이 안 좋을 때

몸이 불편합니다.
身体不舒服。
Shēn tǐ bù shū fu

안색이 아주 창백합니다.
你脸色苍白。
Nǐ liǎn sè cāng bái

마음이 불안하고 식은땀이 납니다.
心发慌，冒虚汗。
Xīn fā huāng mào xū hàn

머리는 무겁고 다리는 힘이 빠져
비틀거립니다.
头重脚轻，走路晃晃悠悠的。
Tóu zhòng jiǎo qīng zǒu lù huànghuang yōu yōu de

술은 깼는데 머리는 여전히 머리
가 아픕니다.
酒是醒了，可是脑袋还是况况的。
Jiǔ shì xǐng le kě shì nǎo dài hái shi kuàngkuang de

온 몸에 힘이 없습니다.
浑身没劲。
Hún shēn méi jìn

매일 원기가 떨어지고, 정신을 못 차리겠습니다.

每天都萎靡不振的，打不起精神来。
Měi tiān dōu wěi mí bú zhèn dè　　dǎ bu qǐ jīng shen lái

요즘 건강상태가 별로 좋지 않습니다.

最近身体状态不怎么好。
Zuì jìn shēn tǐ zhuàng tài bù zěn me hǎo

건강관리에 대해서

어떻게 그렇게 건강하십니까?

你身体怎么那么好？
Nǐ shēn tǐ zěn me nà me hǎo

건강의 비결은 무엇입니까?

请问，你健康的秘诀是什么？
Qǐng wèn　　 nǐ jiàn kāng de mì jué shì shén me

A：你健康的秘诀是什么？
Nǐ jiàn kāng de mì jué shì shén me
（건강의 비결은 무엇입니까?）

B：很简单。保持有规律的生活习惯。
Hěn jiǎn dān　　 Bǎo chí yǒu guī lù de shēng huó xí guàn
（간단해요. 규칙적인 생활 습관을 가지면 되요.）

운동을 자주 하십니까?

你经常运动吗？
Nǐ jīng cháng yùn dòng ma

운동은 건강 증진에 도움이 됩니다.

运动有助于增进健康。
Yùn dòng yǒu zhù yú zēng jìn jiàn kāng

날마다 운동하시죠?

您是不是天天锻炼？
Nín shì bu shì tiān tiān duàn liàn

매일 조깅을 합니다.

我天天晨练。
Wǒ tiān tiān chén liàn

좋은 생활 습관은 건강에 유익합니다.

良好的生活习惯对健康有益。
Liáng hǎo de shēng huó xí guàn duì jiàn kāng yǒu yì

생활이 불규칙하면 건강에 해롭습니다.

生活无规律对健康有害。
Shēng huó wú guī lǜ duì jiàn kāng yǒu hài

녹색 식품은 몸에 좋습니다.

绿色食品对身体有好处。
Lǜ sè shí pǐn duì shēn tǐ yǒu hǎo chù

일부 식품은 건강에 해롭습니다.

一些食品对健康有害。
Yì xiē shí pǐn duì jiàn kāng yǒu hài

적당한 운동은 신체건강에 유익합니다.

适当的运动有利于身体健康。
Shì dàng de yùn dòng yǒu lì yú shēn tǐ jiàn kāng

17-5 다이어트에 대해서

저는 다이어트 중입니다.

我正在减肥。
Wǒ zhèng zài jiǎn féi

당신은 어떻게 몸매를 유지합니까?

你是怎么保持体形的？
Nǐ shì zěn me bǎo chí tǐ xíng de

몸매를 유지하는 비결은 많이 운동하는 것입니다.

保持体形的秘诀是多做运动。
Bǎo chí tǐ xíng de mì jué shì duō zuò yùn dòng

부위별 다이어트는 그렇게 쉽지 않습니다.

局部减肥没那么容易。
Jú bù jiǎn féi méi nà me róng yì

살이 좀 찐 것 같아요, 다이어트를 해야겠어요.

我觉得我有点胖了，需要减肥了。
Wǒ jué de wǒ yǒu diǎn pàng le   xū yào jiǎn féi le

나이가 들면 살이 좀 찝니다.

人上了年纪就有点儿发福了。
Rén shàng le nián jì jiù yǒu diǎnr fā fú le

어느 정도 나이가 들면 살이 좀 쪄야 보기 좋습니다.

到了一定年纪，胖一点好看。
Dào le yí dìng nián jì   pàng yì diǎn hǎo kàn

A：干巴巴的老人，看起来很可怕。
Gān bā bā de lǎo rén   kàn qǐ lài hěn kě pà
(비쩍 마른 노인은 무서워 보여요.)

177

B：可不是，人上了年纪，胖一点才
Kě bu shì rén shàng le nián jì pàng yì diǎn cài
好看。
hǎo kàn
(누가 아니래요, 사람은 나이가 들면 살이 좀 쪄
야 보기 좋지요.)

당신 이 뚱뚱한 배 어떻게 하려고
그래요.

你这个啤酒肚怎么办呀。
Nǐ zhè ge pí jiǔ dù zěn me bàn ya

굶는 다이어트는 쉽게 요요 현상
이 나타납니다.

饥饿减肥很容易反弹。
Jī è jiǎn féi hěn róng yì fǎn tán

몸무게는 아무 것도 말해 줄 수
없습니다.

体重并不能说明什么。
Tǐ zhòng bìng bù néng shuō míng shén me

이상적인 가슴, 허리, 엉덩이 둘
레, 정말 부럽군요!

这么标准的三围，好线慕啊！
Zhè me biāo zhǔn de sān wéi hǎo xiàn mù a

곡선미 죽입니다!

曲线美！
Qū xiàn měi

体育和娱乐

UNIT 18

중국인들에게 인기 있는 스포츠 종목으로는 축구(足球 zúqiú)를 들 수 있습니다. 중국에도 프로 축구팀이 있어 그들의 시합은 늘 화젯거리가 됩니다. 탁구(乒乓球 pīngpāngqiú)는 오랫동안 중국인들의 사랑을 받고 있는 인기종목으로 세계 정상의 실력을 과시함으로써 중국인들의 자긍심을 지켜 주고 있습니다. 그러나 우리에게 인기가 있는 야구(棒球 bàngqiú)는 별로 관심이 없습니다.

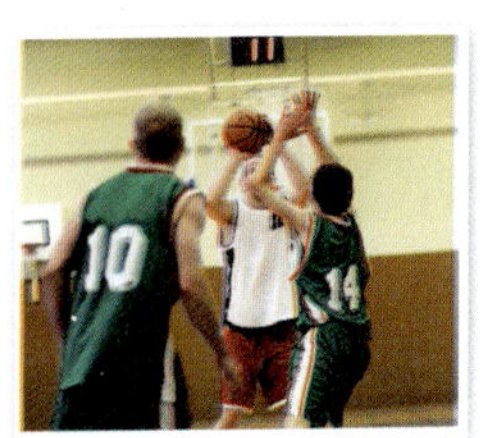

18-1 스포츠에 대해서

스포츠를 좋아하십니까?

你喜欢运动吗？
Nǐ xǐ huan yùn dòng ma

A : 你喜欢什么运动？
Nǐ xǐ huan shén me yùn dòng

(어떤 스포츠를 좋아하세요?)

B : 只要是运动，我都喜欢。
Zhǐ yào shì yùn dòng wǒ dōu xǐ huan

(저는 스포츠라면 다 좋아합니다.)

나는 평소에 운동을 아주 좋아해요.

我平是挺喜欢运动。
Wǒ píng shí tǐng xǐ huan yùn dòng

나는 운동을 그다지 좋아하지 않아.

我不太喜欢运动。
Wǒ bú tài xǐ huan yùn dòng

저는 스포츠광입니다.

我是个体育迷。
Wǒ shì ge tǐ yù mí

그는 구기종목이 서툽니다.

他的球打得不好。
Tā de qiú dǎ de bù hǎo

무슨 운동을 하십니까?

你都做些什么运动？
Nǐ dōu zuò xiē shén me yùn dòng

일주일에 두 번 조깅을 합니다.

我一周跑两次步。
Wǒ yì zhōu pǎo liǎng cì bù

일요일마다 등산을 합니다.

每星期日我都去爬山。
Měi xīng qī rì wǒ dōu qù pá shān

저는 스포츠는 관람만 합니다.

我只看体育比赛。
Wǒ zhǐ kàn tǐ yù bǐ sài

야구를 좀 합니다.

我打点儿棒球。
Wǒ dǎ diǎnr bàng qiú

수영을 할 줄 아나요?

你会游泳吗?
Nǐ huì yóu yǒng ma

A : 你会游泳吗?
Nǐ huì yóu yǒng ma
(수영을 할 줄 아나요?)

B : 会游，但是不常游。
Huì yóu dàn shì bù cháng yóu
(할 줄 알지만 자주 하지는 않아요.)

18-2 스포츠를 관전할 때

어디서 입장권을 삽니까?

在哪儿买入场券?
Zài nǎr mǎi rù chǎng quàn

어느 팀이 이길 것 같습니까?

你看哪个对会赢?
Nǐ kàn nǎ ge duì huì yíng

누구와 누구의 경기입니까?

谁跟谁比赛?
Shéi gēn shéi bǐ sài

어제 저녁 경기는 무승부로 끝났습니다.

昨晚的那场比赛打成了平局。
Zuó wǎn de nà chǎng bǐ sài dǎ chéng le píng jú

시합 결과는 예측하기 힘듭니다.

比赛结果是很难预测的。
Bǐ sài jié guǒ shì hěn nán yù cè de

어제 권투 경기 매우 재밌었습니다.

昨天的拳击比赛很精彩。
Zuó tiān de quán jī bǐ sài hěn jīng cǎi

A：今天的比赛结果怎么样？
Jīn tiān de bǐ sài jié guǒ zěn me yàng
(오늘 경기 결과는 어떻게 되었습니까?)

B：我们队输了。
Wǒ men duì shū le
(우리 팀이 졌습니다.)

우리 팀은 3대 1로 앞서고 있습니다.

我们队以三比一领先。
Wǒ men duì yǐ sān bǐ yī lǐng xiān
▶ 领先 : 리드하다, 앞서다

현재 스코어는 어떻게 됩니까?

现在场上比分是多少？
Xiàn zài chǎngshang bǐ fēn shì duō shao

경기는 무승부로 끝났습니다.

比赛以平局告终。
Bǐ sài yǐ píng jú gào zhōng

누가 이기고 있죠?

哪头赢了？
Nǎ tóu yíng le

우리 팀이 잠시 앞서고 있어요.

我们队暂时领先。
Wǒ men duì zàn shí lǐng xiān

그 경기 누가 이겼죠?

那场赛谁赢了？
Nà chǎng sài shéi yíng le

승리는 우리의 것입니다.

胜利属于我们。
Shèng lì shǔ yú wǒ men
▶ 属于 : ～에 속하다

막상막하의 경기였습니다.

这是一场势均力敌的比赛。
Zhè shì yì chǎng shì jūn lì dí de bǐ sài

스포츠 중계를 볼 때

오늘 밤 그 경기는 텔레비전 중계
방송하나요?

今晚的比赛电视转播吗？
Jīn wǎn de bǐ sài diàn shì zhuǎn bō ma

언제 중계합니까?

什么时候转播？
Shén me shí hou zhuǎn bō

이 경기는 실황중계입니까?

这比赛是时况转播吗？
Zhè bǐ sài shì shí kuàngzhuǎn bō ma

당신은 어느 팀을 응원하고 있지?

你在为哪个队加油？
Nǐ zài wèi nǎ ge duì jiā yóu

18-4 여러 가지 경기에 대해서

골프 치는 것을 좋아하세요?

你喜欢打高尔夫吗？
Nǐ xǐ huan dǎ gāo ěr fū ma

골프는 별로 좋아하지 않습니다.

我不大喜欢高尔夫。
Wǒ bú dà xǐ huan gāo ěr fū

골프를 배우고 싶습니다.

我想学打高尔夫球。
Wǒ xiǎng xué dǎ gāo ěr fū qiú

여기는 18번 홀 코스입니다.

这是十八洞球场。
Zhè shì shí bā dòng qiú chǎng

핸디가 얼마입니까?

你打多少杆？
Nǐ dǎ duō shao gān

몇 타 봐 드리면 어떻겠습니까?

让你几杆怎么样？
Ràng nǐ jǐ gān zěn me yàng

캐디비는 얼마를 주어야 적당합니까?

球童小费给多少合适？
Qiú tóng xiǎo fèi gěi duō shao hé shì

종종 골프 좀 칩니다.

我偶尔打打高尔夫。
Wǒ ǒu ěr dǎ da gāo ěr fū

핸디가 얼마입니까?

要让几个球？
Yào ràng jǐ ge qiú

지금 몇 회입니까?

这是第几回合？
Zhè shì dì jǐ huí hé

지금 만루입니다.

现在是满垒。
Xiàn zài shì mǎn lěi

저 선수 타율은 어떻습니까?

那选手打率怎么样？
Nà xuǎn shǒu dǎ lù zěn me yàng

저는 텔레비전으로 야구경기 보는 것을 좋아합니다.

我喜欢看电视的棒球赛。
Wǒ xǐ huan kàn diàn shì de bàng qiú sài

그 축구경기 보셨어요?

看了那场球赛吗?
Kàn le nà chǎng qiú sài ma

나는 축구팀의 후보 선수입니다.

我是球队的替补队员。
Wǒ shì qiú duì de tì bǔ duì yuán

매일 아침 조깅하러 갑니다.

我每天早晨都要晨练。
Wǒ měi tiān zǎo chén dōu yào chén liàn

조깅은 건강에 좋습니다.

晨练队身体有好处。
Chén liàn duì shēn tǐ yǒu hǎo chù

테니스 칠 줄 아세요?

你会打网球吗?
Nǐ huì dǎ wǎng qiú ma

코트를 빌리는 데 얼마입니까?

租用球场多少钱?
Zū yòng qiú chǎng duō shao qián

테니스 레슨을 받은 적 있으세요?

你接受过网球培训吗?
Nǐ jiē shòu guo wǎng qiú péi xùn ma

몇 세트로 승부할까요?

咱们几场定胜负?
Zán men jǐ chǎng dìng shèng fù

A : 咱们几场定胜负?
Zán men jǐ chǎng dìng shèng fù
(몇 세트로 승부할까요?)

B : 简单点，三局二胜怎么样?
Jiǎn dān diǎn sān jú èr shèng zěn me yàng
(간단하게 3판 2승제 어때요?)

A : 好，一言为定。
Hǎo yì yán wéi dìng
(좋아요, 나중에 다른 말 없기예요.)

동전던지기로 서브를 정합시다.

咱们掷硬币决定发球吧。
Zán men zhì yìng bì jué dìng fā qiu La

18-5 레저에 대해서

해수욕하러 바닷가에 갑니다.	去海滩洗海水浴。 Qù hǎi tān xǐ hǎi shuǐ yù
수영하러 갑시다.	咱们去游泳吧。 Zán men qù yóu yǒng ba
수영을 잘하십니까?	你游泳游得好吗？ Nǐ yóu yǒng yóu de hǎo ma
수영은 어떤 영법을 좋아하십니까?	你喜欢哪种姿势的游泳？ Nǐ xǐ huan nǎ zhǒng zī shì de yóu yǒng
얼마나 멀리 헤엄칠 수 있습니까?	你能游多长距离？ Nǐ néng yóu duō cháng jù lí

> A：你能游多长距离？
> Nǐ néng yóu duō cháng jù lí
> (얼마나 멀리 헤엄칠 수 있습니까?)
> B：下一次水，游三千米。
> Xià yí cì shuǐ yóu sān qiān mǐ
> (한 번 물에 들어가면 3천 미터 헤엄칩니다.)

수영을 하기 전에 준비운동을 해야 합니다.	游泳之前要做准备运动。 Yóu yǒng zhī qián yào zuò zhǔn bèi yùn dòng
저는 수영을 잘 못합니다.	我不大会游泳。 Wǒ bú dà huì yóu yǒng
윈드서핑은 배우기 쉽습니까?	我学帆板容易不容易？ Wǒ xué fān bǎn róng yì bu róng yì
저는 물에서 완전 맥주병이에요.	我在水中简直是个旱鸭子。 Wǒ zài shuǐ zhōng jiǎn zhí shì ge hàn yā zi
스키를 타고 싶은데요.	我想滑雪。 Wǒ xiǎng huá xuě
레슨을 받고 싶은데요.	我想接受培训。 Wǒ xiǎng jiē shòu péi xùn
스키용품은 어디서 빌릴 수 있나요?	滑雪用具在哪儿可以租？ Huá xuě yòng jù zài nǎr kě yǐ zū

184

리프트 승강장은 어디인가요?

滑雪升降机在哪里？
Huá xuě shēng jiàng jī zài nǎ li

짐은 어디에 보관하나요?

行李在哪儿保管？
Xíng li zài nǎr bǎo guǎn

어떤 종류의 크루징이 있습니까?

都有什么种类的船？
Dōu yǒu shén me zhǒng lèi de chuán

승마를 배운 지는 얼마나 됐습니까?

你学骑马学了多长时间？
Nǐ xué qí mǎ xué le duō cháng shí jiān

난 수영, 등산, 스케이팅을 좋아해.

我喜欢游泳，爬山，滑冰。
Wǒ xǐ huan yóu yǒng pá shān huá bīng

외모와패션

外貌和时尚

UNIT 19

중국은 한족을 제외한 55개 소수민족들이 대부분 전통의상을 입고 생활합니다. 지역에 따라 또는 경제적 수준에 따라 다소 차이는 있지만 소수민족 여자들은 대부분 전통의상을 입고 단체생활을 하며 남자들은 평상복을 입는 것이 일반적입니다. 운남, 귀주, 내몽고, 신강 위구르자치구 등을 가면 다양한 소수 민족의상을 볼 수 있으며 이 때문에 한족과는 확연히 구분됩니다.

19-1 체격에 대해서

키가 얼마나 되죠?	你身高多少？ Nǐ shēn gāo duō shao
1미터 70입니다.	一米七。 Yì mǐ qī
키가 얼마입니까?	你的个子有多高？ Nǐ de gè zi yǒu duō gāo
키가 큰 편이군요.	个子还挺高的。 Gè zi hái tǐng gāo de
저는 키가 좀 작습니다.	我的个子矮了点。 Wǒ de gè zi ǎi le diǎn
체중은 얼마입니까?	体重是多少？ Tǐ zhòng shì duō shao
최근에 체중이 또 늘었어요.	最近体重又长了。 Zuì jìn tǐ zhòng yòu zhǎng le
허리가 굵어질까 조심하고있습니다.	怕腰粗，我小心着。 Pà yāo cū wǒ xiǎo xīn zhe
허리 살을 좀 빼려고 합니다.	我得减点腰围。 Wǒ děi jiǎn diǎn yāo wéi

186

A：你看我是不是得减减腰围了啊？
Nǐ kàn wǒ shì bu shì děi jiǎn jian yāo wéi le a

(네가 보기에 나 허리 살 좀 빼야될 것 같아?)

B：嗯，臂围也得减。
Ng bì wéi yě děi jiǎn

(응, 팔뚝 살도 빼야겠는데.)

| 키에 비해 몸무게가 좀 많이 나갑니다. | 体重比身高重一些。
Tǐ zhòng bǐ shēn gāo zhòng yì xiē |

그녀는 키가 크고 날씬합니다.

她又高又苗条。
Tā yòu gāo yòu miáo tiáo

그는 체격이 좋습니다.

他体格好。
Tā tǐ gé hǎo

그는 배에 군살이 있어요.

他的肚子有赘肉。
Tā de dù zi yǒu zhuì ròu

외모에 대해서

그 사람은 어떻게 생겼어요?

他长得怎么样？
Tā zhǎng de zěn me yàng

그 사람 아주 잘 생겼어.

他长得很帅。
Tā zhǎng de hěn shuài

그녀는 정말 예쁘군요!

他真漂亮啊！
Tā zhēn piào liang a

너는 너무 말랐어.

你太瘦了。
Nǐ tài shòu le

A：你太瘦了，看起来很憔悴，皮肤
Nǐ tài shòu le kàn qǐ lái hěn qiáo cuì pí fū

也没光泽。(너는 너무 말랐어. 초췌해
yě méi guāng zé

보이고 피부에도 윤기가 없어.)

B：没办法，天生的。
Méi bàn fǎ tiān shēng de

(타고난 건데 어쩔 수 없지 뭐.)

나는 너무 뚱뚱해.
我太胖了。
Wǒ tài pàng le

점점 살이 쪄.
我越来越胖了。
Wǒ yuè lái yuè pàng le

나도 너무 뚱뚱해, 살을 빼야겠어.
我也太胖了，要减肥。
Wǒ yě tài pàng le, yào jiǎn féi

한국인은 특히 용모에 신경을 써요.
韩国人特别讲究外貌。
Hán guó rén tè bié jiǎng jiu wài mào

이 옷이 정말 마음에 안 들어요.
这衣服真是不称心。
Zhè yī fu zhēn shi bú chèn xīn

무슨 말씀이세요. 보기 좋은데요.
哪儿的话，挺顺眼的吗。
Nǎr de huà tǐng shùn yǎn de ma

오늘 멋져 보이시네요.
今天你帅多了。
Jīn tiān nǐ shuài duō le

미남이시군요(꽃미남인데요).
真是个美男子啊。
Zhēn shi ge měi nán zi a

아름답게 꾸미셨군요.
打扮得花枝招展。
Dǎ bàn de huā zhī zhāo zhǎn

건강해 보이십니다.
看起来很健康。
Kàn qǐ lái hěn jiàn kāng

너 정말 예쁘구나.
你真好看。
Nǐ zhēn hǎo kàn

날씬하시네요.
你真苗条。
Nǐ zhēn miáo tiáo

아주 젊어 보이시는데요.
你显得很年轻。
Nǐ xiǎn de hěn nián qīng

저는 아버지를 닮았어요.
我长得像爸爸。
Wǒ zhǎng de xiàng bà ba

당신은 어머니를 많이 닮았습니다.
你长相随你母亲。
Nǐ zhǎng xiàng suí nǐ mǔ qīn

A：你好，王平，你好帅呀。
Nǐ hǎo　Wàng Píng　nǐ hǎo shuài ya
(안녕 왕핑, 정말 멋진데.)

B：是吗，我刚理了发。
Shì ma　wǒ gāng lǐ le fà
(그래? 이발을 했거든.)

머리 모양을 바꾸셨군요.

换了发型啊。
Huàn le fà xíng a

좋은 향수를 뿌리셨군요.

你撒了好香水呀。
Nǐ sā le hǎo xiāng shuǐ ya

화장이 너무 진하군요.

妆 化得太浓了。
Zhuāng huà de tài nóng le

당신은 머리를 어깨까지 늘어뜨리는 게(긴머리가) 어울려요.

你很适合梳披肩发。
Nǐ hěn shì hé shū pī jiān fà

그의 외모는 친근해요.

他的长相很有亲和力。
Tā de zhǎng xiàng hěn yǒu qīn hé lì

젊은이 눈썹도 진하고 눈이 큰 것이 기운이 넘쳐 보여요.

小伙子浓眉大眼的，很精神。
Xiǎo huǒ zi nóng méi dà yǎn de　hěn jīng shen

그녀의 얼굴형이 예뻐요.

她的脸型很好看。
Tā de liǎn xíng hěn hǎo kàn

이 향수 냄새가 코를 찌르는군요.

这香水味很呛鼻。
Zhè xiāng shuǐ wèi hěn qiàng bí

피부가 좋아서 화장을 안 해도 예뻐요.

皮肤这么好，不化妆也好看。
Pí fū zhè me hǎo　bú huà zhuāng yě hǎo kàn

야하고 짙은 화장은 정말 천해 보여요.

浓妆艳抹，真俗气。
Nóng zhuāng yàn mǒ　zhēn sú qì

그는 벌써 늙어서 뼈만 앙상해요.

他已经老态龙钟了
Tā yǐ jing lǎo tài lóng zhōng le

가서 화장 좀 고치고 올게요.

我去补补妆再来。
Wǒ qù bǔ bu zhuāng zài lái

그 여자는 화장을 안 한 것 같애.

那女的好像没化妆。
Nà nǚ de hǎo xiàng méi huà zhuāng

저는 화장을 엷게 해요.

我喜欢化淡妆。
Wǒ xǐ huan huà dàn zhuāng

19-3 패션에 대해서

그녀는 옷차림에 신경을 써요.

她对穿着很讲究。
Tā duì chuān zhuó hěn jiǎng jiu

괜찮아 보입니까?

你看还行吗？
Nǐ kàn hái xíng ma

저 옷은 당신한테 정말 잘 어울리는군요.

那衣服跟你很配。
Nà yī fu gēn nǐ hěn pèi

저는 늘 이 옷을 입어요.

我总穿这衣服。
Wǒ zǒng chuān zhè yī fu

저는 패션에 매우 민감해요.

我对时装很敏感呢。
Wǒ duì shí zhuāng hěn mǐn gǎn ne

A : 你怎么晒黑了？
Nǐ zěn me shài hēi le
(왜 그리 그을렸어요?)

B : 刚从南方打球回来。
Gāng cóng nán fāng dǎ qiú huí lái
(남쪽 지방에서 골프치고 막 돌아오는 길이에요.)

A : 好羡慕你，你生活得真潇洒！
Hǎo xiàn mù nǐ nǐ shēng huó de zhēn xiāo sǎ
(정말 부럽군요, 멋지게 사시네요.)

저는 복장에 대해 신경을 안 써요.

我向来不修边幅。
Wǒ xiàng lái bù xiū biān fù

괜찮아 보입니까?

你看这怎么样？
Nǐ kàn zhè zěn me yàng

이렇게 입으니까 어떻습니까?

你看我穿这个怎么样？
Nǐ kàn wǒ chuān zhè ge zěn me yàng

아주 멋쟁이시군요.	你真是太潇洒了。 Nǐ zhēn shi tài xiāo sǎ le
그는 무척 세련됐어.	他很时髦。 Tā hěn shí máo
중국 여대생은 차림새가 별로 세련되지 않아요.	中国女大学生穿着不太新潮。 Zhōng guó nǚ dà xué shēng chuān zhuó bú tài xīn cháo
화이트 컬러의 생활은 매우 현대적이에요.	白领生活很时尚。 Bái lǐng shēng huó hěn shí shàng
유명 메이커만 쫓는 것도 하나의 생활 방식이지요.	追求名牌也算是一种生活方式吧。 Zhuī qiú míng pái yě suàn shi yì zhǒng shēng huó fāng shì ba
내 옷 어때요?	我的衣裳怎么样？ Wǒ de yī chang zěn me yàng
옷 입는 감각이 아주 좋으시군요.	你的服装感觉真好。 Nǐ de fú zhuāng gǎn jué zhēn hǎo
당신은 패션에 안목이 있으십니다.	你对时装很有眼力。 Nǐ duì shí zhuāng hěn yǒu yǎn lì
저는 외모에 그다지 신경 쓰지 않습니다.	我对外表向来不大在乎。 Wǒ duì wài biǎo xiàng lái bú dà zài hū
저는 캐주얼웨어를 좋아합니다.	我喜欢穿休闲装。 Wǒ xǐ huan chuān xiū xián zhuāng
이 옷 어디서 사셨어요?	你这身衣服哪儿买的？ Nǐ zhè shēn yī fu nǎr mǎi de
옷차림이 야한데요.	这穿着有些太露了吧。 Zhè chuān zhuó yǒu xiē tài lù le ba
그걸 입으니 젊어 보입니다.	穿那个，显得年轻多了。 Chuān nà ge xiǎn de nián qīng duō le
이런 디자인은 유행하는 겁니다.	这款现在正流行呢。 Zhè kuǎn xiàn zài zhèng liú xíng ne

그녀는 언제나 자리에 맞게 옷차림을 맞춰요.	她的穿着总是很得体。 Tā de chuān zhe zǒng shì hěn dé tǐ
색깔이 어울려요.	色彩搭配很谐调。 Sè cǎi dā pèi hěn xié tiáo
그녀는 가짜 명품을 입었는데도 아름답군요.	她穿着一身假名牌，还挺美的。 Tā chuān zhe yì shēn jiǎ míng pái hái tǐng měi de
그 옷차림은 너무 촌스러워요.	这身打扮太土了。 Zhè shēn dǎ bàn tài tǔ le

性格和态度

UNIT 20

중국에서 성격이란 말은 자신과 남을 잘 이해하고 어떠한 상황에서도 마음의 평정을 잃지 않는 원숙한 인간의 성품을 뜻합니다. 생활과 인간성에 대해 원만한 이해를 갖는다는 것은 중국인들이 항상 이상으로 삼아온 성품으로 오늘날도 마찬가지입니다. 이와 같은 이해심으로 중국인의 특징인 평화주의, 고요함, 인내심과 같은 성격이 생겨나게 된 것입니다.

성격을 물을 때

당신의 성격은 어떻습니까?

你的性格怎么样？
Nǐ de xìng gé zěn me yàng

A : 你的性格怎么样？
　　Nǐ de xìng gé zěn me yàng
（당신의 성격은 어떻습니까?）

B : 别人都说我很随和，其实我有点
　　Bié rén dōu shuō wǒ hěn suí hé　　qí shí wǒ yǒu diǎn
小脾气。
xiǎo pí qì
（다른 사람들이 모두 제가 유순하다고 하는데 사실은 성질이 좀 있어요.）

당신은 앞장 서서 이끌어 가는 편입니까, 따라가는 편입니까?

你属于好牵头的还是好追随的呢？
Nǐ shǔ yú hǎo qiān tóu de hái shi hǎo zhuī suí de ne

당신이 약점은 무엇입니까?

你的弱点是什么？
Nǐ de ruò diǎn shì shén me

당신의 장점은 무엇입니까?

你的长处是什么？
Nǐ de cháng chu shì shén me

자신을 어떤 성격의 소유자라고 생각하십니까?	你认为自己属于哪种性格的人呢？ Nǐ rèn wéi zì jǐ shǔ yú nǎ zhǒng xìng gé de rén ne
당신은 성격이 밝은 편입니까?	你比较开朗吗？ Nǐ bǐ jiào kāi lǎng ma

좋은 성격에 대해서

낙천적인 편입니다.	性格挺开朗的。 Xìng gé tǐng kāi lǎng de
당신은 재미있는 사람이군요.	你真是个有趣的人。 Nǐ zhēn shi ge yǒu qù de rén
이 사람은 학문이 깊고 의젓한 풍모를 지녔습니다.	这人有点儿儒雅的风度。 Zhè rén yǒu diǎnr rú yǎ de fēng dù
그는 말이나 태도가 고상합니다.	他的谈吐很文雅。 Tā de tán tǔ hěn wén yǎ
그는 매력 있는 사람입니다.	他很有个人魅力。 Tā hěn yǒu ge rén mèi lì
좋고 나쁨을 얼굴에 잘 드러내지 않아요.	喜怒不行于色。 Xǐ nù bù xíng yú sè
얌전하고 말썽을 일으키지 않아요.	很乖，不惹事。 Hěn guāi bù rě shì
그녀는 듣기 좋은 말을 잘 합니다.	她的嘴巴很甜。 Tā de zuǐ ba hěn tián
그녀는 다른 사람의 마음을 잘 이해합니다.	她很善解人意。 Tā hěn shàn jiě rén yì
그는 상냥합니다.	他很随和。 Tā hěn suí hé

저는 누구와도 잘 지냅니다.	我跟谁都合得来。 Wǒ gēn shéi dōu hé de lái
저는 섬세하면서도 대담하다고 생각합니다.	我认为自己胆大而心细。 Wǒ rèn wéi zì jǐ dǎn dà ér xīn xì
저는 활동적입니다.	我是个活动型的人。 Wǒ shì ge huó dòng xíng de rén
저는 사교적입니다.	我这个人善于交际。 Wǒ zhè ge rén shàn yú jiāo jì

20-3 좋지 못한 성격에 대해서

저는 약간 내성적이라고 생각합니다.	我认为有些内向。 Wǒ rèn wéi yǒu xiē nèi xiàng
저는 사교적이지 않습니다.	我这个人不善于交际。 Wǒ zhè ge rén bú shàn yú jiāo jì
저는 성격이 좀 급합니다.	我的性子有些急。 Wǒ de xìng zi yǒu xiē jí

A : 他那人是个闷葫芦。
Tā nà rén shì ge mēn hú lu
(그 사람은 알 수 없는 꽁꽁이가 있어요.)

B : 那不太容易交朋友吧。
Nà bú tài róng yì jiāo péng you ba
(그러면 친구 사귀기가 어려울 것 같은데요.)

저는 대세를 따르기를 좋아합니다.	我喜欢随大流。 Wǒ xǐ huan suí dà liú
이 사람은 성격이 우락부락합니다.	这人性格暴躁。 Zhè rén xìng gé bào zào
당신은 심리 상태가 틀려먹어서 다른 사람이 잘 되는 꼴을 못 보네요.	你这人心态不对，看不得别人好。 Nǐ zhè rén xīn tài bú duì kàn bu de bié rén hǎo

저는 소극적인 편입니다.	我属于消极型的。 Wǒ shǔ yú xiāo jí xíng de
저는 유머 감각이 없습니다.	我没有什么幽默感。 Wǒ méi yǒu shén me yōu mò gǎn
이 여자아이는 가식적입니다.	这女孩很做作。 Zhè nǚ hái hěn zuò zuò
그 사람은 자신의 감정을 잘 숨기지 못해요.	他不善掩饰自己的感情。 Tā bú shàn yǎn shì zì jǐ de gǎn qíng
그 여자는 말을 잘 못합니다.	她很不善言辞。 Tā hěn bú shàn yán cí
그 사람은 말재주가 좀 없습니다.	他有点儿笨嘴拙舌。 Tā yǒu diǎnr bèn zuǐ zhuō shé
그 사람은 임기응변에 뛰어납니다.	他很懂见风使舵的技巧。 Tā hěn dǒng jiàn fēng shǐ duò de jì qiǎo
그 사람은 상대방의 말과 안색을 살필 줄 압니다.	他很会察言观色。 Tā hěn huì chá yán guān sè
이 사람은 약간 고집불통입니다.	这人有点儿死脑筋。 Zhè rén yǒu diǎnr sǐ nǎo jīn
다른 사람들은 저를 내성적인 사람이라고 합니다.	别人都说我是内向的人。 Bié rén dōu shuō wǒ shì nèi xiàng de rén
그는 자신밖에 모릅니다.	他就知道自己。 Tā jiù zhī dao zì jǐ
당신은 우유부단한 성격을 극복해야 합니다.	你得克服犹豫不决的性格。 Nǐ de kè fú yóu yù bù jué de xìng gé

 20-4

성격에 대해 칭찬하거나 비난할 때

그녀는 열정적이고 시원시원합니다.

她很热情，也很大方。
Tā hěn rè qíng　yě hěn dà fang

> A：她很热情，也很大方。
> Tā hěn rè qíng　yě hěn dà fang
> (그녀는 열정적이고 시원시원합니다.)
> B：怪不得人家这么好！我也喜欢她。
> Guài bu de rén jiā zhè me hǎo　Wǒ yě xǐ huan tā
> (어쩐지 사람이 좋더라니! 저도 그녀가 좋아요.)

당신은 유머러스하시네요.

你这人真幽默。
Nǐ zhè rén zhēn yōu mò

당신은 재미있는 사람이군요.

你这人真风趣。
Nǐ zhè rén zhēn fēng qù

당신은 정말 신사군요.

您真有绅士风度啊。
Nín zhēn yǒu shēn shì fēng dù a

당신은 정말 좋은 분이에요.

您这个人真是太好了。
Nín zhè ge rén zhēn shi tài hǎo le

저는 당신 같은 사람이 좋아요.

我喜欢你这样的人。
Wǒ xǐ huan nǐ zhè yàng de rén

당신은 정말 너그러우시군요.

你真宽宏大量。
Nǐ zhēn kuān hóng dà liàng

성격이 원만하시군요.

你的性格真好。
Nǐ de xìng gé zhēn hǎo

정말 상냥하시군요.

你很温柔。
Nǐ hěn wēn róu

당신은 적극적이군요.

你很积极。
Nǐ hěn jí jí

정말 소심하군요.

真是太小气了。
Zhēn shi tài xiǎo qì lu

그 사람은 성격이 정말 이상해.

他的性格真怪
Tā de xìng gé zhēn guài

그 여자는 사람들에게 귀여움을
받아요(사람들이 좋아해요).

她很讨人喜欢。
Tā hěn tǎo rén xǐ huan

저는 예절이 바른 사람을 좋아합
니다.

我喜欢彬彬有礼的人。
Wǒ xǐ huan bīn bīn yǒu lǐ de rén

그 사람은 언제나 상냥하게 제 문
제에 대답해 줍니다.

他总是和蔼可亲地回答我的问题。
Tā zǒng shì hé ǎi kě qīn de huí dá wǒ de wèn tí

사람들을 열정적이고 자연스럽게
대합니다.

待人热情大方。
Dài rén rè qíng dà fang

그 사람은 너무 교활해요.

那个人太狡猾。
Nà ge rén tài jiǎo huá

태도에 대해서

그는 사람 됨됨이가 어떤가요?

他的为人怎么样？
Tā de wéi rén zěn me yàng

그 사람은 사람 됨됨이가 좋대요.

听说他为人很好。
Tīng shuō tā wéi rén hěn hǎo

그 사람은 교양이 없어요.

他这人很没教养。
Tā zhè rén hěn méi jiào yǎng

그 사람은 예의라곤 도무지 없는
사람이야.

他一点礼貌也不懂。
Tā yì diǎn lǐ mào yě bù dǒng

모두들 그 사람을 좋아해요.

大家都喜欢他。
Dà jiā dōu xǐ huan tā

나는 그 사람을 좋아하지 않아요.

我不喜欢他。
Wǒ bù xǐ huan tā

저 사람은 정말 믿을 만해요.

那个人很可靠。
Nà ge rén hěn kě kào

그 사람은 믿을 만해요.

他这人靠得住。
Tā zhè rén kào de zhù

A：她丈夫人怎么样？
Tā zhàng fu rén zěn me yàng
（저 여자 남편 어때요?）

B：很无聊，但很充实，是个靠得住
Hěn wú liáo dàn hěn chōng shí shì ge kào de zhù
的人。
de rén
（재미는 없지만 충실하고 믿을 만한 사람이에요.）

저 아가씨는 아주 얌전해 보이네요.

我看，那个小姐很文静。
Wǒ kàn nà ge xiǎo jie hěn wén jìng

그 사람은 대단히 성실해요.

他非常认真。
Tā fēi cháng rèn zhēn

그 사람은 오뚝이 같아요.

他很像不倒翁。
Tā hěn xiàng bù dǎo wēng

그 사람이 늘상 나를 때려요.

他老打我。
Tā lǎo dǎ wǒ

건들건들 거리며 그럭저럭 살아요.

吊儿郎当地混日子。
Diàor láng dāng de hùn rì zi

그 사람은 방정맞아요.

他很轻浮。
Tā hěn qīng fú

이 사람은 생활 태도가 그다지 좋지 않아요.

这人生活作风不太好。
Zhè rén shēng huó zuò fēng bú tài hǎo

그는 아무 쓸모도 없는 사람이야.

他是个没用的人。
Tā shì ge méi yòng de rén

그 사람 말 듣지 마세요.

不要听他的话。
Bú yào tīng tā de huà

그 사람은 너무 무서워요.

他那个人太可怕了。
Tā nà ge rén tài kě pà le

난 그의 교만한 태도를 참을 수 없어.

我真不能容忍他的傲慢。
Wǒ zhēn bù néng róng rěn tā de ào màn

그 사람은 언제나 잘난 체하며 의견을 말해요.

他总喜欢局高临下地发表见解。
Tā zǒng xǐ huan jú gāo lín xià de fā biǎo jiàn jiě

태도가 무지막지하군요.

态度蛮横无理。
Tài dù mán héng wú lǐ

学校

UNIT 21

유치원(幼儿园)은 3세 이상의 취학 연령 전 아동을 모집하며 만 6세에는 초등 학교(小学)에 입학합니다. 초등학교(小学)와 중학교(初中)의 학제는 「6, 3제」와 「5, 4제」를 위주로 합니다. 고등학교(普通高中)의 학제는 3년이며 대학의 본과 학제는 일반적으로 4년이고 일부 이공대학은 5년이며 의과대학은 5년과 7년 두 종류의 학제가 있습니다. 대학원의 학제는 2, 3년인데 석사 연구생의 수업 기한은 2, 3년이고 박사 연구생은 일반적으로 3년입니다.

21-1 출신학교에 대해서

어느 학교에 다니십니까?

请问你在哪个学校读书？
Qǐng wèn nǐ zài nǎ ge xué xiào dú shū

어느 대학에 다니십니까?

你在哪个大学读书？
Nǐ zài nǎ ge dà xué dú shū

你在什么大学读书？
Nǐ zài shén me dà xué dú shū

你现在上哪个大学呢？
Nǐ xiàn zài shàng nǎ ge dà xué ne

저는 북경대학 학생입니다.

我是北京大学的学生。
Wǒ shì Běi jīng dà xué de xué sheng

저는 대학원에 다녀요.

我正在读研究生。
Wǒ zhèng zài dú yán jiū shēng

어느 학교를 졸업하셨습니까?

哪个学校毕业的？
Nǎ ge xué xiào bì yè de

몇 년도에 졸업했습니까?

哪年毕业的？
Nǎ nián bì yè de

그녀는 학교에서 퇴학당했습니다.

A : 请问你获得过什么学位？
Qǐng wèn nǐ huò de guo shén me xué wèi
(어떤 학위를 가지고 계십니까?)
B : 最终学位是博士。
Zuì zhōng xué wèi shì bó shì
(최종 학위는 박사입니다.)

그녀는 학교에서 퇴학당했습니다.
她被学校除名了。
Tā bèi xué xiào chú míng le

그는 고학으로 고등학교를 나왔
어요.
他是靠自己打工读完的高中。
Tā shì kào zì jǐ dǎ gōng dú wán de gāo zhōng

21-2 전공에 대해서

무엇을 전공하십니까?
你是学什么专业的？
Nǐ shì xué shén me zhuān yè de

A : 你是什么专业？
Nǐ shì shén me zhuān yè
(무엇을 전공하십니까?)
B : 学前教育。
Xué qián jiào yù
(유아교육학 전공입니다.)

대학교 때 전공이 무엇이었습니까?
大学学的什么专业？
Dà xué xué de shén me zhuān yè

그는 대학 중퇴자입니다.
他没读完大学。
Tā méi dú wán dà xué

대학교에서 경제학을 전공합니다.
我在大学学的是经济学专业。
Wǒ zài dà xué xué de shì jīng jì xué zhuān yè

교육학을 전공하고 있습니다.
我读教育学呢。
Wǒ dú jiào yù xué ne

202

21-3

학생과 학년에 대해서

당신은 아직 학교에 다니죠?
你还上学吧？
Nǐ hái shàng xué ba

당신은 학생이지요?
你是学生吧？
Nǐ shì xué sheng ba

당신은 대학생입니까?
你是大学生吗？
Nǐ shì dà xué shēng ma

당신은 대학생인가요?
你是不是大学生？
Nǐ shì bu shì dà xué shēng

몇 학년이세요?
几年级了？
Jǐ nián jí le

대학교 4학년입니다.
大学四年级。
Dà xué sì nián jí

아들은 초등학생입니다.
我儿子上小学。
Wǒ ér zi shàng xiǎo xué

21-4

학교생활에 대해서

매일 네 시간 수업이 있습니다.
每天有四节课。
Měi tiān yǒu sì jié kè

과외활동은 어때요?
课外活动怎么样？
Kè wài huó dòng zěn me yàng

지금 아르바이트를 하고 있나요?
你打工呢？
Nǐ dǎ gōng ne

중국에서는 입시경쟁이 치열합니까?
在中国升学竞争激烈吗？
Zài Zhōng guó shēng xué jìng zhēng jī liè ma

어떤 동아리활동을 하고 있나요?
你加入什么团体活动？
Nǐ jiā rù shén me tuán tǐ huó dòng

어떤 과외활동을 하고 있나요?
你参加了什么课外活动小组？
Nǐ cān jiā le shén me kè wài huó dòng xiǎo zǔ

시험이 임박했어요(곧 시험이에요).

眼看就考试了。
Yǎn kàn jiù kǎo shì le

공부를 해야겠어요.

我得做功课。
Wǒ de zuò gōng kè

게시판에 뭐가 씌어 있는 거예요?

那告示板上写着什么？
Nà gào shì bǎn shang xiě zhe shén me

A : 那告示板上写着什么？
Nà gào shì bǎn shang xiě zhe shén me
（저 게시판에 뭐가 씌어 있는 거예요?）
B : 考试日程。
Kǎo shì rì chéng
（시험 일정이요.）

21-5

수업에 대해서

수업이 곧 시작됩니다.

快要上课了。
Kuài yào shàng kè le

매일 몇 시에 수업해요?

你每天几点上课？
Nǐ měi tiān jǐ diǎn shang kè

매일 아침 9시에 수업해요.

我每天早上九点上课。
Wǒ měi tiān zǎo shang jiǔ diǎn shàng kè

몇 시에 수업이 끝나요?

你几点下课？
Nǐ jǐ diǎn xià kè

오후 4시에 수업이 끝나요.

下午四点下课。
Xià wǔ sì diǎn xià kè

오늘 수업은 여기까지입니다.

今天讲到这儿。
Jīn tiān jiǎng dào zhèr

질문이 있습니다.

我有一个问题。
Wǒ yǒu yí ge wèn tí

수업을 마치겠습니다.

我们下课吧。
Wǒ men xià kè ba

이 글자는 어떻게 읽죠?

这个字怎么念？
Zhè ge zì zěn me niàn

이 수업은 너무 어려워 재미가 없어.

这门课太难，没意思。
Zhè mén kè tài nán　méi yì si

이 교수님 수업은 너무 딱딱해.

李教授的课讲得太死板了。
Lǐ jiào shòu de kè jiǎng de tài sǐ bǎn le

A：李老师讲课讲得太死板了。
　　Lǐ lǎo shī jiǎng kè jiǎng de tài sǐ bǎn le
　（이 교수님 수업은 너무 딱딱해.）
B：那门课可不容易。
　　Nà mén kè kě bù róng yì
　（그 수업은 쉽지 않아.）

강의 수준이 형편없어.

讲课一点水准都没有。
Jiǎng kè yì diǎn shuǐ zhǔn dōu méi yǒu

도서관으로 책 읽으러 갈 거야.

我想去图书馆看书。
Wǒ xiǎng qù tú shū guǎn kàn shū

중국어에 대해서

요즘 중국어 공부는 어때요?

最近学习汉语学得怎么样了？
Zuì jìn xué xí Hàn yǔ xué de zěn me yàng le

당신은 알아들어요?

你听得懂吗？
Nǐ tīng de dǒng ma

A：你听得懂吗？
　　Nǐ tīng de dǒng ma
　（당신은 알아들어요?）
B：能听懂40％吧。
　　Néng tīng dǒng bǎi fēn zhī sìshí ba
　（40% 정도 알아들어요.）

당신의 중국어 실력은 날이 갈수록 좋아지네요.

你的汉语水平，一天比一天好。
Nǐ de Hàn yǔ shuǐ píng　yì tiān bǐ yì tiān hǎo

중국어를 얼마 동안 배우셨어요?	你学汉语学多久了？ Nǐ xué Hàn yǔ xué duō jiǔ le
저는 중국어를 3개월 배웠어요.	我学汉语学了三个月了。 Wǒ xué Hàn yǔ xué le sān ge yuè le
중국어가 어렵나요?	汉语难吗？ Hàn yǔ nán ma
중국어는 한국어보다 훨씬 어려워요.	汉语比韩国话难得多。 Hàn yǔ bǐ Hán guó huà nán de duō
어쩐지, 중국어를 잘 하시더라고요.	怪不得，你说汉语说得这么好。 Guài bù de nǐ shuō Hàn yǔ shuō de zhè me hǎo
우리 아들은 중국 유학 중이랍니다.	我儿子在中国留学。 Wǒ ér zi zài Zhōng guó liú xué

21-7 시험과 성적에 대해서

그는 밤중까지 공부를 해요.	他每天都用功到深夜。 Tā měi tiān dōu yòng gōng dào shēn yè
영어시험에서 100점을 받았습니다.	英语考试得了满分呢。 Yīng yǔ kǎo shì dé le mǎn fēn ne
시험결과는 어떻게 되었나요?	考试结果怎么样了？ Kǎo shì jié guǒ zěn me yàng le
난 그 실험결과에 큰 기대를 걸고 있어요.	我对实验结果抱有很高的期望。 Wǒ duì shí yàn jié guǒ bào yǒu hěn gāo de qī wàng
수학 성적은 어때요?	数学成绩怎么样？ Shù xué chéng jì zěn me yàng

工作

UNIT 22

외국인과 합작하여 만든 회사의 근무자는 회사 책임자의 엄격한 관리에 의해 근무태도가 달라집니다. 책임할당제(包干责任制) 및 성과급제 등의 도입으로 적극적인 근무자세로 변화된 부분도 있지만 아직도 일반 국영기업체의 경우 철밥통(铁饭碗: 직장 잃을 걱정이 없는 안정된 직장), 큰솥밥(大饭碗: 큰솥에 밥을 해 같이 먹는다는 의미로 능력에 관계없이 균등히 먹는다는 평등 분배주의) 등의 의식이 남아 있어 직업의식도 없고 근무태도 역시 느슨한 경우도 있습니다.

22-1

직장에 대해서

당신은 어디에서 근무하십니까?

您在哪儿工作？
Nín zài nǎr gōng zuò

거기에서는 무슨 일을 하시지요?

在那里干什么工作？
Zài nà li gàn shén me gōng zuò

A : **在那里干什么工作？**
Zài nà li gàn shén me gōng zuò
(거기에서는 무슨 일을 하시지요?)

B : **做财务工作。**
Zuò cái wù gōng zuò
(재무관련 일을 합니다.)

거기서 일하신 지 몇 년이나 됐죠?

你在那儿工作几年了？
Nǐ zài nàr gōng zuò jǐ nián le

당신은 어느 회사에 근무하십니까?

您在哪个公司工作？
Nín zài nǎ ge gōng sī gōng zuò

어디에 출근하십니까?

你在哪儿上班？
Nǐ zài nǎr shàng bān

결혼 후에도 계속 직장에 다닐 겁니까?	你结婚以后还在上班吗？ Nǐ jié hūn yǐ hòu hái zài shàng bān ma
무슨 일을 하고 계십니까?	你是干什么的？ Nǐ shì gàn shén me de
일주일에 며칠 근무합니까?	一个星期工作几天？ Yí ge xīng qī gōng zuò jǐ tiān
직장을 잃은 지 벌써 3개월이 지났어요.	我已经失业三个月了。 Wǒ yǐ jing shī yè sān ge yuè le
회사의 대우는 어때요?	你在公司待遇怎么样？ Nǐ zài gōng sī dài yù zěn me yàng

> A：你们公司待遇怎么样？
> Nǐ men gōng sī dài yù zěn me yàng
> (회사의 대우는 어때요?)
>
> B：跟工作量比，待遇没那么好。
> Gēn gōng zuò liàng bǐ dài yù méi nà me hǎo
> (업무량에 비해서 대우가 그렇게 좋은 건 아닙니다.)

| 저는 직장을 바꿨어요. | 我换了一个公司。
Wǒ huàn le yí ge gōng sī |

출퇴근에 대해서

몇 시에 출근합니까?	几点上班？ Jǐ diǎn shàng bān
지금 출근하십니까?	你现在上班吗？ Nǐ xiàn zài shàng bān ma
평소에 어떻게 출근하십니까?	你平时怎么上班？ Nǐ píng shí zěn me shàng bān
보통 차를 몰고 출퇴근해요.	我一般开车上下班。 Wǒ yì bān kāi chē shàng xià bān

보통 지하철로 출퇴근해요.

通常都坐地铁上下班。
Tōng cháng dōu zuò dì tiě shàng xià bān

지각한 적은 없습니까?

你没有迟到过吗？
Nǐ méi yǒu chí dào guo ma

언제 퇴근합니까?

你什么时候下班？
Nǐ shén me shí hou xià bān

집에서 회사까지 멉니까?

从家到公司远吗？
Cóng jiā dào gōng sī yuǎn ma

집에서 회사까지 가려면 얼마나 걸리나요?

从家到公司需要多长时间？
Cóng jiā dào gōng sī xū yào duō cháng shí jiān

회사까지 가는 통근차가 있습니까?

有到公司的班车吗？
Yǒu dào gōng sī de bān chē ma

몇 시까지 일하세요?

上班到几点？
Shàng bān dào jǐ diǎn

> A：上班到几点？
> Shàng bān dào jǐ diǎn
> (몇 시까지 일하세요?)
> B：一般工作到五点半，偶尔会有加
> Yì bān gōng zuò dào wǔ diǎn bàn　ǒu ěr huì yǒu jiā
> 班。
> bān
> (보통 5시 반까지 일하고 가끔 야근도 해요.)

22-3 근무에 대해서

퇴근할 시간이다.

该下班了。
Gāi xià bān le

먼저 실례하겠습니다.

我先告辞了。
Wǒ xiān gào cí le

자주 초과 근무를 합니까?

经常加班吗？
Jīng cháng jiā bān ma

오늘 또 야근입니까?	今天还加班吗？ Jīn tiān hái jiā bān ma
하루 몇 시간 일합니까?	一天工作几个小时？ Yī tiān gōng zuò jǐ ge xiǎo shí
토요일은 반나절만 일합니다.	星期六，只上半天班。 Xīng qī liù　zhǐ shàng bàn tiān bān
야근을 하면 힘은 들지만 야근수당이 있어요.	加班累是累，但有加班费。 Jiā bān lèi shì lèi　dàn yǒu jiā bān fèi
어제는 두 시간 야근을 했어요.	昨天加了两小时班。 Zuó tiān jiā le liǎng xiǎo shí bān

> A：昨天加了两小时班。
> Zuó tiān jiā le liǎng xiǎo shí bān
> (어제 두 시간 초과 근무를 했어요.)
>
> B：你们公司经常加班吗？
> Nǐ men gōng sī jīng cháng jiā bān ma
> (당신이 다니는 회사는 자주 초과 근무를 합니까?)
>
> A：是的，几乎没按时下班过。
> Shì de　jǐ hū méi àn shí xià bān guo
> (네, 거의 제 시간에 퇴근한 적이 없어요.)

| 점심휴식 시간은 얼마나 됩니까? | 你们午休时间多长？
Nǐ men wǔ xiū shí jiān duō cháng |

22-4 상사와 부하에 대해서

| 그 사람 어때요? | 那个人怎么样？
Nà ge rén zěn me yàng |

> A：那人怎么样？
> Nà rén zěn me yàng
> (그 사람 어때요?)
>
> B：他很琐碎，大事不抓，只抓小事。
> Tā hěn suǒ suì　dà shì bù zhuā　zhǐ zhuā xiǎo shì
> (그 사람은 사소한 것에만 신경 써서 큰일은 잘 못 하지만 작은 일은 잘 해요.)

그 사람은 똑똑하지요?	他聪明吧？ Tā cōng ming ba
상사가 누구입니까?	你的上级是谁？ Nǐ de shàng jí shì shéi
당신은 상사와 관계가 어떠세요?	你跟上司的关系怎么样？ Nǐ gēn shàng sī de guān xi zěn me yàng
저는 제 상사가 싫습니다.	我讨厌我上司。 Wǒ tǎo yàn wǒ shàng sī
저는 제 상사를 존경합니다.	我尊重我的领导。 Wǒ zūn zhòng wǒ de lǐng dǎo
그분은 매우 관대합니다.	他非常宽宏大量。 Tā fēi cháng kuān hóng dà liàng
그는 인정이 많습니다.	他很厚道。 Tā hěn hòu dào
그는 잔소리가 심해요.	他很琐碎。 Tā hěn suǒ suì
그는 정말 으스대는 성격이에요.	他架子可大了。 Tā jià zi kě dà le
그는 으스대는 걸 좋아해요.	他很喜欢摆架子。 Tā hěn xǐ huan bǎi jià zi
나는 그 사람하고 마음이(손발이) 안 맞아요.	我跟他合不来。 Wǒ gēn tā hé bu lái
당신 둘은 언제나 마음이 안 맞아요.	你们俩总是不对付。 Nǐ men liǎ zǒng shì bú duì fù
그 사람이요? 말도 마요.	他那个人？别提了。 Tā nà ge rén　Bié tí le
그 사람은 닳고닳은 사람이에요.	他是个老油条。 Tā shì ge lǎo yóu tiáo
아무도 그 사람 속을 알 수가 없어요.	谁都猜不透他的心思。 Shéi dōu cāi bu tòu tā de xīn sī

그는 사람들과 잘 지냅니다.	他和大家处得很好。 Tā hé dà jiā chǔ de hěn hǎo
그 사람은 아주 능력 있어요.	他很能干。 Tā hěn néng gàn
그 사람은 분별력이 있어요.	他很懂事。 Tā hěn dǒng shì
그 사람은 자주 사람을 속여요.	他经常骗人。 Tā jīng cháng piàn rén
그 사람은 안하무인이에요.	他目中无人。 Tā mù zhōng wú rén
그 사람은 너무 거만해요.	他太骄傲了。 Tā tài jiāo ào le
그 사람은 말과 행동이 일치해요.	他言行一致。 Tā yán xíng yí zhì
그 사람은 책임감이 강해요.	他的责任心很强。 Tā de zé rèn xīn hěn qiáng
그 사람은 일의 경중을 잘 분별하지 못해요.	他做事不分轻重缓急。 Tā zuò shì bù fēn qīng zhòng huǎn jí
생각나는 대로 행동에 옮기는 편입니다.	想起一件做一件。 Xiǎng qǐ yí jiàn zuò yí jiàn
일을 하는 데 있어 처음은 좋지만 끝이 좋지 않아요.	做事虎头蛇尾。 Zuò shì hū tóu shé wěi
그 사람은 시간을 아주 잘 지켜요.	他非常守时。 Tā fēi cháng shǒu shí
그 사람은 지금까지 나를 실망시킨 적이 없어요.	他从来没有让我失望过。 Tā cóng lái méi yǒu ràng wǒ shī wàng guo
그 사람은 허풍을 잘 떨어요.	他自吹自擂。 Tā zì chuī zì léi

그 사람은 자신을 과대평가해요.

他自视过高。
Tā zì shì guo gāo

그 사람은 일을 깔끔하게 처리하지 못해요.

他做事不利落。
Tā zuò shì bú lì luo

22-5 급여에 대해서

연봉은 얼마인가요?

年薪多少？
Nián xīn duō shao

월급은 얼마입니까?

一个月工资是多少？
Yí ge yuè gōng zī shì duō shao

오늘은 월급날이에요.

今天发工资。
Jīn tiān fā gōng zī

수입은 어때요?

收入怎么样？
Shōu rù zěn me yàng

그런 대로 괜찮아요, 생활하는 데는 문제없어요.

还可以，生活没问题。
Hái kě yǐ shēng huó méi wèn tí

월급이 너무 적어요.

薪水太低。
Xīn shuǐ tài dī

월급은 많아요.

我的薪水很高。
Wǒ de xīn shuǐ hěn gāo

교통비는 실비로 지급합니다.

交通费是实报实销的。
Jiāo tōng fèi shì shí bào shí xiāo de

시간 외 근무는 잔업수당이 있습니다.

加班就有加班费。
Jiā bān jiù yǒu jiā bān fèi

출장 시에는 출장수당이 있습니다.

出差时有出差费。
Chū chāi shí yǒu chū chāi fèi

입사와 승진에 대해서

우리 회사에 입사한 것을 환영합니다.

欢迎您进我们公司。
Huān yíng nín jìn wǒ men gōng sī

이렇게 환영해 주셔서 감사합니다.

这么欢迎我，非常感谢！
Zhè me huān yíng wǒ　fēi cháng gǎn xiè

저는 신입사원 장샤오란입니다.

我是新来的，叫张晓兰。
Wǒ shì xīn lái de　jiào Zhāng Xiǎo lán

제가 여기 온 지 1주일 되었어요.

我来这儿才一个星期。
Wǒ lái zhèr cái yí ge xīng qī

여기서 일하게 되어 정말 기쁩니다.

我到这儿来工作，真高兴。
Wǒ dào zhèr lái gōng zuò　zhēn gāo xìng

여러분의 많은 지도 부탁드립니다.

请你们多多指教。
Qǐng nǐ men duō duō zhǐ jiào

우리 부서에 오신 것을 환영합니다.

欢迎你来我们部门。
Huān yíng nǐ lái wǒ men bù mén

A：你是新来的？
Nǐ shì xīn lái de
(새로 오신 분입니까?)

B：是的。我来这儿才两天。请您多
Shì de　Wǒ lái zhèr cái liǎng tiān　Qǐng nín duō
指教。
zhǐ jiào
(네, 온 지 이틀밖에 안 됐어요. 잘 부탁드립니다.)

우리도 당신과 함께 일하게 되어 기쁩니다.

我们也很高兴跟你一起工作。
Wǒ men yě hěn gāo xìng gēn nǐ yì qǐ gōng zuò

승진을 축하합니다.

祝贺你升职。
Zhù hè nǐ shēng zhí

22-7 휴가에 대해서

매주 이틀 간 쉽니다.	每星期休息两天。 Měi xīng qī xiū xi liǎng tiān
이번 휴가는 며칠 쉽니까?	这次休几天假？ Zhè cì xiū jǐ tiān jià
이번 휴가를 어떻게 보내실 겁니까?	这次休假你打算怎么过？ Zhè cì xiū jià nǐ dǎ suan zěn me guò
여름 휴가가 있습니까?	有暑假吗？ Yǒu shǔ jià ma
여름에는 1주일간 휴가가 있습니다.	夏天有一个星期的休假。 Xià tiān yǒu yí ge xīng qī de xiū jià

22-8 사직과 퇴직에 대해서

도대체 왜 회사를 그만뒀어?	你到底为什么辞职了？ Nǐ dào dǐ wèi shén me cí zhí le
당신 회사는 정년이 몇 살입니까?	你们公司规定多大岁数退休？ Nǐ men gōng sī guī dìng duō dà suì shu tuì xiū
그만두기로 결심했어요.	我决定不干了。 Wǒ jué dìng bú gàn le
이 일에는 안 맞는 것 같아요.	我不适合做这种工作。 Wǒ bú shì hé zuò zhè zhǒng gōng zuò
새 직업이 마음에 드세요?	对新的职业还满意吗？ Duì xīn de zhí yè hái mǎn yì ma
언제 퇴직하십니까?	什么时候退休？ Shén me shí hou tuì xiū
지금 집에서 쉬고 있어요.	我现在在家歇着呢。 Wǒ xiàn zài zài jiā xiē zhe ne
그가 사직서를 제출했어요.	他提交了辞职信。 Tā tí jiāo le cí zhí xìn

퇴사한 이유가 뭡니까?

辞职的理由是什么？
Cí zhí de lǐ yóu shì shén me

A : 辞职的理由是什么？
Cí zhí de lǐ yóu shì shén me
(사직한 이유가 뭡니까?)
B : 他说他不适合做这种工作。
Tā shuō tā bú shì hé zuò zhè zhǒng gōng zuò
(그 사람은 그 일이 안 맞다고 했어요.)

벌써부터 그만두려고 했습니다.

我早就不想干了。
Wǒ zǎo jiù bù xiǎng gàn le

퇴직 후에는 무엇을 하실 겁니까?

退休后想做点儿什么？
Tuì xiū hòu xiǎng zuò diǎnr shén me

일에 전념하지 않아요.

不安心工作。
Bù ān xīn gōng zuò

성실하게 일하지 않아요.

工作很踏实。
Gōng zuò hěn tā shi

1년도 안 하고 직업을 바꿨어요.

干了不到一年就跳槽了。
Gàn le bú dào yì nián jiù tiào cáo le

이 일은 비전이 없어요.

这个工作没有什么发展空间。
Zhè ge gōng zuò méi yǒu shén me fā zhǎn kōng jiān

그 사람 밑에서 일하는 건 피곤해요.

在他下边干活很累。
Zài tā xià biān gàn huó hěn lèi

그 사람은 자기보다 잘난 사람을 질투해요.

他嫉贤妒能。
Tā jí xián dù néng

회사의 인재 유실이 심각해요.

公司的人才流失很严重。
Gōng sī de rén cái liú shī hěn yán zhòng

인재를 붙들어 두지 못해요.

留不住人才。
Liú bu zhù rén cái

216

은행과 우체국

银行和邮局

UNIT 23

중국의 은행은 모두 국영입니다. 중국인은 물론 외국인도 은행에 계좌를 개설할 수 있으며 현금카드도 발급받을 수 있습니다. 요즘은 직접 은행에 가지 않고 폰뱅킹(电话银行 diànhuà yínháng)이나 인터넷뱅킹(网上银行 wǎng shàng yínháng)을 통해 예금조회나 이체 등의 업무를 처리할 수 있습니다. 또한 곳곳에 24시간 자동출금기(自动提款机 zìdòng tíkuǎnjī)가 설치되어 있어 편리하게 출금할 수 있습니다.

23-1

환전을 할 때

여기서 환전할 수 있나요?

这儿能不能兑换?
Zhèr néng bu néng duì huàn

> A : **这儿能不能兑换?**
> Zhèr néng bu néng duì huàn
>
> (여기서 환전할 수 있나요?)
>
> B : **能，你要换多少钱?**
> Néng nǐ yào huàn duō shao qián
>
> (할 수 있어요. 얼마나 환전할 건가요?)

이 한국돈을 인민폐로 바꾸고 싶습니다.

想把这韩币换成人民币。
Xiǎng bǎ zhè hán bì huàn chéng rén mín bì

얼마나 바꾸시게요?

您要换多少?
Nín yào huàn duō shao

오늘 한국 원화 인민폐의 환율은 얼마예요?

今天韩币和人民币的兑换率是多少?
Jīn tiān hán bì hé rén mín bì de duì huàn lǜ shì duō shao

1달러를 환전하면 인민폐로 얼마예요?

一美元能兑换多少人民币?
Yī měi yuán néng duì huàn duō shao rén mín bì

환전수수료는 얼마예요?

兑换手续费是多少？
Duì huàn shǒu xù fèi shì duō shao

여행자 수표로 바꾸실 건가요, 아니면 현금으로 바꾸실 건가요?

您用旅行支票换还是用现钞换？
Nín yòng lǚ xíng zhī piào huàn hái shi yòng xiàn chāo huàn

이 여행자수표를 현금으로 바꿀 수 있습니까?

能把这旅行支票换成现金吗？
Néng bǎ zhè lǚ xíng zhī piào huàn chéng xiàn jīn ma

저는 계좌를 개설하고 싶어요.

我想开个帐户。
Wǒ xiǎng kāi ge zhàng hù

A : 外国人也可以开帐户吗？
Wài guó rén yě kě yǐ kāi zhàng hù ma
(외국인도 계좌를 개설할 수 있나요?)

B : 当然可以。
Dāng rán kě yǐ
(당연히 됩니다.)

23-2 잔돈을 바꿀 때

잔돈으로 바꾸려고 하는데요.

我要换零钱。
Wǒ yào huàn líng qián

잔돈이 없으니 불편하군요.

没有零钱不方便。
Méi yǒu líng qián bù fāng biàn

세어 보세요.

数一数。
Shǔ yi shǔ

이건 위조지폐 같은데요.

这个好像是假币。
Zhè ge hǎo xiàng shì jiǎ bì

수수료는 얼마입니까?

手续费是多少？
Shǒu xù fèi shì duō shao

입출금할 때

정기예금계좌를 개설하고 싶습니다.

我想开一个定期帐户。
Wǒ xiǎng kāi yí ge dìng qī zhàng hù

1만위엔 인출하고 싶습니다.

我想取一万块钱。
Wǒ xiǎng qǔ yí wàn kuài qián

정기예금 이율은 얼마입니까?

定期存款的利息是多少？
Dìng qī cún kuǎn de lì xī shì duō shao

▶ 存款 : 저금, 예금

출금할 때는 반드시 통장을 지참해야 합니다.

当您取款时，一定要出示存折。
Dāng nín qǔ kuǎn shí, yí dìng yào chū shì cún zhé

인터넷 뱅킹을 이용하니 너무 편리합니다.

使用网上结帐，实在是太方便了。
Shǐ yòng wǎng shàng jié zhàng, shí zài shì tài fāng biàn le

A : 这附近有没有自动取款机或者银
Zhè fù jìn yǒu méi yǒu zì dòng qǔ kuǎn jī huò zhě yín
行？
háng
(이 근처에 현금자동인출기나 은행이 있나요?)

B : 一楼门口有自动取款机。
Yì lóu mén kǒu yǒu zì dòng qǔ kuǎn jī
(1층 입구에 현금자동인출기가 있습니다.)

송금할 때

집에 송금하고 싶은데요.

我要往家里寄钱。
Wǒ yào wǎng jiā li jì qián

제일 빠른 송금 방법은 무엇인가요?

最快的汇款方式是什么？
Zuì kuài de huì kuǎn fāng shì shì shén me

난 지사로 송금하러 은행에 갑니다.

我去银行给分公司汇款。
Wǒ qù yín háng gěi fēn gōng sī huì kuǎn

너 집에 송금을 얼마나 했니?

你给家里寄多少钱？
Nǐ gěi jiā li jì duō shao qián

집의 부모님께 송금하려고 하는데요.

我要给家里的父母汇款。
Wǒ yào gěi jiā li de fù mǔ huì kuǎn

대출을 받을 때

대출을 받고 싶습니다.

我想贷款。
Wǒ xiǎng dài kuǎn

A：我想贷款。
Wǒ xiǎng dài kuǎn
(대출을 받고 싶습니다.)

B：如果没有担保，贷款是不可能的。
Rú guǒ méi yǒu dān bǎo   dài kuǎn shì bù kě néng de
(담보가 없으면 대출이 불가능합니다.)

저의 보증인이 되어 주실 수 있어요?

你能当我的担保人吗？
Nǐ néng dāng wǒ de dān bǎo rén ma

대출의 연이율은 얼마입니까?

贷款的年利息是多少？
Dài kuǎn de nián lì xī shì duō shao

우체국을 찾을 때

무슨 편지를 쓰고 있습니까?

你写什么信？
Nǐ xiě shén me xìn

편지를 부치러 우체국에 갑니다.

我要去邮局寄信。
Wǒ yào qù yóu jú jì xìn

우체통은 어디에 있습니까?

信箱在哪儿？
Xìn xiāng zài nǎr

편지 부치러 가는데 같이 갈래?

我要去邮信，想不想一起去？
Wǒ yào qù yóu xìn   xiǎng bu xiǎng yì qǐ qù

편지를 부칠 때

우표는 어디에서 삽니까?

邮票在哪儿买？
Yóu piào zài nǎr mǎi

우표를 사고 싶은데요.

我想买邮票。
Wǒ xiǎng mǎi yóu piào

이 편지에는 얼마짜리 우표를 붙여야 합니까?

这封信要贴多少钱的邮票？
Zhè fēng xìn yào tiē duō shao qián de yóu piào

엽서 열 장 주세요.

请给我十张明信片。
Qǐng gěi wǒ shí zhāng míng xìn piàn

이 창구에서 등기우편을 취급합니까?

这个服务台可以办理挂号信吗？
Zhè ge fú wù tái kě yǐ bàn lǐ guà hào xìn ma

▶ 挂号 : 접수시키다, 등록하다 / 挂号信 : 등기우편

우편번호를 모르는데 좀 알려 주시겠어요?

我不知道邮政编码，你能告诉我吗？
Wǒ bù zhī dào yóu zhèng biān mǎ   nǐ néng gào su wǒ ma

A : 你要寄什么信？
Nǐ yào jì shén me xìn
(어떤 편지를 부치시게요?)

B : 小姐，我要寄快件。
Xiǎo jie   wǒ yào jì kuài jiàn
(아가씨, 빠른 우편으로 보내려고 하는데요.)

항공우편으로 하실 거예요, 아니면 일반우편으로 하실 거예요?

您要寄航空信，还是平信？
Nín yào jì háng kōng xìn   hái shi píng xìn

한국까지 항공편으로 보내 주세요.

请用航空寄往韩国。
Qǐng yòng háng kōng jì wǎng Hán guó

특급우편 있습니까?

有没有特快专递？
Yǒu méi yǒu tè kuài zhuān dì

등기로 보내면 며칠 걸립니까?

寄挂号信要几天？
Jì guà hào xìn yào jǐ tiān

소포를 부칠 때

소포를 부치고 싶은데요.

我要寄包裹。
Wǒ yào jì bāo guǒ

먼저 박스로 포장해 주세요.

您先用纸盒包装好。
Nín xiān yòng zhǐ hé bāo zhuāng hǎo

박스 하나에 얼마에요?

包装箱一个多少钱？
Bāo zhuāng xiāng yí ge duō shao qián

우편요금은 얼마입니까?

邮费是多少？
Yóu fèi shì duō shao

한국까지 선편으로 보내 주세요.

请用海运寄到韩国。
Qǐng yòng hǎi yùn jì dào Hán guó

요금은 소포의 무게에 따라 다릅니다.

邮费根据包裹的重量来定。
Yóu fèi gēn jù bāo guǒ de zhòng liàng lái dìng

소포 수취와 전보를 칠 때

소포를 찾으러 왔는데요.

我要取包裹。
Wǒ yào qǔ bāo guǒ

A : 我要取包裹。
Wǒ yào qǔ bāo guǒ
(소포를 찾으러 왔는데요.)

B : 是你本人吗？给我看一下你的身
Shì nǐ běn rén ma　Gěi wǒ kàn yí xià nǐ de shēn
份证。
fèn zhèng
(본인이십니까? 신분증을 보여 주세요.)

전신환을 이용하니 매우 편리합니다.

用电汇，也很方便。
Yòng diàn huì　yě hěn fāng biàn

국제전보를 치고 싶은데요.

我想打国际电报。
Wǒ xiǎng dǎ guó jì diàn bào

理发和美容

UNIT 24

중국의 미용실은 우리와 마찬가지로 남녀공용으로 보면 됩니다. 미용실은 거리곳곳에 상당히 많이 있지만 겉모습은 정말 허름해 보입니다. 저기가 뭐 하는 곳인가 살펴보아야 미용실인지 알 수 있는 곳도 있습니다. 물론 북경 등 대도시에는 상당히 비싸고 좋은 미용실도 있지만 주택가의 미용실은 일반적으로 옛날 시골 이발소나 미용실 정도로 생각하시면 됩니다. 한국인이나 외국인은 현지 미용실에 가기가 조금 망설여지는 것도 사실입니다.

24-1 이발소에서

이발 좀 해 주세요.	我要理发。 Wǒ yào lǐ fà
어떤 스타일을 원하세요?	理什么发型？ Lǐ shén me fà xíng
보통 헤어스타일로 잘라 주세요.	给我剪成一般的发型。 Gěi wǒ jiǎn chéng yì bān de fà xíng
약간 짧게 잘라 주세요.	给我剪得稍微短一点儿。 Gěi wǒ jiǎn de shāo wēi duǎn yì diǎnr
너무 많이 자르지 마세요.	别剪得太多。 Bié jiǎn de tài duō
이런 스타일로 잘라 주세요.	给我理成这个样子。 Gěi wǒ lǐ chéng zhè ge yàng zi
면도를 하시겠습니까?	刮脸吗？ Guā liǎn mǎ
늘 하던 대로요.	照原样理。 Zhào yuán yàng lǐ

A：你要理成什么样儿的？
Nǐ yào lǐ chéng shén me yàngr de
(어떤 스타일로 잘라 드릴까요?)
B：照原样理吧。
Zhào yuán yàng lǐ ba
(늘 하던 대로요.)

면도를 해 주세요.	请给我刮刮脸。 Qǐng gěi wǒ guā gua liǎn
면도는 하지 마세요.	不用刮脸。 Bú yòng guā liǎn
머리를 감아 주세요.	请给我洗洗头。 Qǐng gěi wǒ xǐ xi tóu
안마를 해 주세요.	请按摩一下。 Qǐng àn mó yí xià
어, 이발하셨네요.	哟，您理发了！ Yō nín lǐ fà le
어떻게 가르마를 타면 되겠습니까?	这样分缝行吗？ Zhè yàng fēn fèng xíng ma

24-2 미용실에서

헤어스타일은 어떻게 할까요?	您要什么样的发型？ Nín yào shén me yàng de fà xíng
좀 짧게 커트해 주세요.	请剪得短一点。 Qǐng jiǎn de duǎn yì diǎn
내일 예약하고 싶은데요.	我想约在明天。 Wǒ xiǎng yuē zài míng tiān
오늘 오전 괜찮습니까?	今天上午可以吗？ Jīn tiān shàng wǔ kě yǐ ma
머리만 감겨 주세요.	我只要洗头。 Wǒ zhǐ yào xǐ tóu

파마해 주세요.

请给我烫发。
Qǐng gěi wǒ tàng fà

파마를 약하게 해 주세요.

请烫得轻一点儿。
Qǐng tàng de qīng yì diǎnr

좀 자연스럽게 말아 주세요.

麻烦您卷得松一点。
Má fan nín juǎn děi sōng yì diǎn

다듬어 주세요.

我要做头发。
Wǒ yào zuò tóu fa

검정색으로 염색해 주세요.

我要把头发染成黑色的。
Wǒ yào bǎ tóu fa rǎn chéng hēi sè de

이 얼굴형에는 파머 머리가 어울리지 않아요.

这脸型不适合卷发。
Zhè liǎn xíng bú shì hé juǎn fā

지금 유행하는 스타일로 해 주세요.

就要现在流行的发型。
Jiù yào xiàn zài liú xíng de fà xíng

서탁

洗衣

UNIT 25

중국 거리를 지나다 보면「干洗 gānxǐ」라고 써 있는 것을 볼 수 있는데 이는「드라이클리닝」을 말합니다. 실크(丝绸 sīchóu) 제품이나 다운(羽绒 yǔróng) 제품 등과 집에서 세탁하기 어려운 카펫 등은 반드시 전문 세탁소에 맡겨야 품질을 오래 유지할 수 있습니다. 그러나 일부 영세점의 경우는 기술상의 문제가 있을 수 있으므로 값비싼 의류나 아끼는 물건이라면 대형 세탁소에 맡기는 편이 좋습니다.

25-1 세탁을 맡길 때

이 옷을 세탁소에 맡겨 주세요.

请把这件衣服送到洗衣店。
Qǐng bǎ zhè jiàn yī fu sòng dào xǐ yī diàn

이 코트를 세탁하려고 하는데요.

我想洗这外套。
Wǒ xiǎng xǐ zhè wài tào

드라이클리닝을 부탁합니다.

我想干洗衣服。
Wǒ xiǎng gān xǐ yī fu

호텔 안에 세탁소가 있습니까?

饭店内有洗衣店吗？
Fàn diàn nèi yǒu xǐ yī diàn ma

드라이클리닝을 하려면 며칠 걸립니까?

干洗衣服需要几天？
Gān xǐ yī fu xū yào jǐ tiān

A : 干洗需要几天？
Gān xǐ xū yào jǐ tiān

(드라이클리닝을 하려면 며칠 걸립니까?)

B : 通常只需要十二个小时。
Tōng cháng zhǐ xū yào shí èr ge xiǎo shí

(보통 12시간이면 되요.)

이 양복 세탁 좀 해 주세요.

请洗洗这西服。
Qǐng xǐ xi zhè xī fú

226

이 셔츠에 있는 얼룩을 좀 제거해 주세요.

能除掉这衬衫的污痕吗？
Néng chú diào zhè chèn shān de wū hén ma

이 기름때는 아무리 빨아도 지워지지 않아요.

这个油渍怎么洗也洗不掉。
Zhè ge yóu zì zěn me xǐ yě xǐ bu diào

이 옷은 드라이클리닝을 하면 색이 바랠까요?

这件衣服干洗后会褪色吗？
Zhè jiàn yī fu gān xǐ hòu huì tuì shǎi ma

A：洗完了会不会缩小？
Xǐ wán le huì bu huì suō xiǎo
(세탁 후에 옷이 줄어들까요?)

B：说不定。
Shuō bu dìng
(확실하게 말하기 힘든데요.)

25-2 다림질과 수선을 맡길 때

이 옷 다림질 좀 해 주십시오.

请把这件衣服熨一下。
Qǐng bǎ zhè jiàn yī fu yùn yí xià

이 셔츠 좀 다려 주세요.

请把这件衬衫熨一下。
Qǐng bǎ zhè jiàn chèn shān yùn yí xià

주름이 두 개 잡히지 않게 해 주세요.

不要熨出两条裤线。
Bú yào yùn chū liǎng tiáo kù xiàn

언제 다 됩니까?

什么时候能完？
Shén me shí hou néng wán

이 코트를 수선해 주시겠어요?

能改改这大衣吗？
Néng gǎi gǎi zhè dà yī ma

옷 길이 좀 줄여 주세요.

把下摆改短一些。
Bǎ xià bǎi gǎi duǎn yì xiē

세탁비는 얼마예요?

洗衣费是多少？
Xǐ yī fèi shì duō shao

医院挂号和门诊

UNIT 26

중국 병원에서 진찰을 받으려면 우선 접수(挂号 guàhào)를 해야 합니다. 挂号处라고 쓰여진 창구에서 자신이 받고 싶은 진료과목 등을 말하면 됩니다. 특정 의사에게 진료받기를 원한다면 접수할 때 미리 말해야 합니다. 접수처에서 진료수첩(病历本 bìnglìběn)을 팔기도 하는데, 중국에서는 의사가 진료한 내용과 처방을 진료수첩에 기록해 줍니다. 이 수첩은 개인병력이 기록되어 있기 때문에 다른 병원에 가서 진료를 받을 때도 유용합니다.

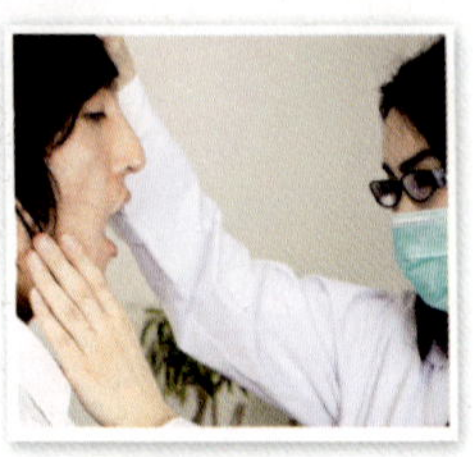

 26-1

▎예약과 접수를 할 때

의사를 불러 주세요.

请叫大夫。
Qǐng jiào dài fu

이 근처에 병원이 있나요?

这附近有没有医院？
Zhè fù jìn yǒu méi yǒu yī yuàn

의사에게 진찰을 받고 싶은데요.

想让大夫看病。
Xiǎng ràng dài fu kàn bìng

어느 과에 접수하실 건가요?

挂哪科？
Guà nǎ kē

A : **挂哪科？**
　　Guà nǎ kē
　　(어느 과에 접수하실 건가요?)

B : **我过敏了，是不是该挂皮肤科？**
　　Wǒ guò mǐn le　　shì bu shì gāi guà pí fū kē
　　(알레르기가 있는데, 피부과에 접수해야 되나요?)

병원으로 데리고 가 주시겠어요?

能送我到医院吗？
Néng sòng wǒ dào yī yuàn ma

진료 예약을 하고 싶은데요.

想预约，看病。
Xiǎng yù yuē　　kàn bìng

228

<table>
<tr><td>어디서 접수를 합니까?</td><td>在哪里挂号？
Zài nǎ li guà hào</td></tr>
<tr><td>한국어를 아는 의사가 있나요?</td><td>有没有懂韩语的医生？
Yǒu méi yǒu dǒng Hán yǔ de yī shēng</td></tr>
</table>

증세를 물을 때

<table>
<tr><td>어디가 아파서 왔습니까?</td><td>您是来看什么病的？
Nín shì lái kàn shén me bìng de</td></tr>
<tr><td>어디가 불편하세요?</td><td>你哪儿不舒服？
Nǐ nǎr bù shū fu</td></tr>
<tr><td>어디가 불편하세요?</td><td>哪觉得不舒服？
Nǎ jué de bù shū fu</td></tr>
<tr><td>병명은 무엇입니까?</td><td>确诊了吗？
Què zhěn le ma</td></tr>
<tr><td>증상을 좀 말씀해 주시겠어요?</td><td>能告诉我有什么症状吗？
Néng gào su wǒ yǒu shén me zhèngzhuàng ma</td></tr>
<tr><td>이런 증상이 나타난 지 얼마나 오래 됐나요?</td><td>这种症状出现多长时间了？
Zhè zhǒng zhèngzhuàng chū xiàn duō cháng shí jiān le</td></tr>
<tr><td>또 다른 증상이 있어요?</td><td>还有别的症状吗？
Hái yǒu bié de zhèngzhuàng ma</td></tr>
<tr><td>언제부터 열이 나기 시작했어요?</td><td>从什么时候起发烧的？
Cóng shén me shí hou qǐ fā shāo de</td></tr>
<tr><td>오한증세도 있죠?</td><td>是不是还带寒战症状？
Shì bu Shì hái dài hán zhàn zhèngzhuàng</td></tr>
<tr><td>통증 때문에 괴롭죠?</td><td>是不是疼得很难受？
Shì bu shì téng de hěn nán shòu</td></tr>
<tr><td>먼저, 체온을 좀 재 보죠.</td><td>先给你量一下体温吧。
Xiān gěi nǐ liáng yí xià tǐ wēn ba</td></tr>
<tr><td>혈압을 재겠습니다.</td><td>量量血压。
Liáng liang xiè yā</td></tr>
</table>

| 그래요? 주사를 맞아야 하나요? | 是吗？要不要打针？
Shì ma　Yào bu yào dǎ zhēn |

> A : 我得的是什么病？
> 　　Wǒ　dé　de　shì　shén　me　bìng
> （제 병명이 뭡니까?）
>
> B : 没什么，是劳累过度。回家休息
> 　　Méi shén me　　shì láo lèi guò dù　Huí jiā xiū xi
> 休息就会好的。
> xiū　xi　jiù　huì　hǎo　de
> （별거 아니에요. 과로입니다. 집에 돌아가서 쉬시
> 면 좋아질 거예요.）

집에 돌아가서 쉬세요	回家休息休息吧。 Huí jiā xiū xi xiū xi ba
너무 무리하지 마시고 며칠 쉬셔야 합니다.	不要太逞强，得多休息几天。 Bú yào tài chěngqiáng　děi duō xiū xi jǐ tiān
그럼, 글피에 다시 오세요.	好，大后天再来吧。 Hǎo　dà hòu tiān zài lái ba

26-3 증상을 설명할 때

현기증이 납니다.	我觉得头晕。 Wǒ jué de tóu yūn
기운이 없어요.	身体无力。 Shēn tǐ wú lì
식욕이 없습니다.	没有食欲。 Méi yǒu shí yù
잠이 오지 않습니다.	睡不着。 Shuì bù zháo
의사 선생님, 요 며칠 몸이 좀 불편해요.	大夫，这几天我觉得有点儿不舒服。 Dài fu　zhè jǐ tiān wǒ jué de yǒu diǎnr bù shū fu

머리가 아프고, 좀 어지러워요.	头疼，还有点儿晕。 Tóu téng hái yǒu diǎnr yūn
아이 상태가 좀 이상합니다.	小孩的状态有点奇怪。 Xiǎo hái de zhuàng tài yǒu diǎn qí guài
의사 선생님, 무슨 병이죠?	大夫，是什么病？ Dài fu shì shén me bìng
병원에 입원해야 하나요?	要不要住医院？ Yào bú yào zhù yī yuàn
입원할 필요는 없어요.	不用住医院。 Bú yòng zhù yī yuàn

26-4 통증을 호소할 때

여기가 아파요.	这儿疼。 Zhèr téng
심한 두통이 있어요.	头疼得厉害。 Tóu téng de lì hài
배가 아파요.	肚子疼。 Dù zi téng
이가 아파요.	牙疼。 Yá téng
귀가 아파요.	耳朵疼。 Ěr duo téng
목이 뻐근해요.	脖子僵硬。 Bó zi jiāng yìng
다리가 부었어요.	腿肿了。 Tuǐ zhǒng le
빛에 약해요.	怕光。 Pà guāng
한쪽에 마비가 있어요.	半边麻木。 Bàn biān má mù

귀에서 소리가 나요.	耳鸣。 Ěr míng
눈이 건조해요.	眼睛发干。 Yǎn jing fā gān
목이 부어 올라 아파요.	咽喉肿痛。 Yān hóu zhǒng tòng

26-5 검사를 할 때

| 병원에 가서 검사해 봤어요? | 去医院检查了吗？
Qù yī yuàn jiǎn chá le ma |

> A : 去医院检查了吗？
> Qù yī yuàn jiǎn chá le ma
> (병원에 가서 검사해 봤어요?)
>
> B : 去了。去过三家医院，但却没能
> Qù le　Qù guo sān jiā yī yuàn　dàn què méi néng
> 确诊。
> què zhěn
> (가 봤어요. 병원을 세 군데나 갔었는데 병명을
> 알 수 없었어요.)
>
> A : 这可麻烦了。
> Zhè kě má fan le
> (큰일이군요.)

금년에 건강검진을 받아본 적이 있습니까?	今年你做过体检吗？ Jīn nián nǐ zuò guo tǐ jiǎn ma
건강검진을 한번 받아 보세요.	我建议你检查一下身体。 Wǒ jiàn yì nǐ jiǎn chá yí xià shēn tǐ
진단 결과는 어떻습니까?	诊断结果怎么样？ Zhěn duàn jié guǒ zěn me yàng
혈액검사 결과가 음성으로 나타났습니다.	血液检查结果，是阴性。 Xiè yè jiǎn chá jié guǒ　shì yīn xìng

수술을 받는다면서요?

听说你要动手术？
Tīng shuō nǐ yào dòng shǒu shù

그는 최근에 수술을 받았습니다.

他最近做手术了。
Tā zuì jìn zuò shǒu shù le

A : 听说你要动手术？
Tīng shuō nǐ yào dòng shǒu shù
(수술할 거라고 들었어요.)

B : 嗯。不是什么大病。慢性盲肠
Ńg　　Bú shì shén me dà bìng　　Màn xìng máng cháng
炎。
yán
(네, 큰 병은 아닙니다. 만성맹장염이에요.)

제 건강에 무슨 문제가 있나요?

我的身体有什么问题吗？
Wǒ de shēn tǐ yǒu shén me wèn tí ma

아무 문제없어요.

没什么问题。
Méi shén me wèn tí

입원과 퇴원에 대해서

그 사람은 아파서 어제 저녁 병원에 입원했어.

他病了，昨晚住院了。
Tā bìng le　　zuó wǎn zhù yuàn le

그는 입원치료를 받아야 합니다.

他得住院治疗。
Tā děi zhù yuàn zhì liáo

그는 이미 입원했습니다.

他已经住院了。
Tā yǐ jing zhù yuàn le

그는 입원치료를 받아야 할 것 같습니다.

他可能得住院接受治疗。
Tā kě néng děi zhù yuàn jiē shou zhì liáo

입원비는 언제 냅니까?

住院费什么时候交？
Zhù yuàn fèi shén me shí hou jiāo

| 그가 입원했어요. 병문안 가 보세요. | 他住院了，你到医院看看他吧。
Tā zhù yuàn le, nǐ dào yī yuàn kan kan tā ba |

> A : 什么时候可以出院？
> Shén me shí hou kě yǐ chū yuàn
> (언제쯤 퇴원할 수 있을까요?)
> B : 一周之内就可以出院了。
> Yì zhōu zhī nèi jiù kě yǐ chū yuàn le
> (일주일 내에 퇴원할 수 있습니다.)

| 그는 이미 퇴원했습니다. | 他已经出院了。
Tā yǐ jing chū yuàn le |
| 퇴원 후 집에서 한동안 쉬어야 합니다. | 出院后，得在家里休息一段时间。
Chū yuàn hòu děi zài jiā li xiū xi yí duàn shí jiān |

병문안

그 사람의 병은 많이 좋아졌어요.	他的病好多了。 Tā de bìng hǎo duō le
그 사람이 아프다고 하던대.	听他说，你病了。 Tīng tā shuō nǐ bìng le
전보다 많이 좋아졌어요.	比以前好了很多。 Bǐ yǐ qián hǎo le hěn duō
기분이 좋아 보이네요.	看起来你心情不错。 Kàn qǐ lái nǐ xīn qíng bú cuò

> A : 你今天怎么样？
> Nǐ jīn tiān zěn me yàng
> (오늘은 어때요?)
> B : 好多了。
> Hǎo duō le
> (훨씬 좋아졌어요.)

| 그다지 편안하지 않아. | 不太舒服。
Bú tài shū fu |

약은 먹었어?

吃药了吗？
Chī yào le ma

너 병은 다 나았니?

你的病好了吗？
Nǐ de bìng hǎo le ma

의사가 며칠 더 지나면 당신이 좋
아질 거라고 하더군요.

医生说，再过几天你就会好了。
Yī shēng shuō zài guò jǐ tiān nǐ jiù huì hǎo le

뭐라고 해도 건강이 제일입니다.

怎么讲身体都是最重要的。
Zěn me jiǎng shēn tǐ dōu shì zuì zhòng yào de

어쩌다가 다치셨습니까？

你是怎么受伤的？
Nǐ shì zěn me shòu shāng de

하루 빨리 퇴원하기를 바랍니다.

真希望你早日出院。
Zhēn xī wàng nǐ zǎo rì chū yuàn

병원진료

医院诊疗

UNIT 27

집을 떠나면 고생이라는 말이 있습니다. 생활습관이 변하고 음식이 맞지 않으며 게다가 기후에 적응하지 못하면 자칫 소화장애를 일으키거나 감기에 걸리기 쉽습니다. 이럴 때는 빨리 병원으로 가야 합니다. 북경, 상해 등 대도시에는 외국인 전용의 외래창구를 설치하고 있는 병원이 있습니다. 이곳에는 물론 외국어가 가능한 의사도 있으며,

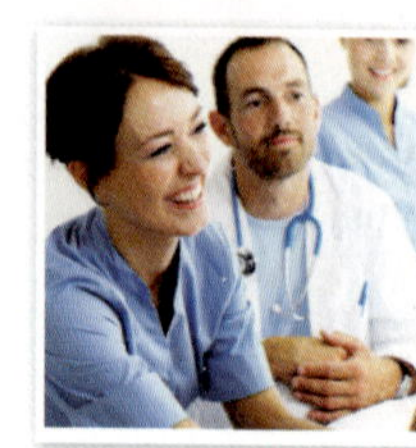

최근에는 외국계 클리닉도 개설되어 있습니다. 또 한국사람들이 한국촌을 이루고 사는 곳에는 한국인 의사가 문을 연 병원도 있습니다.

내과에서

기침을 하나요?	咳嗽吗？ Ké sòu ma
저녁에는 기침이 몹시 심해요.	晚上咳嗽得厉害。 Wǎn shàng ké sòu de lì hài

A : 胃口怎么样？
Wèi kǒu zěn me yàng
(식욕은 어때요?)

B : 什么都不想吃。
Shén me dōu bù xiǎng chī
(아무 것도 먹고 싶지 않아요.)

피로 때문에 입술이 텄습니다.	因为疲劳，嘴唇都裂了。 Yīn wèi pí láo　zuǐ chún dōu liè le
발열, 두통, 콧물이 나는 증상이 있습니다.	有发烧，头痛，流鼻涕等症状。 Yǒu fā shāo　tóu tòng　liú bí tì děng zhèngzhuàng
배가 콕콕 쑤시는 것처럼 아파요.	我的腹部有刺痛的感觉。 Wǒ de fù bù yǒu cì tòng de gǎn jué

236

한차례 심한 통증을 느꼈습니다.	感觉到了一阵剧烈的疼痛。 Gǎn jué dào le yí zhèn jù liè de téng tòng
그가 열이 많이 납니다.	他烧得厉害。 Tā shāo de lì hài
저런 냄새만 맡으면 토할 것 같습니다.	一闻到那种气味我就想吐。 Yì wén dào nà zhǒng qì wèi wǒ jiù xiǎng tù
무엇 때문인지 머리가 약간 어지럽습니다.	不知怎么的头有点发昏。 Bù zhī zěn me de tóu yǒu diǎn fā hūn
현기증이 좀 납니다.	我有点头晕。 Wǒ yǒu diǎn tóu yūn
너무 피곤해서 현기증이 납니다.	太累了，搞得我发昏。 Tài lèi le gǎo de wǒ fā hūn

27-2 이비인후과에서

안 들려요.	听不见。 Tīng bu jiàn
잘 안 들려요.	听不清楚。 Tīng bu qīng chu
잘 들려요.	听得清楚。 Tīng de qīng chu
귀가 멍멍합니다.	耳朵嗡嗡的。 Ěr duo wēng de
귀에 뭐가 들어갔습니다.	耳朵里进了什么东西。 Ěr duo li jìn le shén me dōng xi
귀에 물이 들어갔습니다.	耳朵进水了。 Ěr duo jìn shuǐ le
귀가 막힌 것 같아요.	耳朵好像堵住了。 Ěr duo hǎo xiàng dǔ zhù le

귀에 조그만 벌레가 들어갔습니다.	耳朵里进了小虫子。 Ěr duo li jìn le xiǎo chóng zi
귀에서 고름이 나옵니다.	耳朵流脓了。 Ěr duo liú nóng le
어렸을 적에 중이염을 앓은 적이 있습니다.	小时候得过中耳炎。 Xiǎo shí hou dé guo zhōng ěr yán

> A : 你以前得过什么病吗？
> Nǐ yǐ qián dé guo shén me bìng ma
> (전에 무슨 병을 앓았어요?)
> B : 小时候得过中耳炎。
> Xiǎo shí hou dé guo zhōng ěr yán
> (어렸을 적에 중이염을 앓은 적이 있습니다.)

귀지가 가득 찼어요.	满耳朵都是耳屎。 Mǎn ěr duo dōu shì ěr shǐ
코가 막혔어요.	鼻塞了。 Bí sāi le
코가 간지럽고 콧물이 납니다.	鼻子发痒，流鼻涕。 Bí zi fā yǎng liú bí tì
코를 풀면 피가 납니다.	擤鼻涕就出血。 Xǐng bí tì jiù chū xuè
코를 살살 푸세요.	擤鼻涕要轻点。 Xǐng bí tì yào qīng diǎn
기침이 나고 목이 아픕니다.	咳嗽，咽喉痛。 Ké sou yān hóu tòng
목이 따끔거립니다.	咽喉热辣辣的。 Yān hóu rè là là de
물 마시기 힘듭니다.	喝水都很困难。 Hē shuǐ dōu hěn kùn nán
목이 부었습니다.	咽喉红肿。 Yān hóu hóng zhǒng
목이 쉬었습니다.	嗓子哑了。 Sǎng zi yǎ le

기침하면 가래가 많이 나와요. 　一咳嗽，就有好多痰。
Yī ké sou　jiù yǒu hǎo duō tán

27-3 외과에서

다리를 다쳐서 너무 아파요. 　我的腿受了伤，疼得厉害。
Wǒ de tuǐ shòu le shāng　téng de lì hai

무릎관절을 삐었습니다. 　扭伤了膝关节。
Niǔ shāng le xī guān jié

부주의해서 발목을 삐었습니다. 　不小心扭伤了脚脖子。
Bù xiǎo xīn niǔ shāng le jiǎo bó zi

오른쪽 다리가 부러졌습니다. 　我的右腿骨折了。
Wǒ de yòu tuǐ gǔ zhé le

축구할 때 발가락이 채여 부러졌습니다. 　踢球时被踢断了脚趾骨。
Tī qiú shí bèi tī duàn le jiǎo zhǐ gǔ

타박상으로 다리가 많이 부었습니다. 　被踢伤的腿肿得厉害。
Bèi tī shāng de tuǐ zhǒng de lì hai

부주의하여 손가락이 베었습니다. 　不小心割破伤了手指。
Bù xiǎo xīn gē pò shāng le shǒu zhǐ

부주의로 무릎을 다쳤습니다. 　不小心碰伤了膝盖。
Bù xiǎo xīn pèng shāng le xī gài

모기한테 물려서 부었습니다. 　被蚊子叮得都肿了。
Bèi wén zi dīng de dōu zhǒng le

골절되었습니다. 　骨折了。
Gǔ zhé le

불에 손을 데었습니다. 　我的手被火烫伤了。
Wǒ de shǒu bèi huǒ tàng shāng le

알레르기가 좀 있는 것 같습니다. 　有点过敏了似的。
Yǒu diǎn guò mǐn le shì de

얼굴에 뭐가 났습니다.

脸上长什么东西了。
Liǎn shangzhǎng shén me dōng xi le

찰과상이 좀 있습니다.

有点擦伤。
Yǒu diǎn cā shāng

뜨거운 물을 엎질러서 손이 데었습니다.

我打翻了热水烫伤了手。
Wǒ dǎ fān le rè shuǐ tàng shāng le shǒu

27.4 신경외과에서

다리가 약간 쑤시듯이 아픕니다.

我的腿有点儿刺痛。
Wǒ de tuǐ yǒu diǎnr cì tòng

다리가 저려서 걷지 못하겠습니다.

我因为腿麻走不动了。
Wǒ yīn wèi tuǐ má zǒu bu dòng le

병 때문에 두 손이 저립니다.

因为病症两手发麻。
Yīn wèi bìng zhèng liǎng shǒu fā má
▶ 因为 : ~때문에, 왜냐하면 ~이다

의식을 잃었습니다.

失去知觉了。
Shī qù zhī jué le

신경쇠약입니다.

是神经衰弱。
Shì shén jīng shuāi ruò

오한 경련이 있습니다.

我有畏寒痉挛的症状。
Wǒ yǒu wèi hán jìng luán de zhèngzhuàng

가끔 팔에 감각이 없습니다.

我的手臂有时会失去知觉。
Wǒ de shǒu bì yǒu shí huì shī qù zhī jué

척추 아랫부분이 욱신거려요.

脊椎下方部位发酸。
Jǐ chuí xià fāng bù wèi fā suān

가끔 하반신이 마비되는 느낌이 들어요.

有时下半身会麻痹。
Yǒu shí xià bàn shēn huì má bì

정신과에서

잠을 깊이 못 잡니다.
我无法熟睡。
Wǒ wú fǎ shú shuì

밤에 잠을 이룰 수가 없습니다.
夜晚无法入睡。
Yè wǎn wú fǎ rù shuì

매일 밤 악몽을 꿉니다.
每晚都做噩梦。
Měi wǎn dōu zuò è mèng

아무 것도 하기 싫어요.
什么都不想做。
Shén me dōu bù xiǎng zuò

항상 긴장합니다.
总是很紧张。
Zǒng shì hěn jǐn zhāng

심한 망상에 시달리고 있습니다.
严重的妄想症困扰着我。
Yán zhòng de wàng xiǎng zhèng kùn rǎo zhe wǒ

사소한 일로 걱정을 합니다.
我总是为了小事而烦恼。
Wǒ zǒng shì wèi le xiǎo shì ér fán nǎo

A：我很容易发火，总为小事烦恼。
Wǒ hěn róng yì fā huǒ，zǒng wèi xiǎo shì fán nǎo
(쉽게 화를 내고 언제나 작은 일 때문에 마음을 졸입니다.)

B：以前不这样？
Yǐ qián bú zhè yàng
(예전에는 안 그랬어요?)

A：是的。
Shì de
(네.)

B：你这是亚健康，需要休息了。
Nǐ zhè shì yà jiàn kāng　xū yào xiū xi le
(건강상태가 조금 안 좋으니 쉬셔야 합니다.)

쉽게 화가 납니다.
我很容易发火。
Wǒ hěn róng yì fā huǒ

참을성이 많이 부족해졌습니다.
我的耐性比以前差多了。
Wǒ de nài xìng bǐ yǐ qián chà duō le

그녀는 항상 시무룩합니다.
她整天闷闷不乐的。
Tā zhěng tiān mèn mèn bú lè de

| 무서움을 느낍니다. | 我好害怕。
Wǒ hǎo hài pà |
| 그냥 집에만 있고 싶어요. | 我总想待在家里。
Wǒ zǒng xiǎng dāi zài jiā li |

27-6 안과에서

안 보여요.	看不见。 Kàn bú jiàn
흐릿하게 보여요.	我看不清楚。 Wǒ kàn bu qīng chu
눈물이 납니다.	总是流眼泪。 Zǒng shì liú yǎn lèi
눈을 감을 때 아픕니다.	闭上眼睛就会疼。 Bì shàng yǎn jing jiù huì téng
눈이 아파요.	眼睛疼。 Yǎn jing téng
눈이 가렵습니다.	眼睛痒痒。 Yǎn jing yǎng yang
눈이 따끔거립니다.	眼睛热辣辣的。 Yǎn jing rè là là de
눈이 항상 깜박거려요.	眼睛总是一眨一眨的。 Yǎn jing zǒng shì yì zhǎ yì zhǎ de
시력이 얼마나 됩니까?	你的视力是多少? Nǐ de shì lì shì duō shao
눈이 침침합니다.	眼睛不好受。 Yǎn jing bù hǎo shòu
사물이 일그러져 보입니다.	我看到的东西都是歪歪扭扭的。 Wǒ kàn dào de dōng xi dōu shì wāi wāi niǔ niǔ de
안경을 쓰면 머리가 아픕니다.	戴上眼镜就头疼。 Dài shàng yǎn jìng jiù tóu téng

A：戴上眼镜就头疼。
Dài shàng yǎn jìng jiù tóu téng

(안경을 끼면 머리가 아파요.)

B：那一定是眼镜不合适。
Nà yí dìng shì yǎn jìng bù hé shì

(분명히 안경이 잘 맞지 않아서 그럴 거예요.)

눈이 충혈되었습니다.	眼睛发红了。 Yǎn jing fā hóng le
시력이 매우 안 좋습니다.	视力很差。 Shì lì hěn chà
시력이 안 좋아서 안경을 씁니다.	视力不好，所以戴眼镜。 Shì lì bú hǎo suǒ yǐ dài yǎn jìng
시력이 별로 좋지 않습니다.	视力不太好。 Shì lì bú tài hǎo
속눈썹이 반대로 자랍니다.	眼睫毛倒着长。 Yǎn jié máo dào zhe zhǎng
바람을 쐬면 눈물이 납니다.	迎风流泪。 Yíng fēng liú lèi
난시입니다.	散光。 Sǎn guāng
노안입니다.	老花眼。 lǎo huā yǎn

치과에서

이가 아픕니다.	牙疼。 Yá téng
충치가 있습니다.	我有虫牙。 Wǒ yǒu chóng yá
이를 때워야 합니다.	我得补牙。 Wǒ děi bǔ yá

두드리면 이가 아픕니다.	敲 敲 牙 就 会 疼。 Qiāo qiao yá jiù huì téng
잇몸에 피가 납니다.	牙 龈 出 血 了。 Yá yín chū xiě le
잇몸이 아파요.	牙 龈 疼。 Yá yín téng
이가 비뚤게 났어요.	牙 长 歪 了。 Yá zhǎng wāi le
이가 부러졌어요.	牙 齿 断 了。 Yá chǐ duàn le
틀니가 필요할지도 모르겠습니다.	你 也 许 要 戴 假 牙。 Nǐ yě xǔ yào dài jiǎ yá
양치하고 뱉으세요.	漱 一 下 口，然 后 吐 出 来。 Shù yí xià kǒu rán hòu tǔ chū lái
치석이 많이 끼었습니다.	有 很 多 牙 垢。 Yǒu hěn duō yá gòu
이가 약간 흔들립니다.	我 的 牙 齿 有 点 松 动。 Wǒ de yá chǐ yǒu diǎn sōng dòng
충치 때문에 치통이 심해요.	因 为 虫 牙 疼 得 厉 害。 Yīn wèi chóng yá téng de lì hai
차가운 걸 먹으면 이가 시려요.	吃 凉 的 牙 酸。 Chī liáng de yá suān
스케일링하려고 해요.	我 要 洗 牙。 Wǒ yào xǐ yá

27-8 비뇨기과에서

| 소변 색깔이 진합니다. | 尿 的 颜 色 深。
Niào de yán sè shēn |
| 소변을 보려고 하면 아픕니다. | 想 要 小 便 就 疼。
Xiǎng yào xiǎo biàn jiù téng |

소변을 보려고 해도 잘 안 됩니다.	想尿可尿不出来。 Xiǎng niào kě niào bù chū lái
소변을 자주 보게 돼요.	尿频。 Niào pín
대변을 볼 때 피가 섞여 나옵니다.	便血。 Biàn xiě
마른 대변을 봅니다.	大便干燥。 Dà biàn gān zào
변비가 심합니다.	便秘得厉害。 Biàn mì de lì hai
치질에 걸린 것 같습니다.	我好像有痔疮了。 Wǒ hǎo xiàng yǒu zhì chuāng le
그 사람은 성병이 있는 것 같아요.	他好像有性病。 Tā hǎo xiàng yǒu xìng bìng

27-9 피부과에서

피부가 건조합니다.	皮肤干燥。 Pí fū gān zào
등이 가렵습니다.	背痒。 Bèi yǎng
향수 알레르기가 있습니다.	我对香水过敏。 Wǒ duì xiāng shuǐ guò mǐn
피부가 텄습니다.	皮肤龟裂了。 Pí fū guī liè le
여드름이 심각해요.	我脸上痘痘长得很厉害。 Wǒ liǎn shang dòu dòu cháng de hěn lì hai
피부가 몹시 거칠어요.	我皮肤很粗糙。 Wǒ pí fū hěn cū cāo
화장품 때문에 살갗에 발진이 생겼습니다.	我因化妆品得了皮疹。 Wǒ yīn huà zhuāng pǐn dé le pí zhěn

| 피부가 불그스레하고 반점이 있어요. | 我皮肤泛红，还有斑点。
Wǒ pí fū fàn hóng　hái yǒu bān diǎn |
| 오른쪽 팔에 물집이 생겼어요. | 我的右臂上起了水泡。
Wǒ de yòu bì shang qǐ le shuǐ pào |

27-10 산부인과에서

생리가 한 번 없었습니다.	我跳过一次月经。 Wǒ tiào guo yí cì yuè jīng
생리가 항상 1주 늦습니다.	我的月经总是迟一周。 Wǒ de yuè jīng zǒng shì chí yì zhōu
분비물이 많습니다.	分泌物多。 Fēn bì wù duō
생리 주기는 항상 30일입니다.	月经周期总是三十天。 Yuè jīng zhōu qī zǒng shì sān shí tiān

> A：月经量怎么样？
> Yuè jīng liàng zěn me yàng
> (생리량은 어때요?)
>
> B：还好。好像比过去少了。
> Hái hǎo　Hǎo xiàng bǐ guò qù shǎo le
> (그런 대로 괜찮아요. 예전보다 줄은 것 같아요.)

평상시보다 피가 많이 나와요.	出血量比平时多。 Chū xuè liàng bǐ píng shí duō
성욕이 없습니다.	我没性欲。 Wǒ méi xìng yù
성욕이 조금도 없습니다.	我一点性欲都没有。 Wǒ yì diǎn xìng yù dōu méi yǒu
불감증이 아닐까요?	会不会性冷淡啊？ Huì bu huì xìng lěng dàn a
음부에 염증이 생겼습니다.	阴部发炎了。 Yīn bù fā yán le

음부에 종기가 있습니다.
阴部有肿块。
Yīn bù yǒu zhǒng kuài

성교를 할 때 아픕니다.
做爱的时候就疼。
Zuò ài de shí hou jiù téng

임신한 것 같습니다.
我好像怀孕了。
Wǒ hǎo xiàng huái yùn le

임신 6주입니다.
怀孕六周了。
Huái yùn liù zhōu le

입덧이 심합니다.
我害口很厉害。
Wǒ hài kǒu hěn lì hai

양수가 터졌어요.
羊水破了。
Yáng shuǐ pò le

5분마다 산통이 있어요.
每隔五分钟，我的阵痛就发作一次。
Měi gé wǔ fēn zhōng wǒ de zhèn tòng jiù fā zuò yí cì

UNIT27 医院诊疗

27-11

소아과에서

아이가 감기에 걸린 것 같습니다.
孩子好像感冒了。
Hái zi hǎo xiàng gǎn mào le

아이의 코가 막혔습니다.
孩子鼻塞了。
Hái zi bí sāi le

아이가 먹지를 않아요.
孩子不吃饭。
Hái zi bù chī fàn

아이의 편도선이 부었습니다.
孩子扁桃腺发炎了。
Hái zi biǎn táo xiàn fā yán le

아이가 젖을 잘 못 빨아요.
孩子不大会吮奶。
Hái zi bú dà huì shǔn nǎi

아이가 온 몸을 떱니다.
孩子直哆嗦。
Hái zi zhí duō suō

아이의 귀에 염증이 생겼습니다.
孩子的耳朵发炎了。
Hái zi de ěr duo fā yán le

아이가 코피를 자주 흘립니다.	孩子总是流鼻血。 Hái zi zǒng shì liú bí xuè
아이가 이유 없이 웁니다.	孩子无缘无故地哭闹。 Hái zi wú yuán wú gù de kū nào
아이가 식욕이 별로 없습니다.	孩子食欲不好。 Hái zi shí yù bù hǎo
아이가 몹시 가려운 것 같습니다.	孩子好像很痒痒。 Hái zi hǎo xiàng hěn yǎng yang
아이가 괜찮을까요?	孩子不会有事吧？ Hái zi bú huì yǒu shì ba
아이를 잡아주시겠어요?	请帮忙把住这孩子，可以吗？ Qǐng bāng máng bǎ zhù zhè hái zi　kě yǐ ma
이 아이는 기저귀 발진이 있습니다.	这孩子有尿布皮疹。 Zhè hái zi yǒu niào bù pí zhěn
아이 몸이 항상 차가워요.	孩子总是全身发凉。 Hái zi zǒng shì quán shēn fā liáng
아이의 변 색깔이 이상해요.	孩子的大便颜色不对。 Hái zi de dà biàn yán sè bú duì

약국

药房

UNIT 28

일반 병원에서는 의사가 처방전(药方 yàofāng)을 지어주면 그것을 가지고 「汇价 huìjià(계산)」라고 쓰인 곳에 가서 치료비와 약값을 지불한 다음 약 타는 곳 (取药 qǔyào)에서 약을 받으면 됩니다. 대부분의 병원은 「中药 zhōngyào (중의약)」, 「西药 xīyào(양약)」을 취급하는 곳이 구분되어 있습니다. 중국의 약국에서 파는 약들은 포장지가 대체로 조잡하지만 어떤 약은 한국약보다 뛰어난 효과를 지닌 것도 있습니다.

처방전을 보이며 약을 달라고 할 때

처방전을 가져 오셨나요?

带来处方了吗？
Dài lái chǔ fāng le ma

처방전 없이는 약을 살 수가 없어요.

没有处方不能买药。
Méi yǒu chǔ fāng bù néng mǎi yào

약을 처방해 주십시오.

请开药。
Qǐng kāi yào

처방대로 약을 조제해주세요.

请按处方给我配药。
Qǐng àn chu fāng gěi Wǒ pèi yào

처방전을 써드릴게요.

我给你开个药方吧。
Wǒ gěi nǐ kāi ge yào fāng ba

처방전을 쓴 데서 약을 지으세요.

你在开处方的地方抓药吧。
Nǐ zài kāi chǔ fāng de dì fang zhuā yào ba

이것은 처방대로 조제한 약입니다.

这是按照处方调配好的药。
Zhè shì àn zhào chǔ fāng diào pèi hǎo de yào

증상을 말하며 약을 달라고 할 때

이 근처에 약국이 있습니까?

这附近有药房吗？
Zhè fù jìn yǒu yào fáng ma

여기에서 가장 가까운 약국은 어디에 있습니까?

离这儿近的药房在哪儿？
Lí zhèr jìn de yào fáng zài nǎr

이 약은 효과가 있습니다.

这药有效果。
Zhè yào yǒu xiào guǒ

이 약은 감기 치료에 아주 효과가 빠릅니다.

这药对治疗感冒疗效显著。
Zhè yào duì zhì liáo gǎn mào liáo xiào xiǎn zhù

▶ 疗效 : 치료효과

이 약은 나에게는 효과가 없습니다.

这药对我来说没有效果。
Zhè yào duì wǒ lái shuō méi yǒu xiào guǒ

이 약은 기침 치료에 특효가 있습니다.

这药对治疗咳嗽有特殊效果。
Zhè yào duì zhì liáo ké sou yǒu tè shū xiào guǒ

질병 치료에 신기한 효과가 있습니다.

对于治疗疾病有神奇的效果。
Duì yú zhì liáo jí bìng yǒu shén qí de xiào guǒ

▶ 对于 : ~에 대하여

이 약은 잘 듣습니까?

这药有效果吗？
Zhè yào yǒu xiào guǒ ma

A : 药房卖中药吗？
Yào fáng mài zhōng yào ma
(약국에서 한약도 팔아요?)

B : 卖。你拿处方来就卖。
Mài   Nǐ ná chǔ fāng lái jiù mài
(팝니다. 처방전을 가지고 가시면 팔 거예요.)

28-3 약의 효능과 복용 방법을 물을 때

약을 하루에 몇 번 먹죠?

一天吃几次药？
Yì tiān chī jǐ cì yào

A : 这药什么时候吃啊？
Zhè yào shén me shí hou chī a
(이 약은 언제 먹습니까?)

B : 饭前三十分钟。
Fàn qián sān shí fēn zhōng
(밥 먹기 30분 전에 먹습니다.)

시간에 맞춰 약을 먹어야 해요.

你要按时吃药。
Nǐ yào àn shí chī yào

한 번에 몇 알 먹습니까?

一次要吃几片？
Yí cì yào chī jǐ piàn

약을 먹었니?

吃药了吗？
Chī yào le ma

약을 먹으니까 좀 좋아졌니?

吃了药好点儿吗？
Chī le yào hǎo diǎnr ma

역시 의사의 처방대로 지은 약을 먹는 것이 약효가 빨라요.

还是按大夫的处方开的药见效快。
Hái shi àn dài fu de chǔ fāng kāi de yào jiàn xiào kuài

이 약으로 통증을 없앨 수 있습니다.

这药可以消除病痛。
Zhè yào kě yǐ xiāo chú bìng tòng

약을 먹고 한잠 자면 나을거예요.

吃完药，睡一觉就会好的。
Chī wán yào shuì yí jiào jiù huì hǎo de

旅游会话
여행 회화

출국/기내

出国/机内

UNIT 01

중국으로 가는 항공편은 대한항공, 아시아나 항공, 중국국제항공(中国国际航空), 동방항공(东方航空), 남방항공(南方航空) 등이 있으며 같은 도시로 취항하더라도 항공사나 여행사마다 요금이 조금씩 다르므로 사전에 비교해 보면 훨씬 저렴하게 구할 수 있습니다. 중국회사의 항공편을 탑승하였다 하더라도 한국어를 구사할 줄 하는 스튜어디스나 한국인 승무원이 있기 때문에 긴장할 필요는 없습니다. 입국카드를 작성할 때도 성명 등의 내용을 모두 한자로 써도 무방합니다.

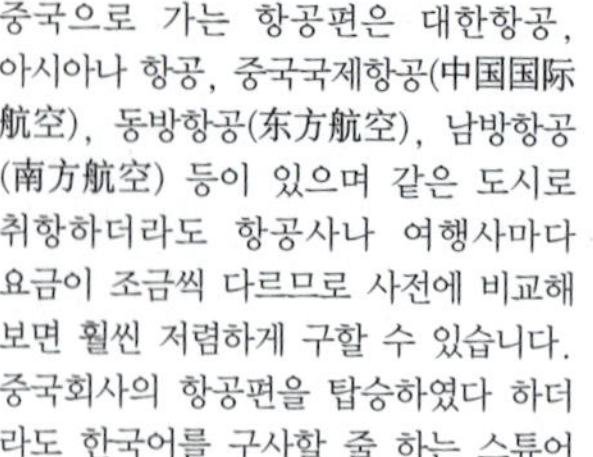

 01-1

좌석을 찾을 때

제 자리는 어디인가요?
我 的 座 位 在 哪 里 ?
Wǒ de zuò wèi zài nǎ li

12B 좌석은 어디입니까?
B12座 在 哪 儿 ?
zuò zài nǎr

제 좌석까지 안내해 주실 수 있습니까?
能 不 能 领 我 到 我 的 座 位 上 ?
Néng bu néng lǐng wǒ dào wǒ de zuò wèi shang

이것은 제 탑승권입니다.
这 是 我 的 登 机 牌 。
Zhè shì wǒ de dēng jī pái

여기는 제 자리인데요.
这 是 我 的 座 位 。
Zhè shì wǒ de zuò wèi

여기에 앉아도 되겠습니까?
可 以 坐 这 儿 吗 ?
Kě yǐ zuò zhèr ma

저와 자리를 바꿔 주시겠습니까?
能 给 我 换 一 下 位 子 吗 ?
Néng gěi wǒ huàn yí xià wèi zi ma

<table>
<tr><td></td><td>A：能给我换一下座位吗？
Néng gěi wǒ huàn yí xià zuò wèi ma
(저와 자리를 바꿔 주시겠습니까?)
B：如果有空位子的话，就可以。
Rú guǒ yǒu kōng wèi zi de huà jiù kě yǐ
(만약 빈자리가 있으면 바꿔 드릴 수 있습니다.)</td></tr>
</table>

저기 빈자리로 옮겨도 되겠습니까?	能到那空位子上吗？ Néng dào nà kòng wèi zi shang ma
잠깐 지나가도 될까요?	能过一下吗？ Néng guò yí xià ma

01-2 기내 서비스를 받을 때

음료는 뭘로 드시겠습니까?	需要什么饮料？ Xū yào shén me yǐn liào
어떤 음료가 있습니까?	有什么饮料？ Yǒu shén me yǐn liào
콜라는 있습니까?	有可乐吗？ Yǒu kě lè ma
맥주 주세요.	请给我啤酒。 Qǐng gěi wǒ pí jiǔ
커피 한 잔 주세요.	请来一杯咖啡。 Qǐng lái yì bēi kā fēi
마시지 않겠습니다. 감사합니다.	我不喝，谢谢。 Wǒ bù hē xiè xie
베개와 담요를 주세요.	请给我枕头和毛毯。 Qǐng gěi wǒ zhěn tóu hé máo tǎn
한국 신문은 있습니까?	有韩国报纸吗？ Yǒu hán guó bào zhǐ ma
화장실은 어디에 있습니까?	洗手间在哪儿？ Xǐ shǒu jiān zài nǎr

A：洗手间在哪儿?
Xǐ shǒu jiān zài   nǎr
(화장실은 어디에 있습니까?)
B：两边都有。那边的已经有人了。
Liǎng biān dōu yǒu   Nà biān de   yǐ jing yǒu rén le
(양쪽에 모두 있습니다. 저쪽은 이미 사람이 있습니다.)

한국어를 아는 스튜어디스가 있습니까?	有没有会韩国语的小姐? Yǒu méi yǒu huì Hán guó yǔ de xiǎo jiě
소고기와 닭고기가 있는데, 어느 것으로 하시겠습니까?	有牛肉和鸡肉，需要什么? Yǒu niú ròu hé jī ròu xū yào shén me
식사는 다 하셨습니까?	用完餐了吗? Yòng wán cān le ma
안전벨트를 매 주세요.	请您系好安全带。 Qǐng nín jì hǎo ān quán dài

01-3 기내 면세품을 구입할 때

기내에서 면세품을 판매합니까?	机内卖免税品吗? Jī nèi mài miǎn shuì pǐn ma
어떤 담배가 있습니까?	有什么烟? Yǒu shén me yān
이것은 있습니까?	有这个吗? Yǒu zhè ge ma
한국 돈을 받습니까?	收韩币吗? Shōu hán bì ma

입국카드를 작성할 때

출입국 신고서를 배부해 드리겠습니다.
给大家分一下出入境登记卡。
Gěi dà jiā fēn yí xià chū rù jìng dēng jì kǎ

이건 입국 카드인데, 기내에서 작성해 주십시오.
这是入境卡，请在飞机上填写好。
Zhè shì rù jìng kǎ　qǐng zài fēi jī shang tián xiě hǎo

이 서류 작성법을 가르쳐 주시겠어요?
能告诉我这个文件怎么做吗？
Néng gào su wǒ zhèr ge wén jiàn zěn me zuò ma

여기에 기록해 주십시오.
请在这儿登记一下。
Qǐng zài zhèr dēng jì yí xià

이렇게 쓰면 되나요?
这样写，可以吗？
Zhè yàng xiě　kě yǐ ma

제가 적은 여권번호가 맞는지 확인 좀 해 주세요.
请您检查一下，我写的护照号码对不对。
Qǐng nín jiǎn chá yí xià　wǒ xiě de hù zhào hào mǎ duì bu duì

비행기표를 주세요.
请将您的飞机票收好。
Qǐng jiāng nín de fēi jī piào shōu hǎo

몸이 불편할 때

비행기 멀미약은 있습니까?
有晕机药吗？
Yǒu yūn jī yào ma

비행기 멀미를 하는데, 토할 것 같아서 괴로워요.
我晕机，很难受，想吐。
Wǒ yūn jī　hěn nán shòu　xiǎng tù

스튜어디스, 두통약 있어요?
小姐，有没有头疼药？
Xiǎo jiě　yǒu méi yǒu tóu téng yào

몸이 좀 불편합니다. 약 좀 주시겠어요?
身体有点不舒服，能给我点药吗？
Shēn tǐ yǒu diǎn bù shū fu　néng gěi wǒ diǎn yào ma

UNIT1 出国/机内

비닐봉지를 주시겠습니까?

请给我一个塑料袋好吗？
Qǐng gěi wǒ yí ge sù liào dài hǎo ma

UNIT1 出国/机内

통과 · 환승할 때

비행은 예정대로 합니까?

是按计划飞行的吗？
Shì àn jì huà fēi xíng de ma

환승 시간에 늦을까 걱정입니다.

我很担心会不会错过换乘时间。
Wǒ hěn dān xīn huì bu huì cuò guo huàn chéng shí jiān

이 공항에서 어느 정도 머뭅니까?

在这个机场停留多长时间？
Zài zhè ge jī chǎng tíng liú duō cháng shí jiān

> A : 在这个机场停留多长时间？
> Zài zhè ge jī chǎng tíng liú duō cháng shí jiān
> (이 공항에서 어느 정도 머뭅니까?)
> B : 按计划停留一个半小时。
> Àn jìhuá tíng liú yí ge bàn xiǎo shí
> (예정대로 한 시간 반 동안 머뭅니다.)

환승 카운터는 어디입니까?

换乘的地方在哪儿？
Huàn chéng de dì fang zài nǎr

환승수속은 어디서 하면 됩니까?

换乘手续在哪儿办？
Huàn chéng shǒu xù zài nǎr bàn

환승시간까지 얼마나 남았습니까?

离换乘时间还有多少分钟？
Lí huàn chéng shí jiān hái yǒu duō shao fēn zhōng

환승은 몇 시부터 시작합니까?

从几点开始换乘？
Cóng jǐ diǎn kāi shī huàn chéng

UNIT1 出国/机内

페리(선박)를 이용할 때

제 선실은 어딘가요?

我的客舱在哪里？
Wǒ de kè cāng zài nǎ li

258

어느 것이 제 침구입니까?

哪些是我的卧具？
Nǎ xiē shì wǒ de wò jù

매점은 어디에 있습니까?

小卖部在哪里？
Xiǎo mài bù zài nǎ li

상하이까지 몇 시간 걸립니까?

到上海要几个小时？
Dào Shàng hǎi yào jǐ ge xiǎo shí

파도는 거칩니까?

浪大吗？
Làng dà ma

A：天气真好，咱们上甲板去吹吹风
Tiān qì zhēn hǎo　zán men shàng jiǎ bǎn qù chuī chui fēng
吧。
ba
(날씨가 좋으니 갑판 위로 가서 바람을 쐽시다.)

B：好象有浪。
Hǎo xiàng yǒu làng
(파도가 치는 것 같습니다.)

A：浪不大。
Làng bú dà
(파도는 거칠지 않습니다.)

날씨는 좋습니까?

天气好吗？
Tiān qì hǎo ma

뱃멀미를 하는데요.

我晕船了。
Wǒ yūn chuán le

토할 것 같습니다.

想吐。
Xiǎng tù

갑판 위에 올라가도 됩니까?

可以上甲板吗？
kě yǐ shàng jiǎ bǎn ma

토할 것 같습니다. 위생봉투 주세요.

我想吐，能给个清洁袋吗？
Wǒ xiǎng tù　néng gěi ge qīng jié dài ma

의무실로 데리고 가 주십시오.

请带我去医务室。
Qǐng dài wǒ qù yī wù shì

승객들 중에 의사가 있습니까?

乘客中有没有医生？
Chéng kè zhōng yǒu méi yǒu yī shēng

입국/공항

入境/机场

UNIT 02

중국 공항에 도착하면 边防检察 (biānfáng jiánchá)에서 입국 수속이 진행됩니다. 여권과 출입국 등록카드(出入境登记卡)를 제출하여 입국의 법적인 확인을 받으면 비자에 스탬프를 찍어 통관시킵니다. 세관신고서(海关申报卡)에 자신의 소지품으로 신고한 카메라, 무비카메라, 녹음기 같은 것 등은 귀국할 때 다시 가지고 와야 하며 현지인에게 선물로 주면 절대 안 됩니다. 고가품이 아닐 경우 신고하지 않아도 됩니다.

입국심사를 받을 때

중국에 오신 걸 환영합니다.
欢迎你来中国。
Huān yíng nǐ lái Zhōng guó

여권 좀 보여 주시겠습니까?
可以出示一下护照吗？
Kě yǐ chū shì yí xià hù zhào ma

입국카드를 한 장 기입해주세요.
请您添一张入境登记卡。
Qǐng nín tiān yì zhāng rù jìng dēng jì kǎ

당신은 어느 나라 사람입니까?
你是哪国人？
Nǐ shì nǎ guó rén

나는 한국인입니다.
我是韩国人。
Wǒ shì Hán guó rén

입국 목적은 무엇입니까?
入国的目的是什么？
Rù guó de mù dì shì shén me

관광입니다.
(是)观光。
Shì guān guāng

사업입니다.
(是)商务。
Shì shāng wù

유학입니다.	(是)留学 Shì liú xué
이번이 몇 번째 중국 방문이죠?	这是你第几次来中国？ Zhè shì nǐ dì jǐ cì lái Zhōng guó
처음 온 거예요.	这是我第一次来。 Zhè shì wǒ dì yì cì lái
얼마나 체류하십니까?	滞留多长时间？ Zhì liú duō cháng shí jiān
북경에 얼마 동안 머물 예정입니까?	你打算在北京停留多久？ Nǐ dǎ suan zài Běi jīng tíng liú duō jiǔ
1주일 체류합니다.	滞留一周。 Zhì liú yì zhōu
한 달간 머물려고 합니다.	我打算停留一个月。 Wǒ dǎ suan tíng liú yí ge yuè
어디에 머무십니까?	在哪儿滞留？ Zài nǎr zhì liú
어느 호텔에 묵으세요?	你住哪个饭店？ Nǐ zhù nǎ ge fàn diàn
북경호텔에 머뭅니다.	在北京宾馆滞留。 Zài Běi jīng bīn guǎn zhì liú
이 호텔에 묵습니다.	我住在这个酒店。 Wǒ zhù zài zhè ge jiǔ diàn
아직 정하지 않았습니다.	还没有决定。 Hái méi yǒu jué dìng
단체여행이라서 잘 모릅니다.	因为是团体旅行，所以不清楚。 Yīn wèi shì tuán tǐ lǚ xíng suǒ yǐ bù qīng chu
언제 출발하세요?	你们什么时候出发？ Nǐ men shén me shí hòu chū fā
돌아가는 항공권은 가지고 계십니까?	有返程机票吗？ Yǒu fǎn chéng jī piào ma

A：有返程机票吗？
Yǒu fǎn chéng jī piào ma
(돌아가는 항공권은 가지고 계십니까?)

B：是的，我有返程机票。
Shì de　Wǒ yǒu fǎn chéng jī piào
(네, 돌아가는 항공권은 가지고 있습니다.)

현금은 얼마나 가지고 있습니까?

带着多少现金呢？
Dài zhe duō shao xiàn jīn ne

800위엔 정도입니다.

八百元左右。
Bā bǎi yuán zuǒ yòu

이 나라는 처음 오신 겁니까?

你第一次来这个国家吗？
Nǐ dì yī cì lái zhè ge guó jiā ma

네, 처음입니다.

是，第一次来。
Shì　dì yī cì lái

됐습니다.

可以了。
Kě yǐ le

 짐을 찾을 때

짐은 어디서 찾습니까?

行李到哪儿取？
Xíng li dào nǎr qǔ

A：行李在哪儿取？
Xíng li zài nǎr qǔ
(짐은 어디서 찾습니까?)

B：从哪儿来的飞机？
Cóng nǎr lái de fēi jī
(어디에서 온 비행기입니까?)

A：韩国仁川。
Hán guó Rén chuān
(한국 인천에서 온 비행기입니다.)

B：十五号。
Shí wǔ hào
(15번입니다.)

저쪽에 짐을 찾는 곳이 있습니다.
那边有取行李的地方。
Nà biān yǒu qǔ xíng li de dì fang

이건 714편 수하물 수령대입니까?
这个行李转动机是七一四号班机。
Zhè ge xíng li zhuǎn dòng jī shì qī yāo sì hào bān jī

714편 짐은 나왔습니까?
七一四号行李出来了吗？
Qī yāo sì hào xíng li chū lái le ma

제 트렁크가 없어졌어요.
我的手提箱不见了。
Wǒ de shǒu tí xiāng bú jiàn le

어째서 내 짐이 보이지 않지?
怎么找不到我的行李？
Zěn me zhǎo bu dào wǒ de xíng li

이게 수화물 확인증입니다.
这是行李单。
Zhè shì xíng li dān

당장 보상해 주세요.
请立刻现在就给予赔偿。
Qǐng lì kè xiàn zài jiù jǐ yǔ péi cháng

 세관을 통과할 때

여권과 신고서를 보여 주십시오.
请出示申报单和护照。
Qǐng chū shì shēn bào dān hé hù zhào

세관신고서는 가지고 계십니까?
有海关申报单吗？
Yǒu hǎi guān shēn bào dān ma

세관신고서는 가지고 있지 않습니다.
没拿海关申报单，
Méi ná hǎi guān shēn bào dān

신고할 것이 있습니까?
有什么要申报的吗？
Yǒu shén me yào shēn bào de ma

더 신고하실 것은 없습니까?
还有要申报的吗？
Hái yǒu yào shēn bào de ma

특별한 것은 없습니다.
没什么特别的。
Méi shén me tè bié de

이런 물품도 신고해야 합니까?	这种物品也需要申报吗？ Zhè zhǒng wù pǐn yě xū yào shēn bào ma
일상용품뿐입니다.	就只有日用品。 Jiù zhǐ yǒu rì yòng pǐn
증명서를 보여 주십시오.	请你给我看一下证明书。 Qǐng nǐ gěi wǒ kàn yí xià zhèng míng shū
이 가방을 열어 주십시오.	请打开这个包。 Qǐng dǎ kāi zhè ge bāo
이 짐을 열어봐도 됩니까?	这个行李能让我打开看看吗？ Zhè ge xíng li néng ràng wǒ dǎ kāi kàn kan ma

> A：这行李能打开让我看看吗？
> Zhè xíng li néng dǎ kāi ràng wǒ kàn kan ma
> (이 짐을 열어봐도 됩니까?)
> B：可以。都是些日用品。
> Kě yǐ　Dōu shì xiē rì yòng pǐn
> (네. 모두 일상용품들입니다.)

안에 무엇이 있습니까?	里面有什么？ Lǐ mian yǒu shén me
이건 뭡니까?	这是什么？ Zhè shì shén me
친구에게 줄 선물입니다.	给朋友的礼物。 Gěi péng you de lǐ wù
이 카메라는 제 개인용입니다.	这照相机是我自己用的。 Zhè zhào xiàng jī shì wǒ zì jǐ yòng de
다른 짐은 있나요?	有其他的行李吗？ Yǒu qí tā de xíng li ma
이건 과세 대상이 됩니다.	这个东西需要交税。 Zhè ge dōng xi xū yào jiāo shuì
과세액은 얼마입니까?	税额是多少？ Shuì è shì duō shao

공항 안내소에서

관광안내소는 어디에 있습니까?
观 光 介 绍 所 在 哪 儿？
Guānguāng jiè shào suǒ zài nǎr

시가지 지도와 안내 책자를 주시 겠어요?
请 给 我 城 市 地 图 和 简 介 。
Qǐng gěi wǒ chéng shì dì tú hé jiǎn jiè

매표소는 어디에 있습니까?
售 票 处 在 哪 里？
Shòu piào chù zài nǎ li

A：**售 票 处 在 哪 里？**
Shòu piào chù zài nǎ li
(매표소는 어디에 있습니까?)
B：**往 前 走 ， 左 拐 。**
Wǎng qián zǒu zuǒ guǎi
(앞으로 가서 왼쪽으로 돌면 됩니다.)

호텔 안내책자가 있습니까?
有 宾 馆 介 绍 吗？
Yǒu bīn guǎn jiè shào ma

여기서 렌터카를 예약할 수 있습 니까?
在 这 里 可 以 租 到 车 吗？
Zài zhè li kě yǐ zū dào chē ma

짐을 운반할 때

포터를 찾고 있습니다.
正 在 找 行 李 员 。
Zhèng zài zhǎo xíng li yuán

포터를 불러 주세요.
请 叫 一 个 行 李 员 来 。
Qǐng jiào yí ge xíng li yuán lái

이 짐을 택시승강장까지 옮겨 주 세요,
请 把 这 行 李 运 到 出 租 车 乘 车 处 。
Qǐng bǎ zhè xíng li yùn dào chū zū chē chéng chē chù

이 짐을 버스정류소까지 옮겨 주 세요.
请 把 这 行 李 运 到 公 共 汽 车 站 。
Qǐng bǎ zhè xíng li yùn dào gōng gòng qì chē zhàn

제가 묵는 호텔로 보내주세요.

请送到我住的饭店。
Qǐng sòng dào wǒ zhù de fàn diàn

카트는 어디에 있습니까?

手推车在哪里？
Shǒu tuī chē zài nǎ li

고맙습니다. 얼마입니까?

谢谢，多少钱？
Xiè xie　duō shao qián

호텔

饭店

UNIT 03

중국에서는 호텔을 지칭하는 이름이 각기 다릅니다. 饭店(fàndiàn), 宾馆(bīnguǎn), 大酒店(dàjiǔdiàn) 등으로 부르며 호텔의 등급은 별이 몇 개인가로 구분됩니다. 별이 다섯 개인 호텔은 五星级(wǔxīngjí)로 최고급 호텔입니다. 예를 들면 北京饭店(Běijīng fàndiàn)은 최고급 호텔 중의 하나인데 이런 호텔에는 환전소, 매점, 이발소, 우체국 등 부대시설이 완벽하게 갖추어져 있습니다.

 03-1

숙박을 예약할 때

오늘 밤 방이 있을까요?

今晚会有房间吗?
Jīn wǎn huì yǒu fáng jiān ma

어떤 방을 원하십니까?

需要什么样的房间?
Xū yào shén me yàng de fáng jiān

A : 需要什么样的房间?
　　Xū yào shén me yàng de fáng jiān
　　(어떤 방을 원하십니까?)

B : 想要个标间。
　　Xiǎng yào ge biāo jiān
　　(일반룸을 원합니다.)

1박에 얼마입니까?

住一宿多少钱?
Zhù yí sù duō shao qián

방을 예약하고 싶은데요.

我想订房间。
Wǒ xiǎng dìng fáng jiān

예약을 취소하고 싶습니다.

我想取消预订。
Wǒ xiǎng qǔ xiāo yù dìng

일반룸이 필요한데요.

我想要一个标间。
Wǒ xiǎng yào yí ge biāo jiān

| 아침식사는 포함됩니까? | 包括早餐吗？
Bāo guà zǎo cān ma |
| 더 싼 방은 없습니까? | 有没有更便宜的房间？
Yǒu méi yǒu gèng bián yi de fáng jiān |

체크인할 때

빈 방 있나요?	有没有空房？ Yǒu méi yǒu kòng fáng
말씀 좀 묻겠습니다, 빈 방 있습니까?	请问，有没有空的房间？ Qǐng wèn yǒu méi yǒu kòng de fáng jiān
예약은 하셨습니까?	您预约了吗？ Nín yù yuē le ma
예약했습니다.	预约了。 Yù yuē le

A：我订了你们这儿的房间。
Wǒ dìng le nǐ men zhèr de fáng jiān
(저는 이 호텔의 방을 예약했습니다.)

B：以什么名字订的？
Yǐ shén me míng zi dìng de
(누구 이름으로 예약했습니까?)

A：姚远明。在韩国预订的。
Yáo Yuǎn míng Zài Hán guó yù dìng de
(야오위엔밍으로 한국에서 예약했습니다.)

B：请等一下儿。
Qǐng děng yí xiàr
(잠시만 기다려 주십시오.)

확인서는 여기 있습니다.	确认书在这里。 Què rèn shū zài zhè li
예약은 한국에서 했습니다.	在韩国预约的。 Zài Hán guó yù yuē de
아직 예약을 하지 않았습니다.	还没有预约。 Hái méi yǒu yù yuē

체크인하고 싶습니다.	我想开房。 Wǒ xiǎng kāi fáng
성함을 말씀해 주십시오.	请说姓名。 Qǐng shuō xìng míng
하루 묵는 데 얼마죠?	住一天多少钱？ Zhù yì tiān duō shao qián
며칠 묵으실 겁니까?	您要住几天？ Nín yào zhù jǐ tiān
하루 묵는 데 500위엔입니다.	住一天，五百块钱。 Zhù yì tiān wǔ bǎi kuài qián
숙박 쿠폰을 가지고 있습니다.	住宿券在我手里。 Zhù sù quàn zài wǒ shǒu li
어떤 종류의 방을 원하세요?	你们要哪种房间？ Nǐ men yào nǎ zhǒng fáng jiān
스위트룸을 원해요.	我要一个套间。 Wǒ yào yí ge tào jiān
조용한 방으로 부탁합니다.	请给我个安静的房间。 Qǐng gěi wǒ ge ān jìng de fáng jiān

> A：请给我个安静点儿的房间。
> Qǐng gěi wǒ ge ān jìng diǎnr de fáng jiān
> (좀 조용한 방으로 부탁합니다.)
> B：好，没问题。
> Hǎo méi wèn tí
> (네, 알겠습니다.)

전망이 좋은 방으로 부탁합니다.	请给我个能看风景的房间。 Qǐng gěi wǒ ge néng kàn fēng jǐng de fáng jiān
1인실을 원하세요, 2인실을 원하세요?	你要单人房，还是双人房？ Nǐ yào dān rén fáng hái shi shuāng rén fáng
죄송합니다, 방이 모두 찼습니다.	很抱歉，房间客满了。 Hěn bào qiàn fáng jiān kè mǎn le
누구 이름으로 예약하셨습니까?	您用什么名字预定的？ Nín yòng shén me míng zi yù dìng de

방을 확인할 때

방을 좀 보여 주세요.

请给我看一下房间。
Qǐng gěi wǒ kàn yí xià fáng jiān

> A : 请给我看一下房间，可以吗？
> Qǐng gěi wǒ kàn yí xià fáng jiān　kě yǐ ma
> (방을 좀 보여 주실 수 있나요?)
>
> B : 可以，请你跟我来。
> Kě yǐ　qǐng nǐ gēn wǒ lái
> (네, 저를 따라 오세요.)

좀더 큰 방은 없습니까?

有更大一点的房间吗？
Yǒu gèng dà yì diǎn de fáng jiān ma

좀더 좋은 방은 없습니까?

有没有更好的房间？
Yǒu méi yǒu gèng hǎo de fáng jiān

이 방으로 하겠습니다.

就住这个房间吧。
Jiù zhù zhè ge fáng jiān ba

숙박카드에 기입해 주십시오.

请记录到住宿卡里。
Qǐng jì lù dào zhù sù kǎ lǐ

방 열쇠입니다.

这是房间钥匙。
Zhè shì fáng jiān yào shi

귀중품을 보관해 주시겠어요?

可以保管贵重物品吗？
Kě yǐ bǎo guǎn guì zhòng wù pǐn ma

종업원이 방으로 안내해 드리겠습니다.

服务员会带您到房间的。
Fú wù yuán huì dài nín dào fáng jiān de

짐을 방까지 옮겨 주겠어요?

能把行李搬到房间去吗？
Néng bǎ xíng li bān dào fáng jiān qù ma

여기가 손님방입니다.

这就是客人的房间。
Zhè jiù shì kè rén de fáng jiān

03-4 룸서비스를 이용할 때

룸서비스 부탁합니다.

请叫房间服务员。
Qǐng jiào fáng jiān fú wù yuán

내일 아침 8시에 아침을 먹고 싶은데요.

我想明天早上八点钟吃早餐。
Wǒ xiǎng míng tiān zǎo shàng bā diǎn zhōng chī zǎo cān

여기는 1234호실입니다.

这里是一二三四房间。
Zhè li shì yāo èr sān sì fáng jiān

도와주시겠어요?

能帮忙吗?
Néng bāng máng ma

A : 能帮个忙吗? 把行李拿一二三四
Néng bāng ge máng ma   Bǎ xíng li ná yāo èr sān sì
房间去。
fáng jiān qù
(도와주시겠어요? 짐을 1234호실로 옮겨 주세요.)

B : 知道了。 没问题。
Zhī dao le   Méi wèn tí
(알겠습니다. 걱정 마세요.)

얼마나 걸립니까?

需要多长时间?
Xū yào duō cháng shí jiān

따뜻한 마실 물이 필요한데요.

要开水。
Yào kāi shuǐ

마사지 부탁합니다.

请给我要个按摩。
Qǐng gěi wǒ yào ge àn mó

식당 예약 좀 해 주시겠어요?

请帮我预定个位子。
Qǐng bāng wǒ yù dìng ge wèi zi

03-5 모닝콜과 전화를 할 때

모닝콜 부탁합니다.

需要叫早。
Xū yào jiào zǎo

몇 시에 해 드릴까요?

几 点 钟？
Jǐ diǎn zhōng

7시에 부탁합니다.

七 点 钟。
Qī diǎn zhōng

방 번호를 말씀하십시오.

请 告 诉 我 您 的 房 间 号。
Qǐng gào su wǒ nín de fáng jiān hào

한국으로 전화를 하고 싶은데요.

我 想 往 韩 国 打 电 话。
Wǒ xiǎng wǎng Hán guó dǎ diàn huà

말씀 좀 묻겠는데요, 장거리 전화는 어떻게 걸죠?

请 问， 长 途 电 话 怎 么 打？
Qǐng wèn cháng tú diàn huà zěn me dǎ

저는 국제전화를 걸려고 하는데요.

我 要 打 国 际 电 话。
Wǒ yào dǎ guó jì diàn huà

컬렉트 콜(수신자 부담)로 해 주세요

我 要 对 方 附 款。
Wǒ yào duì fāng fù kuǎn

룸서비스가 들어올 때

누구십니까?

您 是 谁？
Nín shì shéi

잠시 기다리세요.

请 稍 等。
Qǐng shāo děng

들어오세요.

请 进。
Qǐng jìn

이건 팁입니다.

这 是 小 费。
Zhè shì xiǎo fèi

숙박 시설을 이용할 때

자판기는 있습니까?

有自动售货机吗？
Yǒu zì dòng shòu huò jī ma

A：**有自动售货机吗？**
Yǒu zì dòng shòu huò jī ma
(자판기는 있습니까?)

B：**有，在大堂电梯旁。**
Yǒu zài dà táng diàn tī páng
(네, 홀 엘리베이터 옆에 있습니다.)

식당은 어디에 있습니까?

餐厅在哪儿？
Cān tīng zài nǎr

아침식사는 어디서 합니까?

请问，在哪儿吃早餐？
Qǐng wèn zài nǎr chī zǎo cān

몇 시까지 영업합니까?

营业到几点？
Yíng yè dào jǐ diǎn

테니스 코트는 있습니까?

有网球场吗？
Yǒu wǎng qiú chǎng ma

바는 언제까지 합니까?

酒吧营业到几点？
Jiǔ bā yíng yè dào jǐ diǎn

커피숍은 어디에 있습니까?

咖啡厅在哪儿？
Kā fēi tīng zài nǎr

노래는 어디서 부를 수 있나요?

在哪儿可以唱歌？
Zài nǎr kě yǐ chàng gē

이메일을 체크하고 싶은데요.

我想查看一下我的电子邮件。
Wǒ xiǎng chá kàn yí xià wǒ de diàn zǐ yóu jiàn

팩스는 있습니까?

有传真机吗？
Yǒu chuán zhēn jī ma

A：**有传真机吗？**
Yǒu chuán zhēn jī ma
(팩스는 있습니까?)

B：这儿没有，您得去二层的商务中
Zhèr méi yǒu nín děi qù èr céng de shāng wù zhōng

心，那儿有。
xīn nàr yǒu

(여기는 없습니다. 2층 비즈니스 센터로 가셔야 합니다. 거기에 있습니다.)

여기서 관광버스 표를 살 수 있습니까?

在这里可以买观光车票吗？
Zài zhè li kě yǐ mǎi guān guāng chē piào ma

미용실은 어디입니까?

美容院在哪儿？
Měi róng yuàn zài nǎr

숙박표와 함께 계산해 주세요.

请一起算到房费里。
Qǐng yì qǐ suàn dào fáng fèi li

708호실 방 열쇠 주세요.

请给我七零八号的钥匙。
Qǐng gěi wǒ qī líng bā hào de yào shi

방으로 들어갈 수 없을 때

열쇠가 잠겨 있어 방에 들어갈 수 없습니다.

房门锁着进不去。
Fáng mén suǒ zhe jìn bu qù

열쇠를 방에 두고 나왔습니다.

钥匙落在房里了。
Yào shi là zài fáng li le

카드키는 어떻게 사용합니까?

钥匙卡怎么用？
Yào shi kǎ zěn me yòng

열쇠를 잃어버렸어요.

我把钥匙弄丢了。
Wǒ bǎ yào shi nòng diū le

방 번호를 잊어버렸습니다.

忘了房间号码。
Wàng le fáng jiān hào mǎ

복도에 이상한 사람이 있습니다.

走廊有奇怪的人。
Zǒu láng yǒu qí guài de rén

숙박 이용에 문제가 있을 때

무슨 문제라도 있어요?	有什么问题吗？ Yǒu shén me wèn tí ma
방이 왜 이리 어둡죠?	房间怎么这么黑？ Fáng jiān zěn me zhè me hēi
옆방이 무척 시끄럽습니다.	隔壁房间太吵了。 Gé bì fáng jiān tài chǎo le
시끄러워 잠을 잘 수 없습니다.	太吵了，睡不着觉。 Tài chǎo le shuì bu zháo jiào
다른 방으로 바꿔 주시겠어요?	请给我换别的房间。 Qǐng gěi wǒ huàn bié de fáng jiān
물이 샙니다.	漏水。 Lòu shuǐ
뜨거운 물이 나오지 않는데요.	不出热水。 Bù chū rè shuǐ
화장실 물이 잘 나오지 않습니다.	洗手间水流不好。 Xǐ shǒu jiān shuǐ liú bu hǎo
수도꼭지가 고장났습니다.	水龙头出故障了。 Shuǐ lóng tóu chū gù zhàng le
빨리 고쳐 수세요.	请快帮我修一下。 Qǐng kuài bāng wǒ xiū yí xià
방 청소가 아직 안 되었습니다.	房间还没有打扫。 Fáng jiān hái méi yǒu dǎ sǎo
에어컨이 고장입니다.	空调坏了。 Kōng tiáo huài le
타월을 바꿔 주세요	请给我换条毛巾。 Qǐng gěi wǒ huàn tiáo máo jīn
텔레비전 화면이 나오지 않습니다.	电视机不出画面。 Diàn shì jī bù chū huà miàn

A：电视机不出画面，能不能来人给
Diàn shì jī bù chū huà miàn　　néng bu néng lái rén gěi

看一下儿。
kàn yí xiàr

(텔레비전 화면이 나오지 않습니다. 사람을 보내
점검해 주세요.)

B：知道了，我们马上派人去。
Zhī dao le　　wǒ men mǎ shàng pài rén qù

(알겠습니다, 즉시 사람을 보내겠습니다.)

03-10

체크아웃을 준비할 때

체크아웃은 몇 시입니까?

退房是几点？
Tuì fáng shì jǐ diǎn

체크아웃 시간은 몇 시까지입니까?

退房截止时间是几点？
Tuì fáng jié zhǐ shí jiān shì jǐ diǎn

몇 시에 떠나실 겁니까?

几点钟离开？
Jǐ diǎn zhōng lí kāi

하룻밤 더 묵고 싶은데요.

想再住一晚。
Xiǎng zài zhù yì wǎn

하루 일찍 떠나고 싶은데요.

想提前一天离开。
Xiǎng tí qián yì tiān lí kāi

오전까지 방을 쓸 수 있나요?

房间可以用到上午吗？
Fáng jiān kě yǐ yòng dào shàng wǔ ma

오전 10시에 택시를 불러 주세요.

上午十点钟请帮我叫辆出租车。
Shàng wǔ shí diǎn zhōng qǐng bāng wǒ jiào liàng chū zū chē

차를 한 대 불러주십시오.

请给我叫一辆车。
Qǐng gěi wǒ jiào yí liàng chē

03-11

체크아웃 할 때

제 짐을 좀 가지고 내려와 주세요.

请你把我的行李搬下来。
Qǐng nǐ bǎ wǒ de xíng li bān xià lái

체크아웃을 하고 싶은데요.

我想退房。
Wǒ xiǎng tuì fáng

지금 체크아웃을 하겠습니다.

我现在就退房。
Wǒ xiàn zài jiù tuì fáng

몇 호실입니까?

多少号房间？
Duō shao hào fáng jiān

1234호실 왕용리입니다.

我是一二三四号房间的王勇力。
Wǒ shì yāo èr sān sì hào fáng jiān de Wáng Yǒng lì

열쇠를 주시겠습니까?

麻烦您交出钥匙。
Má fan nín jiāo chū yào shi

포터를 보내 주세요.

请给我叫一下行李员。
Qǐng gěi wǒ jiào yí xià xíng li yuán

맡긴 귀중품을 주세요.

请给我寄存的贵重物品。
Qǐng gěi wǒ jì cún de guì zhòng wù pǐn

(출발할 때까지) 짐을 맡아 주시겠어요?

能给我保管一下行李吗？
Néng gěi wǒ bǎo guǎn yí xià xíng li ma

A : 能帮我保管一下行李吗？
Néng bāng wǒ bǎo guǎn yí xià xíng li ma
(짐을 맡아 주시겠어요?)

B : 可以。请您拿出贵重物品来。这
Kě yǐ Qǐng nín ná chū guì zhòng wù pǐn lái zhè
是行李卡，取行李时交给我。
shì xíng li kǎ qǔ xíng li shí jiāo gěi wǒ
(네. 귀중품은 꺼내십시오. 이것은 짐 카드이오니
찾으실 때 저에게 주십시오.)

깜빡하고 방에 물건을 두고 나왔습니다.

我把东西忘在房间里了。
Wǒ bǎ dōng xi wàng zài fáng jiān li le

숙박비를 계산할 때

계산을 부탁합니다.	请结帐。 Qǐng jié zhàng
신용카드도 됩니까?	刷卡可以吗？ Shuā kǎ kě yǐ ma
여행자수표도 됩니까?	旅行支票可以吗？ Lǚ xíng zhǐ piào kě yǐ ma
가능합니다. 여기에 사인을 해 주십시오.	可以，请您在这儿签字。 Kě yǐ qǐng nín zài zhèr qiān zì
전부 포함된 겁니까?	全包括在内了吗？ Quán bāo kuò zài nèi le ma
이것은 무슨 비용입니까?	这是什么费用？ Zhè shì shén me fèi yòng
아침 식사가 포함된 가격인가요?	价格包括早餐吗？ Jià gé bāo guà zǎo cān ma
이 항목들을 설명해 주실 수 있습니까?	能给我解释一下这些收费项目吗？ Néng gěi wǒ jiě shì yí xià zhè xiē shōu fèi xiàng mù ma
계산이 틀린 것 같은데요.	好像计算错了。 Hǎo xiàng jì suàn cuò le
고맙습니다. 즐겁게 보냈습니다.	谢谢！我过得很好。 Xiè xie Wǒ guò de hěn hǎo

278

餐厅

UNIT 04

중국 사람들이 식사를 하는 광경은 왁자지껄합니다. 워낙 먹는 것을 즐기는 민족이다 보니 먹는 장소가 가장 즐거운 곳이 됩니다. 열심히 요리를 즐기면서 이야기꽃을 피우며 충분한 시간을 가지고 즐기는 편입니다. 한국인은 깨끗하고 점잖게 먹어야 예의인 줄 알지만 그들은 최대한 난장판(?)이 되도록 먹어야 주인에 대한 예의로 생각합니다. 그래서 식사가 끝난 뒤 탁자를 보면 마치 큰 소동이 벌어진 것 같습니다.

식당을 찾을 때

이 근처에 특별히 맛있는 음식점이 있습니까?

这附近有特别好吃的饭馆吗？
Zhè fù jìn yǒu tè bié hǎo chī de fàn guǎn ma

이곳에 한국 식당은 있습니까?

这里有韩国餐厅吗？
Zhè li yǒu Hán guó cān tīng ma

A : 这里有韩国餐厅吗？
Zhè li yǒu Hán guó cān tīng ma
(이곳에 한국 식당은 있습니까?)

B : 有在顶层。
Yǒu zài dǐng céng
(꼭대기 층에 있습니다.)

이 부근엔 식당이 없어요.

这附近没有餐厅。
Zhè fù jìn méi yǒu cān tīng

이곳에서 유명한 음식은 뭐죠?

这个地方有名的菜是什么？
Zhè ge dì fang yǒu míng de cài shì shén me

이 지방의 명물요리를 먹고 싶은데요.

我想吃这地方的特色菜。
Wǒ xiǎng chī zhè dì fang de tè sè cài

맛있는 음식점이 있으면 가르쳐 주세요.	如果有不错的餐厅请告诉我。 Rú guǒ yǒu bú cuò de cān tīng qǐng gào su wǒ
싸고 맛있는 가게는 있습니까?	有既便宜又好吃的店铺吗？ Yǒu jì pián yi yòu hǎo chī de diàn pù ma
가볍게 식사를 하고 싶은데요.	想随便吃点东西。 Xiǎng suí biàn chī diǎn dōng xi
어디 특별히 정해 둔 곳이라도 있어요?	你有想好的地方吗？ Nǐ yǒu xiǎng hǎo de dì fang ma
이 시간에 문을 연 가게는 있습니까?	这个时候有营业的店吗？ Zhè ge shí hou yǒu yíng yè de diàn ma
이 식당은 어디에 있습니까?	这个饭店在哪儿？ Zhè ge fàn diàn zài nǎr
이 지도 어디에 있습니까?	在这个地图的哪个位置？ Zài zhè ge dì tú de nǎ ge wèi zhì
걸어서 갈 수 있습니까?	能走着去吗？ Néng zǒu zhe qù ma

A：能走着去吗？
Néng zǒu zhe qù ma
（걸어서 갈 수 있습니까?）
B：可以。大约要走十五分钟吧。
Kě yǐ Dà yuē yào zǒu shí wǔ fēn zhōng ba
（가능합니다. 약 15분 정도 걸어 가시면 됩니다.）

몇 시부터 엽니까?	从几点开始？ Cóng jǐ diǎn kāi shǐ
조용한 분위기의 레스토랑이 좋겠습니다.	喜欢安静的餐厅。 Xǐ huan ān jìng de cān tīng
붐비는 레스토랑이 좋겠습니다.	喜欢热闹的餐厅。 Xǐ huan rè nào de cān tīng
식당이 많은 곳은 어디입니까?	什么地方餐厅比较多？ Shén me dì fang cān tīng bǐ jiào duō

이곳 사람들이 많이 가는 식당이 있습니까?

有没有本地人常去的餐厅？
Yǒu méi yǒu běn dì rén cháng qù de cān tīng

04-2

식당을 예약할 때

예약하려는데 빈 방 있습니까?

我要预定，有包间吗？
Wǒ yào yù dìng yǒu bāo jiān ma

> A : 我要预订个包间，有吗？
> Wǒ yào yù dìng ge bāo jiān yǒu ma
> (예약하려는데 빈 방 있습니까?)
>
> B : 什么时候的？
> Shén me shí hou de
> (언제로 예약하고자 하십니까?)
>
> A : 今天晚上。
> Jīn tiān wǎn shàng
> (오늘 저녁으로요.)

예약이 필요한가요?

需要预定吗？
Xū yào yù dìng ma

그 레스토랑을 예약해 주세요.

请给我预约一下那个餐厅。
Qǐng gěi wǒ yù yuē yí xià nà ge cān tīng

여기서 예약할 수 있나요?

在这里可以预约吗？
Zài zhè li kě yǐ yù yuē ma

오늘밤 예약하고 싶은데요.

想预约今天晚上的。
Xiǎng yù yuē jīn tiān wǎn shàng de

손님은 몇 분이십니까?

几位客人？
Jǐ wèi kè rén

오후 6시 반에 다섯명이 갑니다.

下午六点半去五名。
Xià wǔ liù diǎn bàn qù wǔ míng

같이 앉을 수 있는 자리로 해 주세요.

我希望全体坐在一起。
Wǒ xī wàng quán tǐ zuò zài yì qǐ

281

거기는 어떻게 갑니까?
那儿怎么去？
Nàr zěn me qù

빈 방이 있습니까?
有包间吗？
Yǒu bāo jiān ma

큰방을 예약하고 싶은데요.
想预订个大单间。
Xiǎng yù dìng ge dà dān jiān

몇 시가 좋으시겠습니까?
几点钟好？
Jǐ diǎn zhōng hǎo

몇 시면 자리가 납니까?
几点钟出位子？
Jǐ diǎn zhōng chū wèi zi

복장에 제한이 있습니까?
服装有规定吗？
Fú zhuāng yǒu guī dìng ma

금연석으로 부탁합니다.
我想定一个禁烟席的位子。
Wǒ xiǎng dìng yí ge jìn yān xí de wèi zi

미안합니다. 예약을 취소하고 싶습니다.
对不起，我想取消预定。
Duì bu qǐ wǒ xiǎng qǔ xiāo yù dìng

식당 입구에서

어서 오세요, 들어오십시오.
欢迎光临，请进。
Huān yíng guāng lín qǐng jìn

안녕하세요. 예약은 하셨습니까?
您好，预约了吗？
Nín hǎo yù yuē le ma

6시에 예약한 미스터 장입니다.
六点钟预订的张先生。
Liù diǎn zhōng yù dìng de Zhāng xiān sheng

예약을 하지 않았습니다.
没有预约。
Méi yǒu yù yuē

몇 분이십니까?
几位？
Jǐ wèi

저를 따라 오시겠어요?
跟我来，好不好？
Gēn wǒ lái hǎo bu hǎo

지금은 자리가 다 찼는데요.	现在满桌了。 Xiàn zài mǎn zhuō le
안내해 드릴 때까지 기다려 주십시오.	请稍等，一会儿会有人来招呼您的。 Qǐng shāo děng yí huìr huì yǒu rén lái zhāo hu nín de
얼마나 기다려야 하죠?	要等多久？ Yào děng duō jiǔ

> A：要等多久？
> Yào děng duō jiǔ
> (얼마나 기다려야 하죠?)
>
> B：前边还有两桌客人，估计还要等
> Qián biān hái yǒu liǎng zhuō kè rén gū jì hái yào děng
> 二十分钟吧。
> èr shí fēn zhōng ba
> (앞에 두 테이블의 손님이 남아 있으니 아마 20분
> 정도 기다리셔야 할겁니다.)

| 조용한 안쪽 자리로 부탁합니다. | 请给我靠里面的安静点儿的位子。
Qǐng gěi wǒ kào lǐ mian de ān jìng diǎnr de wèi zi |
| 금연석을 부탁합니다. | 我要禁烟席。
Wǒ yào jìn yān xí |

메뉴에 대해서

종업원, 메뉴판 좀 갖다 주세요.	服务员，拿菜单来。 Fú wù yuán ná cài dān lái
메뉴판 여기 있습니다.	菜单在这里。 Cài dān zài zhè li
메뉴 좀 보여 주세요	请给我看看菜单。 Qǐng gěi wǒ kàn kan cài dān
한국어로 된 메뉴가 있습니까?	有韩国语菜单吗？ Yǒu Hán guó yǔ cài dān ma
주문하시겠습니까?	您点菜吗？ Nín diǎn cài ma

주문하시겠습니까?	有这儿的特色菜吗？ Yǒu zhèr de tè sè cài ma
이곳의 명물요리가 있습니까?	有没有本地的特色菜？ Yǒu méi yǒu běn dì de tè sè cài
몇 가지 좀 추천해 주시겠어요?	你给推荐几个吧？ Nǐ gěi tuī jiàn jǐ ge ba
이곳의 대표(간판)요리는 무엇입니까?	你们店有什么招牌菜？ Nǐ men diàn yǒu shén me zhāo pái cài
주방장 특별추천 요리 몇 가지를 부탁합니다.	你们店厨师的拿手菜推荐几样来。 Nǐ men diàn chú shī de ná shǒu cài tuī jiàn jǐ yàng lái
나중에 다시 올래요?	请您过会儿再来，好吗？ Qǐng nín guò huìr zài lái hǎo ma

> A：我们先看看，请你过会儿再来好
> Wǒ men xiān kàn kan　　qǐng nǐ guò huìr zài lái hǎo
> 吗？
> ma
> (우리가 먼저 알아 볼 테니 나중에 다시 올래요?)
> B：可以。
> Kě yǐ
> (알겠습니다.)

| 여기에서 제일 잘하는 요리는 무엇입니까? | 你们这儿拿手菜是什么？
Nǐ men zhèr ná shǒu cài shì shén me |
| 어떤 요리인지 설명해 주시겠어요? | 能介绍一下这道菜吗？
Néng jiè shào yí xià zhè dào cài ma |

음식을 주문할 때

| 웨이터, 주문 받아요. | 服务员，点菜。
Fú wù yuán diǎn cài |

이 요리는 이름이 뭐죠?	这个菜叫什么名字？ Zhè ge cài jiào shén me míng zi
이 요리는 매운가요?	这菜辣不辣？ Zhè cài là bu là
이것은 무슨 요리입니까?	这是什么菜？ Zhè shì shén me cài
여기서 잘하는 요리는 무엇입니까?	这里的拿手好菜是什么？ Zhè li de ná shǒu hǎo cài shì shén me
오늘 특별 요리는 무엇입니까?	今天的特别料理是什么？ Jīn tiān de tè bié liào lǐ shì shén me
이것으로 부탁합니다.	我要点这个。 Wǒ yào diǎn zhè ge
북경오리구이 하나 주세요.	来一只北京烤鸭吧。 Lái yì zhī Běi jīng kǎo yā ba
저도 같은 것으로 주세요.	也请给我一样的。 Yě qǐng gěi wǒ yí yàng de
빨리 되는 것이 있습니까?	有快一点的吗？ Yǒu kuài yì diǎn de ma
저것과 같은 요리를 주시겠어요?	能给我和那个一样的菜吗？ Néng gěi wǒ hé nà ge yí yàng de cài ma
저분들이 먹고 있는 건 뭡니까?	他们吃的是什么？ Tā men chī de shì shén me
종업원, 오리구이 한 마리 주세요.	服务员，给我们一只烤鸭。 Fú wù yuán gěi wǒ men yì zhī kǎo yā
잠시 후에 주문을 받으시겠습니까?	稍后点菜可以吗？ Shāo hòu diǎn cài kě yǐ ma

04-6

음식을 주문 받을 때

주문하시겠습니까?	点什么菜？ Diǎn shén me cài

	A : 有什么忌口吗? Yǒu shén me jì kǒu ma (가리는 것이 있나요?) B : 少油，别太咸了。别放味精。别 Shǎo yóu bié tài xián liǎo Bié fàng wèi jīng Bié 放香菜。 fàng xiāng cài (기름은 적게 하고 짜지 않게 해 주세요. 화학 조미료는 넣지 마세요. 향채[고수]도 넣지 마세요.)
술은 무엇으로 하시겠습니까?	点什么酒？ Diǎn shén me jiǔ
밥을 드시겠어요, 아니면 빵을 드시겠어요?	你要吃饭，还是吃面包？ Nǐ yào chī fàn hái shi chī miàn bāo
다른 주문은 없으십니까?	还需要别的菜吗？ Hái xū yào bié de cài ma
디저트는 어떻게 하시겠습니까?	甜点心想要点儿什么? Tián diǎn xīn xiǎng yào diǎnr shén me
	A : 需要不需要点儿饮料？ Xū yào bu xū yào diǎnr yǐn liào (음료가 필요하신가요?) B : 饭后上点儿水果来。 Fàn hòu shàng diǎnr shuǐ guǒ lái (식사 후 과일을 주세요.)

주문을 바꾸거나 취소할 때

이건 주문하지 않았는데요.	没点这个菜。 Méi diǎn zhè ge cài
주문을 확인해 주실래요?	能确认一下点的菜吗？ Néng què rèn yí xià diǎn de cài ma
주문을 취소하고 싶은데요.	想取消一下点的菜。 Xiǎng qǔ xiāo yí xià diǎn de cài

286

방금 주문한 요리 좀 바꿔도 되겠습니까?	能换一下刚点的菜吗? Néng huàn yí xià gāng diǎn de cài ma
주문을 좀 바꿔도 되겠습니까?	换个菜好吗? Huàn ge cài hǎo ma
컵이 더럽습니다.	杯子脏了。 Bēi zi zāng le
새것으로 바꿔 주세요.	请给我换新的。 Qǐng gěi wǒ huàn xīn de

주문에 문제가 있을 때

| 주문한 게 아직 안 나왔습니다. | 点的菜还没出来。
Diǎn de cài hái méi chū lái |

> A : 点的菜还没出来，怎么回事?
> Diǎn de cài hái méi chū lái　　zěn me huí shì
> 你去给催催去。
> Nǐ qù gěi cuī cui qù
> (주문한 게 아직 안 나왔는데, 어떻게 된 일이지요?
> 가서 좀 재촉해 주세요.)
> B : 好的。您等一下。
> Hǎo de　　　Nín děng yí xià
> (알겠습니다. 잠시만 기다려 주세요.)

얼마나 더 기다려야 합니까?	还得等多长时间? Hái děi děng duō cháng shí jiān
아직도 시간이 많이 걸립니까?	还得等很长时间吗? Hái děi děng hěn cháng shí jiān ma
조금 서둘러 주겠어요?	能快点吗? Néng kuài diǎn ma
벌써 30분이나 기다리고 있습니다.	都已经等三十分钟了。 Dōu yǐ jing děng sān shí fēn zhōng le
커피를 두 잔 부탁했는데요.	要了两杯咖啡。 Yào le liǎng bēi kā fēi

음식을 먹을 때

먹는 법을 가르쳐 주시겠어요?

能告诉我怎么吃吗？
Néng gào su wǒ zěn me chī ma

이건 어떻게 먹으면 됩니까?

这个怎么吃？
Zhè ge zěn me chī

이게 무슨 술인가요? 맛이 아주
좋은데요.

这是什么酒？口感特别好。
Zhè shì shén me jiǔ　Kǒu gǎn tè bié hǎo

요리 재료는 뭡니까?

这道菜的原料是什么？
Zhè dào cài de yuán liào shì shén me

빵을 좀 더 주세요.

请再给我加点面包。
Qǐng zài gěi wǒ jiā diǎn miàn bāo

디저트 메뉴 있습니까?

有甜点单子吗？
Yǒu tián diǎn dān zi ma

A：有甜点单子吗？
Yǒu tián diǎn dān zi ma
（디저트 메뉴 있습니까?）
B：在最后一页上呢。
Zài zuì hòu yí yè shang ne
（제일 마지막 페이지에 있습니다.）

적포도주 있습니까?

有红葡萄酒吗？
Yǒu hóng pú táo jiǔ ma

당분이 없는 적포도주 밖에 없습
니다.

只有干红。
Zhǐ yǒu gān hóng

물 한 잔 주세요.

请给我一杯水。
Qǐng gěi wǒ yì bēi shuǐ

소금 좀 갖다 주시겠어요?

能给我点盐吗？
Néng gěi wǒ diǎn yán ma

젓가락을 떨어뜨렸습니다.

筷子掉在地上了。
Kuài zi diào zài dì shang le

좀 바꿔 주세요.

请换一下吧。
Qǐng huàn yí xià ba

추가로 부탁합니다.

请再加点。
Qǐng zài jiā diǎn

음식이 다 식겠어요, 우리 먹으면서 이야기합시다.

菜都快凉了，我们一边吃一边谈吧。
Cài dōu kuài liáng le　　wǒ men yì biān chī yì biān tán ba

이 탕은 다 식었어요, 좀 데워 주세요.

这汤凉了，给加热一下儿吧。
Zhè tāng liáng le　　gěi jiā rè yí xiàr ba

냅킨 있나요?

有没有餐巾纸？
Yǒu méi yǒu cān jīn zhǐ

요리에 문제가 있을 때

오늘은 음식이 별로네요.

今天没有什么菜。
Jīn tiān méi yǒu shén me cài

이건 먹을 수가 없어요.

这个不能吃。
Zhè ge bù néng chī

수프에 뭔가 들어 있어요.

汤里有什么东西。
Tāng li yǒu shén me dōng xi

요리가 덜 익은 것 같네요.

菜没熟。
Cài méi shú

주문하신 요리가 입맛에 맞는지 모르겠네요.

点的菜不知合不合你的口味。
Diǎn de cài bù zhī hé bu hé nǐ de kǒu wèi

이 스테이크는 너무 구워졌어요.

牛排烤得太过了。
Niú pái kǎo de tài guò le

맛이 이상해요.

一股怪味儿。
Yì gǔ guài wèir

너무 많아서 다 먹을 수 없습니다.

太多了，吃不完。
Tài duō le　　chī bu wán

디저트에 대해서

디저트 주세요.

请上点心。
Qǐng shàng diǎn xīn

디저트는 맨 나중에 주세요.

点心请最后上。
Diǎn xīn qǐng zuì hòu shàng

디저트는 뭐가 있나요?

餐后甜品有什么？
Cān hòu tián pǐn yǒu shén me

아뇨, 괜찮습니다.

不，谢谢。
Bù xiè xie

식사를 마칠 때

이걸 치워주시겠어요?

能收拾一下这个吗？
Néng shōu shi yí xià zhè ge ma

치워주시겠어요?

撤一下好吗？
Chè yí xià hǎo ma

접시를 바꿔주세요.

换个碟子。
Huàn ge dié zi

맛은 어떻습니까?

味道怎么样？
Wèi dao zěn me yàng

맛있는데요!

很好吃。
Hěn hǎo chī

담배를 피워도 되겠습니까?

可以抽烟吗？
Kě yǐ chōu yān ma

담배를 피우십니까?

请问您吸烟吗？
Qǐng wèn nín xī yān ma
▶ 종업원이 손님에게 묻는 말

흡연석에 앉아 주십시오.

请您坐吸烟区去吧。
Qǐng nín zuò xī yān qū qù ba

A：服务员，烟灰缸！
Fú wù yuán　　yān huī gāng
(여기요, 재떨이 좀 주세요!)

B：先生，这里是禁烟区，请您坐吸
Xiān sheng　zhè li shì jìn yān qū　qǐng nín zuò xī

烟区去吸烟吧！
yān qū qù xī yān ba
(손님, 여기는 금연구역이오니 흡연구역으로 가셔서 피우세요!)

04-13 지불방법을 말할 때

계산 부탁합니다.

请结帐。
Qǐng jié zhàng

영수증 주세요.

请开发票。
Qǐng kāi fā piào

어디서 계산하나요?

在哪儿付钱？
Zài　nǎr　fù qián

따로 계산하고 싶은데요.

想分开支付。
Xiǎng fēn kāi zhī fù

오늘은 제가 모두 내겠습니다.

今天的帐都让我来付吧。
Jīn tiān de zhàng dōu ràng wǒ lái fù ba

팁이 포함되어 있습니까?

包含小费吗？
Bāo hán xiǎo fèi ma

제가 내겠습니다.

我付。
Wǒ　fù

각자 계산하기로 합시다(더치페이로 합시다).

我们各付各的吧。
Wǒ men gè fù gè de ba

신용카드 되나요?

信用卡可以吗？
Xìn yòng kǎ kě yǐ ma

可以刷卡吗？
Kě yǐ shuā kǎ ma

291

현금으로 낼게요.

我付现金。
Wǒ fù xiàn jīn

음식값을 계산할 때

계산해 주세요.

请给我算帐。
Qǐng gěi wǒ suàn zhàng

각자 계산합니다.

各付各的。
Gè fù gè de

전부 얼마입니까?

加起来一共多少钱？
Jiā qǐ lái yí gòng duō shao qián

이 요금은 무엇입니까?

这个费用是什么？
Zhè ge fèi yòng shì shén me

A : 这个费用是什么？
Zhè ge fèi yòng shì shén me
(이 요금은 무엇입니까?)

B : 我也不太清楚，我去给您问一下。
Wǒ yě bú tài qīng chu　wǒ qù gěi nín wèn yí xià
(저도 잘 모르겠네요. 제가 가서 알아보겠습니다.)

(계산이) 틀린 것 같습니다.

好象不对。
Hǎo xiàng bú duì

봉사료는 포함되어 있습니까?

服务费包含在内吗？
Fú wù fèi bāo hán zài nèi ma

영수증 주세요.

请给我收据。
Qǐng gěi wǒ shōu jù

거스름돈이 틀린 것 같은데요.

零钱好象找错了。
Líng qián hǎo xiàng zhǎo cuò　le

패스트푸드를 먹을 때

이 근처에 패스트푸드점이 있습니까?

这附近有快餐店吗？
Zhè fù jìn yǒu kuài cān diàn ma

A : 这附近有快餐店吗？
Zhè fù jìn yǒu kuài cān diàn ma
(이 근처에 패스트푸드점이 있습니까?)

B : 前边有家赛百味。
Qián bian yǒu jiā Sài bǎi wèi
(앞에 서브웨이가 있습니다.)

햄버거하고 커피 주시겠어요?

请给我个汉堡和咖啡。
Qǐng gěi wǒ ge hàn bǎo hé kā fēi

겨자를 많이 발라 주세요.

请多给我抹点芥末。
Qǐng duō gěi wǒ mǒ diǎn jiè mò

샌드위치 하나 주세요.

我要一个三明治。
Wǒ yào yí ge sān míng zhì

어디서 주문합니까?

在哪儿定餐？
Zài nǎr dìng cān

2번 세트로 주세요.

请给我二号套餐。
Qǐng gěi wǒ èr hào tào cān

사이즈가 어떻게 되세요?

请问要多大尺码的？
Qǐng wèn yào duō dà chǐ mǎ de

L사이즈를 주세요.

请给我L号的。
Qǐng gěi wǒ hào de

마요네즈를 바르시겠습니까?

需要抹蛋黄酱吗？
Xū yào mǒ dàn huáng jiàng ma

됐습니다.

不用了。
Bú yòng le

이것으로 주세요.

请给我这个。
Qǐng gěi wǒ zhè ge

핫도그 주세요.	请给我热狗。 Qǐng gěi wǒ rè gǒu
케첩 주세요.	请给我蕃茄酱。 Qǐng gěi wǒ fān qié jiàng
이것을 샌드위치에 넣어 주세요.	请把这个放进三明治里。 Qǐng bǎ zhè ge fàng jìn sān míng zhì li
시간이 없으니까, 점심에는 패스트푸드를 먹자.	没时间了，中午就吃快餐吧。 Méi shí jiān le zhōng wǔ jiù chī kuài cān ba
(음식이) 다 나왔습니다.	您的齐了。 Nín de qí le
	齐了。 Qí le
여기서 드시겠습니까, 아니면 가지고 가실 겁니까?	在这里吃还是带走？ Zài zhè li chī hái shi dài zǒu
여기서 먹겠습니다.	在这里吃。 Zài zhè li chī
가지고 갈 거예요.	带走。 Dài zǒu
이 자리에 앉아도 되겠습니까?	这儿有人坐吗？ Zhèr yǒu rén zuò ma
	这儿能坐吗？ Zhèr néng zuò ma

음료를 마실 때

마실 것은 어떤 것으로 하시겠습니까?	上什么饮料呢？ Shàng shén me yǐn liào ne
무엇을 드시겠습니까?	要喝点什么吗？ Yào hē diǎn shén me ma

지금 커피를 가져다 드릴까요?

现在上咖啡吗?
Xiàn zài shàng kā fēi ma

무엇을 드시겠습니까? 커피요 아니면 홍차요?

请问需要点儿什么？咖啡还是红茶？
Qǐng wèn xū yào diǎnr shén me　Kā fēi hái shi hóng chá

커피로 하겠습니다.

要咖啡。
Yào kā fēi

커피는 어떻게 해 드릴까요?

要什么样咖啡？
Yào shén me yàng kā fēi

A : 要什么样的咖啡？
Yào shén me yàng de kā fēi
(커피는 어떻게 해 드릴까요?)

B : 普通的，不要加奶。
Pǔ tōng de　bú yào jiā nǎi
(보통으로, 크림은 넣지 말고요.)

크림과 각설탕을 넣어 주세요.

加点奶油和方糖。
Jiā diǎn nǎi yóu hé fāng táng

问路

UNIT 05

어느 나라를 여행하건 교통수단을 이용할 때 어디서 어떻게 교통수단을 이용해야 할지 몰라 종종 당황하는 경우가 있습니다. 다행히 그 도시의 안내지도가 있어 길잡이로 삼으면 그나마 다행이지만 그렇지 못할 경우는 사람들에게 물어보는 방법밖에 없습니다. 여행자는 길에서 묻는 대화를 꼭 익혀두어야 합니다. 참고로 주변에 공중전화가 있으면 110에 전화하여 도움을 청할 수도 있습니다.

05-1

길을 물을 때

여기는 어디에 있습니까?	这个地方在哪里？ Zhè ge dì fang zài nǎ li
실례합니다. 잠깐 여쭙겠습니다.	对不起，请问一下。 Duì bu qǐ qǐng wèn yí xià
말씀 좀 묻겠습니다, 북경대학은 어디에 있죠?	请问，北京大学在哪儿？ Qǐng wèn Běi jīng dà xué zài nǎr
백화점은 어디에 있습니까?	百货商店在哪里？ Bǎi huò shāng diàn zài nǎ li
여기는 무슨 거리입니까?	这是什么街？ Zhè shì shén me jiē
박물관은 어떻게 가면 됩니까?	博物馆怎么走？ Bó wù guǎn zěn me zǒu
역은 어떻게 갑니까?	车站怎么走？ Chē zhàn zěn me zǒu
버스 정류장은 어디 있나요?	公共汽车站在哪儿？ Gōng gòng qì chē zhàn zài nǎr

거기에 가려면 택시를 탈 수밖에 없나요?

去那儿只能打的去吗？
Qù nàr zhǐ néng dǎ dí qù ma

정거장까지 가는 길을 가르쳐 주세요.

麻烦你告诉我到车站怎么走。
Má fan nǐ gào su wǒ dào chē zhàn zěn me zǒu

이 근처에 지하철이 있습니까?

这附近有地铁吗？
Zhè fù jìn yǒu dì tiě ma

우리가 있는 곳은 지도의 어디인가요?

我们在地图的什么地方？
Wǒ men zài dì tú de shén me dì fang

지도에 표시해 주시겠습니까?

能在地图上标一下吗？
Néng zài dì tú shang biāo yí xià ma

물어볼게요, 여기서 차를 갈아타나요?

打听一下，在这儿换车吗？
Dǎ tīng yí xià zài zhèr huàn chē ma

이 근처에 야시장이 있나요?

这儿附近有没有夜市？
Zhèr fù jìn yǒu méi yǒu yè shì

그러면 제가 데리고 갈게요.

那我带你去吧。
Nà wǒ dài nǐ qù ba

좋아요, 안내해 주세요.

好，你带路。
Hǎo nǐ dài lù

어디서 오셨습니까?

您从哪儿来？
Nín cóng nǎr lái

한국에서 왔어요.

我是从韩国来的。
Wǒ shì cóng Hán guó lái de

중국에는 언제 오셨어요?

您什么时候来的中国？
Nín shén me shí hou lái de Zhōng guó

시간과 거리를 물을 때

거기까지 가는 데 어느 정도 시간이 걸립니까?

到那里得多长时间？
Dào nà li děi duō cháng shí jiān

걸어서 몇 분 걸립니까?

走着去要花几分钟？
Zǒu zhe qù yào huā jǐ fēn zhōng

대략 40분 정도 걸려요.

大概需要四十分钟左右。
Dà gài xū yào sì shí fēn zhōng zuǒ yòu

여기서 가깝습니까?

离这里近吗？
Lí zhè li jìn ma

여기서 멉니까?

离这里远吗？
Lí zhè li yuǎn ma

그리 멀지 않아요.

不太远。
Bú tài yuǎn

아주 가까워요.

很近。
Hěn jìn

말씀 좀 묻겠습니다, 여기서 공항이 멉니까?

请问，机场离这儿远不远？
Qǐng wèn jī chǎng lí zhèr yuǎn bu yuǎn

거기까지 걸어서 갈 수 있습니까?

那儿能走着去吗？
Nàr néng zǒu zhe qù ma

A : 那儿能走着去吗？
Nàr néng zǒu zhe qù ma
（거기까지 걸어서 갈 수 있습니까?）

B : 可以是可以，不过有点儿远。
Kě yǐ shì kě yǐ bú guò yǒu diǎnr yuǎn
（갈 수는 있습니다만, 좀 멀어요.）

걷기에는 꽤 멉니다.

走着太远了。
Zǒu zhe tài yuǎn le

북경역까지 얼마나 걸려요?

到北京站需要多长时间？
Dào Běi jīng zhàn xū yào duō cháng shí jiān

왕복 몇 시간 걸리죠?	来回需要几个小时？ Lái huí xū yào jǐ ge xiǎo shí
거기까지 버스로 갈 수 있습니까?	到那里能坐公共汽车吗？ Dào nà li néng zuò gōng gòng qì chē ma

길을 알려 줄 때

곧장 가십시오.	请一直往前走。 Qǐng yì zhí wǎng qián zǒu
곧장 걸어가면 바로 있어요.	一直走，就到了。 Yì zhí zǒu jiù dào le
오른쪽에 보일 겁니다.	会在你右边看到的。 Huì zài nǐ yòu biān kàn dào de
저기서 우회전하세요.	在那里往右拐。 Zài nà li wǎng yòu guǎi
저도 마침 같은 방향으로 가는 중입니다.	我正好和你同路。 Wǒ zhèng hǎo hé nǐ tóng lù
차를 타고 가는 게 제일 좋아요.	你最好坐车去。 Nǐ zuì hǎo zuò chē qù
가로수 길을 따라 걸어가세요.	沿着这街旁的树走。 Yán zháo zhè jiē páng de shù zǒu
곧장 걸어가면, 바로 은행이에요.	一直走，就到银行了。 Yī zhí zǒu jiù dào yín háng le
지도로 알려 드릴게요.	我在地图上指给你。 Wǒ zài dì tú shàng zhǐ gěi nǐ
뭔가 표지가 될만한 게 있습니까?	有没有什么标志性的东西吗？ Yǒu méi yǒu shén me biāo zhì xìng de dōng xī ma
이 근처에 있는 것 같은데요.	好像就在这附近。 Hǎo xiàng jiù zài zhè fù jìn

<table>
<tr><td>

A：请问，这附近有没有厕所？
Qǐng wèn　zhè fù jìn yǒu méi yǒu cè suǒ

(말씀 좀 묻겠습니다. 이 근처에 화장실이 있습니까?)

B：有。好像就在这附近。你再去问问别人吧！
Yǒu　Hǎo xiàng jiù zài zhè fù jìn　Nǐ zài qù wèn wèn bié rén ba

(있습니다. 이 근처에 있는 것 같은데요. 다른 사람에게 다시 좀 물어보세요!)

</td></tr>
</table>

자신도 길을 모를 때

저는 여행하러 왔어요.	我是来旅行的。 Wǒ shì lái lǚ xíng de
저도 잘 모릅니다.	我也不清楚。 Wǒ yě bù qīng chu
다른 사람에게 물어보십시오.	请问别人吧。 Qǐng wèn bié rén ba
지도를 가지고 있습니까?	有地图吗？ Yǒu dì tú ma

길을 잃었을 때

좀 도와주세요.	请你帮帮忙吧。 Qǐng nǐ bāng bang máng ba
길을 잃었습니다.	我迷路了。 Wǒ mí lù le
길을 잘못 드셨습니다.	你走错路了。 Nǐ zǒu cuò lù le
어디에 갑니까?	去哪里？ Qù nǎ li

이 길이 아닙니까?

不是这条路吗？
Bú shì zhè tiáo lù ma

친절을 베풀어 주셔서 감사합니다.

谢谢你的热情关照。
Xiè xie nǐ de rè qíng guān zhào

교통이용

交通用途

UNIT 06

넓은 국토와 다양한 지형을 소유하고 있는 중국에는 철도가 거미줄처럼 깔려 있습니다. 중국 사람들은 대부분 철도를 이용합니다. 시간이 많이 걸리지만 요금이 싸기 때문에 비용을 줄이려면 열차를 이용하는 것도 괜찮습니다. 아니면 버스노선도 한 장을 펼쳐 들고 돌아다니면 충분히 값싼 시내 관광을 할 수 있습니다. 시내버스에는 차장이 있으며 버스에 오를 때 차장에게 차비를 내고 차표를 받아 두었다가 내릴 때 차장에게 주면 됩니다. 하지만 점점 우리와 마찬가지로 무인승차나 카드승차 하는 버스가 많아지고 있습니다.

06-1

택시타기 전에

택시정류장은 어디에 있습니까?

出租车站在哪里？
Chū zū chē zhàn zài nǎ li

어디서 택시를 탈 수 있습니까?

在哪儿能坐出租车？
Zài nǎr néng zuò chū zū chē

어디서 당신을 기다리면 됩니까?

在哪儿等您？
Zài nǎr děng nín

A：**在哪儿等您？**
Zài nǎr děng nín
(어디서 당신을 기다리면 됩니까?)

B：**停车场。 到了以后给我来个电话。**
Tíng chē chǎng　Dào le yǐ hòu gěi wǒ lái ge diàn huà
(주차장에서요. 도착한 후 저에게 전화하세요.)

택시를 잡읍시다.

打个出租车吧。
Dǎ ge chū zū chē ba

택시!

出租车！
Chū zū chē

택시를 탈 때

가장 가까운 길로 가 주세요.
请走最近的路。
Qǐng zǒu zuì jìn de lù

우리 모두 탈 수 있습니까?
我们都能坐下吗?
Wǒ men dōu néng zuò xià ma

트렁크를 열어 주시겠어요?
请打开后备箱。
Qǐng dǎ kāi hòu bèi xiāng

짐을 좀 조심해서 다뤄 주세요.
搬行李请小心点。
Bān xíng li qǐng xiǎo xīn diǎn

이 주소로 가 주세요.
请到这个地址去。
Qǐng dào zhè ge dì zhǐ qù

서둘러 주시겠어요?
可以快点吗?
Kě yǐ kuài diǎn ma

A : 可以快点吗?
Kě yǐ kuài diǎn ma
(서둘러 주시겠어요?)

B : 尽量吧!
Jǐn liàng ba
(최선을 다하겠습니다.)

좀 천천히 가 주세요.
请再慢一点。
Qǐng zài màn yì diǎn

택시에서 내릴 때

어기서 세워 주세요,
请在这里停车。
Qǐng zài zhè li tíng chē

길 옆으로 차 좀 세워 주시겠어요?
靠边儿停一下好吗?
Kào biānr tíng yí xià hǎo ma

다음 신호등에서 세워 주세요.
请在下一个信号灯停下。
Qǐng zài xià yí ge xìn hào dēng tíng xià

좀더 앞으로 가주세요.	**请再往前走一点。** Qǐng zài wǎng qián zǒu yì diǎn
여기서 기다려 주시겠어요?	**请你在这里等我。** Qǐng nǐ zài zhè li děng wǒ
얼마입니까?	**多少钱？** Duō shǎo qián
거스름돈은 됐습니다.	**零钱不用找了。** Líng qián bú yòng zhǎo le

시내 · 시외버스를 탈 때

여기서 공항버스 타는 거, 맞죠?	**在这儿坐机场巴士，对吧？** Zài zhèr zuò jī chǎng bā shì duì ba
표는 어디서 살 수 있습니까?	**车票在哪儿买？** Chē piào zài nǎr mǎi
어디서 버스 노선도를 얻을 수 있습니까?	**在哪里可以弄到公共汽车路线图？** Zài nǎ li kě yǐ nòng dào gōng gòng qì chē lù xiàn tú
몇 번 버스를 타면 됩니까?	**要坐几路公共汽车？** Yào zuò jǐ lù gōng gòng qì chē
미술관 갑니까?	**去美术馆吗？** Qù měi shù guǎn ma
갈아타야 합니까?	**需要换车吗？** Xū yào huàn chē ma
여기서 내려요.	**在这里下车。** zài zhè li xià chē
버스 터미널은 어디에 있습니까?	**终点站在哪里？** Zhōng diǎn zhàn zài nǎ li
매표소는 어디에 있습니까?	**售票处在哪儿？** Shòu piào chù zài nǎr

상해 가는 표 두 장 주세요.

请给我两张到上海的车票。
Qǐng gěi wǒ liǎng zhāng dào Shàng hǎi de chē piào

거기에 가는 직행버스는 있나요?

有直达的公共汽车吗？
Yǒu zhí dá de gōng gòng qì chē ma

몇 분 간격으로 옵니까?

几分钟一趟车？
Jǐ fēn zhōng yí tàng chē

> A：几分钟一趟车？
> Jǐ fēn zhōng yí tàng chē
> (몇 분 간격으로 옵니까?)
>
> B：说不准。有时五分钟一趟，有时
> Shuō bù zhǔn Yǒu shí wǔ fēn zhōng yí tàng yǒu shí
> 十分钟一趟。
> shí fēn zhōng yí tàng
> (확실하게 말하기 어렵습니다. 어떤 때에는 5분에
> 한 대오고, 어떤 때에는 10분에 한 대 옵니다.)

도착하면 알려 주세요.

到了，请告诉我。
Dào le qǐng gào su wǒ

관광버스를 탈 때

상해를 유람하는 투어가 있습니까?

有游览上海的观光团吗？
Yǒu yóu lǎn Shàng hǎi de guān guāng tuán ma

여기서 예약할 수 있나요?

在这里可以预定吗？
Zài zhè li kě yǐ yù dìng ma

버스는 어디서 기다립니까?

在哪儿等公共汽车？
Zài nǎr děng gōng gòng qì chē

몇 시에 돌아옵니까?

几点钟回来？
Jǐ diǎn zhōng huí lái

투어는 몇 시에 어디서 출발합니까?

观光团几点在哪儿出发？
Guān guāng tuán jǐ diǎn zài nǎr chū fā

호텔까지 데리러 옵니까?

到宾馆来接吗？
Dào bīn guǎn lái jiē ma

지하철역에서

지하철 노선도를 주시겠습니까?

请给我地铁路线图。
Qǐng gěi wǒ dì tiě lù xiàn tú

이 근처에 지하철역이 있습니까?

这附近有地铁站吗？
Zhè fù jìn yǒu dì tiě zhàn ma

표는 어디서 삽니까?

在哪里买票？
Zài nǎ li mǎi piào

자동발권기는 어디에 있습니까?

自动售票机在哪里？
Zì dòng shòu piào jī zài nǎ li

공원으로 가려면 어느 출구로 나가면 됩니까?

请问去公园要从哪个出口出去？
Qǐng wèn qù gōng yuán yào cóng nǎ ge chū kǒu chū qù

동쪽 출구로 나가세요.

请从东面的出口出去。
Qǐng cóng dōng miàn de chū kǒu chū qù

여기서 교통카드를 팝니까?

这儿卖交通卡吗？
Zhèr mài jiāo tōng qiǎ ma

A : 哪儿卖交通卡？
Nǎr mài jiāo tōng qiǎ
(어디서 교통카드를 팝니까?)

B : 一般地铁站售票处都有。
Yì bān dì tiě zhàn shòu piào chù dōu yǒu
(보통 지하철 매표소에는 모두 있습니다.)

A : 充值呢？
Chōng zhí ne
(충전은요?)

B : 那儿也管充值。
Nàr yě guǎn chōng zhí
(거기에서도 충전을 합니다.)

20위안 충전해 주세요.

请充二十块。
Qǐng chōng èr shí kuài

06-7 지하철을 탔을 때

어디서 갈아탑니까?
在 哪 儿 换 乘？
Zài nǎr huàn chéng

이 차는 고궁에 갑니까?
这 趟 车 到 故 宫 吗？
Zhè tàng chē dào Gù gōng ma

건국문은 몇 번째 역입니까?
建 国 门 是 第 几 站？
Jiàn guó mén shì dì jǐ zhàn

다음 역은 어디입니까?
下 一 站 是 哪 里？
Xià yí zhàn shì nǎ li

이 지하철은 북경역에 섭니까?
这 趟 地 铁 在 北 京 站 停 吗？
Zhè tàng dì tiě zài Běi jīng zhàn tíng ma

이 노선의 종점은 어디입니까?
这 条 线 的 终 点 是 哪 儿？
Zhè tiáo xiàn de zhōng diǎn shì nǎr

지금 어디 근처입니까?
现 在 在 什 么 地 方 附 近？
Xiàn zài zài shén me dì fang fù jìn

표를 잃어버렸습니다.
票 弄 丢 了。
Piào nòng diū le

A：票 弄 丢 了。
Piào nòng diū le
(표를 잃어버렸습니다.)

B：那 得 补 票。
Nà děi bǔ piào
(그러면 다시 표를 사야 합니다.)

06-8 열차표를 구입할 때

매표소는 어디에 있습니까?
售 票 处 在 哪 儿？
Shòu piào chù zài nǎr

기차표를 살 수 있을까요?
你 说，买 得 到 火 车 票 吗？
Nǐ shuō mǎi de dào huǒ chē piào ma

상해 가는 편도표 주세요.	请给我到上海的单程票。 Qǐng gěi wǒ dào Shàng hǎi de dān chéng piào
9시 급행표 주세요.	请给我九点钟的快车票。 Qǐng gěi wǒ jiǔ diǎn zhōng de kuài chē piào
예약 창구는 어디입니까?	预约窗口在哪里？ Yù yuē chuāng kǒu zài nǎ li
기차를 타는 게 비교적 안전해요.	你坐火车比较安全。 Nǐ zuò huǒ chē bǐ jiào ān quán
일등석 한 장 주세요.	我要一张软席票。 Wǒ yào yì zhāng ruǎn xí piào
침대칸 두 장 주세요.	我要两张卧铺车票。 Wǒ yào liǎng zhāng wò pū chē piào
좀더 이른 열차는 없습니까?	没有更早一点的吗？ Méi yǒu gèng zǎo yì diǎn de ma
급행열차는 없습니까?	没有快车吗？ Méi yǒu kuài chē ma
어디서 갈아탑니까?	在哪儿换乘？ Zài nǎr huàn chéng
표를 살 수가 없어요.	买不到车票。 Mǎi bu dào chē piào
여기서 상해까지 가려면, 시간이 얼마나 걸리죠?	从这儿到上海去，需要多长时间？ Cóng zhèr dào Shàng hǎi qù xū yào duō cháng shí jiān
왕복표는 한 장에 얼마예요?	往返票多少钱一张？ Wǎng fǎn piào duō shǎo qián yì zhāng
편도표는 한 장에 얼마예요?	一张单程票多少钱？ Yì zhāng dān chéng piào duō shǎo qián

열차를 탈 때

3번 플랫폼은 어디입니까?	三号站台在哪里？ Sān hào zhàn tái zài nǎ li

상해행 열차는 어디서 탑니까?

到上海的火车在哪儿上车？
Dào Shàng hǎi de huǒ chē zài nǎr shàng chē

A : 到上海的火车在哪儿上车？
Dào Shàng hǎi de huǒ chē zài nǎr shàng chē
(상해행 열차는 어디서 탑니까?)

B : 二楼候车室。
Èr lóu hòu chē shì
(2층 대합실에서요.)

이건 상해행입니다.

这是到上海的。
Zhè shì dào Shàng hǎi de

이 열차 맞습니까?

是这趟火车吗？
Shì zhè tàng huǒ chē ma

이 열차는 예정대로 출발합니까?

火车准时出发吗？
Huǒ chē zhǔn shí chū fā ma

도중에 내릴 수 있습니까?

在半道可以下车吗？
zài bàn dào kě yǐ xià chē ma

열차 안에서

06-10

여기는 제 자리입니다.

这是我的座位。
Zhè shì wǒ de zuò wèi

이 자리는 비어 있나요?

这个位子是空的吗？
Zhè ge wèi zǐ shì kòng de ma

창문을 열어도 되겠습니까?

可以打开窗户吗？
Kě yǐ dǎ kāi chuāng hu ma

식당차는 어디에 있습니까?

餐车在几号车厢？
Cān chē zài jǐ hào chē xiāng

A : 餐车在几号车厢？
Cān chē zài jǐ hào chē xiāng
(식당차는 어디에 있습니까?)

B : 十号。 (10호 차에 있습니다.)
Shí hào

| 도와 드릴까요 | 要帮忙吗？
Yào bāng máng ma |

| 상해까지 몇 시간 걸립니까? | 到上海要多长时间？
Dào Shàng hǎi yào duō cháng shí jiān |

| 표를 보여 주십시오 | 我能看您的票吗？
Wǒ néng kàn nín de piào ma |

| 네, 여기 있습니다. | 是，在这里。
Shì zài zhè li |

| 잠시 기다려 주십시오. | 请稍等一下。
Qǐng shāo děng yí xià |

| 여기는 무슨 역입니까? | 这是什么站？
Zhè shì shén me zhàn |

| 다음 역은 어디입니까? | 下站是哪里？
Xià zhàn shì nǎ li |

| 상해에서는 며칠 머무를 계획이세요? | 你打算在上海住几天？
Nǐ dǎ suan zài Shàng hǎi zhù jǐ tiān |

| 이번 여행은 누구와 함께 가세요? | 这次旅行跟谁一起去？
Zhè cì lǚ xíng gēn shéi yì qǐ qù |

열차에서 일이 생겼을 때

| 표를 잃어버렸습니다. | 票弄丢了。
Piào nòng diū le |

| 어디에서 탔습니까? | 您在哪里上车的？
Nín zài nǎ li shàng chē de |

> A : 您在哪里上的车？
> Nín zài nǎ li shàng de chē
> (어디에서 탔습니까?)
> B : 前一站。
> Qián yí zhàn
> (바로 앞 정류장에서요.)

내릴 역을 지나쳤습니다.
我坐过站了。
Wǒ zuò guò zhàn le

실수로 미리 내렸습니다.
提前下车了。
Tí qián xià chē le

이 표는 아직 유효합니까?
票还有效吗？
Piào hái yǒu xiào ma

국내선 항공권을 예약할 때

비행기 예약을 부탁합니다.
请给我预订一张飞机票。
Qǐng gěi wǒ yù dìng yì zhāng fēi jī piào

A：**请给我预订一张飞机票？**
Qǐng gěi wǒ yù dìng yì zhāng fēi jī piào
(비행기 예약을 부탁합니다.)

B：**去哪儿的？ 什么时候的？**
Qù nǎr de Shén me shí hòu de
(어디로 가십니까? 언제 가시나요?)

일찍 가는 비행기로 부탁합니다.
请给我订早班飞机。
Qǐng gěi wǒ dìng zǎo bān fēi jī

성함과 편명을 말씀하십시오.
请告诉我姓名和班机号。
Qǐng gào su wǒ xìng míng hé bān jī hào

출발시간을 확인하고 싶은데요.
想确认一下出发时间。
Xiǎng què rèn yí xià chū fā shí jiān

국내선 항공기 체크인과 탑승

지금 체크인할 수 있습니까?
现在可以办登机手续吗？
Xiàn zài kě yǐ bàn dēng jī shǒu xù ma

항공권은 가지고 계십니까?
有飞机票吗？
Yǒu fēi jī piào ma

311

항공권은 가지고 계십니까?	拿着飞机票呢吗？ Ná zhe fēi jī piào ne ma
통로 쪽으로 부탁합니다.	要靠通道的。 Yào kào tōng dào de
창가 쪽으로 부탁합니다.	要靠窗户的。 Yào kào chuāng hu de
이 짐은 기내로 가지고 갑니다.	这件行李拿到机内。 Zhè jiàn xíng li ná dào jī nèi
이 짐 하나만 부칠 겁니다.	只托这一件行李。 Zhǐ tuō zhè yí jiàn xíng li
이 짐은 직접 갖고 타겠습니다.	这件行李随身的。 Zhè jiàn xíng li suí shēn de
몇 번 출구로 나가면 됩니까?	要从几号出口出去？ Yào cóng jǐ hào chū kǒu chū qù
비행은 예정대로 출발합니까?	飞机按时起飞吗？ Fēi jī àn shí qǐ fēi ma
이 짐 맡길게요.	我想寄存行李。 Wǒ xiǎng jì cún xíng li
탑승이 시작되었나요?	开始登机了吗？ Kāi shǐ dēng jī le ma
탑승 카드를 제시해주세요.	请出示登机牌。 Qǐng chū shì dēng jī pái

운전

开车

UNIT 07

중국은 사람도 많고 차도 많아서 그렇게 보이는 것인지도 모르겠지만 중국의 사회질서 가운데 특히 문제가 많은 것이 바로 교통질서입니다. 북경이든 상해든 사람들은 주요 간선도로에서도 예사로 무단횡단을 일삼으며 자전거는 더 말할 것도 없으며 차들도 아무데서나 유턴을 하거나 역주행을 합니다. 또한 매년 1,100만 명의 초보운전자들이 충분한 교육 없이 도로로 나오고 있으며 중국 고속도로에서의 치사율은 세계 최고수준을 기록하고 있습니다.

07-1

자동차를 빌릴 때

어디에서 차를 빌릴 수 있나요?

租车的地方在哪里？
Zū chē de dì fang zài nǎ li

어디에서 차를 빌릴 수 있나요?

在哪儿可以租赁车？
Zài nǎr kě yǐ zū lìn chē

이미 예약을 했는데요.

我已经预订了。
Wǒ yǐ jing yù dìng le

얼마나 렌트할 생각이세요?

要租多长时间？
Yào zū duō cháng shí jiān

일주일 정도입니다.

一周左右。
Yì zhōu zuǒ yòu

이것은 제 국제운전면허증입니다.

这是我的国际驾照。
Zhè shì wǒ de guó jì jià zhào

차종을 고를 때

어떤 차가 있습니까?

都有什么车？
Dōu yǒu shén me chē

어떤 차가 있는지 좀 보여 주시겠어요?

请给我看一下都有什么车。
Qǐng gěi wǒ kàn yí xià dōu yǒu shén me chē

어떤 차가 좋으시겠습니까?

喜欢什么样式的车？
Xǐ huan shén me yàng shì de chē

A : 喜欢什么样式的车？
Xǐ huan shén me yàng shì de chē
(어떤 차가 좋으시겠습니까?)

B : 我喜欢吉普车。
Wǒ xǐ huan jí pǔ chē
(지프차를 좋아합니다.)

중형차를 빌리고 싶은데요.

想租辆中型车。
Xiǎng zū liàng zhōng xíng chē

오토매틱밖에 운전하지 못합니다.

只会开自动档车。
Zhǐ huì kāi zì dòng dàng chē

不要手动档。
Bú yào shǒu dòng dàng

렌터카 요금과 보험을 물을 때

미리 지불해야 합니까?

需要先付钱吗？
Xū yào xiān fù qián ma

보증금은 얼마입니까?

押金是多少？
Yā jīn shì duō shao

1주일간 요금은 얼마입니까?

一周的费用是多少？
Yì zhōu de fèi yòng shì duō shao

| 그 요금에 보험은 포함되어 있습니까? | 费用包括保险吗？
Fèi yòng bāo kuò bǎo xiǎn ma |
| 종합보험에 가입해 주십시오. | 请加入综合保险。
Qǐng jiā rù zōng hé bǎo xiǎn |

차를 운전하면서

긴급연락처를 알려 주시겠어요?	请告诉我紧急联络地址。 Qǐng gào su wǒ jǐn jí lián luò dì zhǐ
도로노선도를 주시겠습니까?	请给我路线图。 Qǐng gěi wǒ lù xiàn tú
안전벨트를 매세요.	请系上安全带。 Qǐng xì shàng ān quán dài
에어컨 좀 켜 주세요.	请开一下空调。 Qǐng kāi yí xià kōng tiáo
속도 좀 줄이세요.	请慢一点。 Qǐng màn yì diǎn
출퇴근 시간은 항상 이래요?	上下班时间总是这样吗？ Shàng xià bān shí jiān zǒng shì zhè yàng ma
우측 차선으로 들어가세요.	切换到右边车道。 Qiè huàn dào yòu biān chē dào
상해는 어느 길로 가면 됩니까?	去上海要走哪条路？ Qù Shàng hǎi yào zǒu nǎ tiáo lù
직진입니까, 아니면 좌회전입니까?	一直走，还是往左拐？ Yì zhí zǒu hái shi wǎng zuǒ guǎi
	一直走，还是靠左边走？ Yì zhí zǒu hái shi kào zuǒ biān zǒu
상해까지 몇 킬로미터입니까?	到上海多少公里？ Dào Shàng hǎi duō shao gōng li

차로 상해는 얼마나 걸립니까?

坐车到上海多长时间？
Zuò chē dào Shàng hǎi duō cháng shí jiān

가장 가까운 교차로는 어디입니까?

最近的十字路口在哪里？
Zuì jìn de shí zì lù kǒu zài nǎ li

07-5 주유 · 주차 · 세차할 때

이 근처에 주유소가 있습니까?

这附近有加油站吗？
Zhè fù jìn yǒu jiā yóu zhàn ma

가득 넣어 주세요.

请加满。
Qǐng jiā mǎn

> A：加多少？
> Jiā duō shao
> (얼마나 넣을까요?)
>
> B：加满！
> Jiā mǎn
> (가득 넣어 주세요.)

선불입니까, 후불입니까?

先付钱还是后付钱？
Xiān fù qián hái shi hòu fù qián

여기에 주차해도 됩니까?

可以在这里停车吗？
Kě yǐ zài zhè li tíng chē ma

주차장이 어디에 있습니까?

停车场在哪里？
Tíng chē chǎng zài nǎ li

여기는 무료 주차장입니다.

这里是免费停车场。
Zhè li shì miǎn fèi tíng chē chǎng

길가에 주차해도 됩니까?

路边可以停车吗？
Lù biān kě yǐ tíng chē ma

주차장이 꽉 찼어요.

停车场满了。
Tíng chē chǎng mǎn le

이곳은 견인지역입니다.

这里是拖车区段。
Zhè li shì tuō chē qū duàn

차를 뒤로 빼 주시겠어요?

请往后倒一下好吗？
Qǐng wǎng hòu dǎo yí xià hǎo ma

세차 좀 해 주세요.

请把车给洗一下。
Qǐng bǎ chē gěi xǐ yí xià

차가 고장났을 때

배터리가 떨어졌습니다.

车没有电了。
Chē méi yǒu diàn le

펑크가 났습니다.

轮胎被扎了。
Lún tāi bèi zhá le

车抛锚了。
Chē pāo máo le

시동이 걸리지 않습니다.

车熄火了。
Chē xī huǒ le

브레이크가 잘 안 듣습니다.

刹车不灵。
Shā chē bù líng

고칠 수 있습니까?

能修吗？
Néng xiū ma

A：打听一下儿，这附近有没有汽车
Dǎ tīng yí xiàr　　Zhè fù jìn yǒu méi yǒu qì chē

维修站？
wéi xiū zhàn

(말 좀 묻겠습니다. 이 근처에 자동차 정비소가 있나요?)

B：往前开五百米左右有一家。
Wǎng qián kāi wǔ bǎi mǐ zuǒ yòu yǒu yì jiā

(5백 미터 정도 직진하시면 한 곳이 있습니다.)

자전거와 오토바이를 이용할 때

나는 아직 자전거를 탈 줄 몰라요.	我还不会骑车。 Wǒ hái bú huì qí chē
자전거를 잃어버렸어.	我的自行车丢了。 Wǒ de zì xíng chē diū le
뒤에 타, 내가 태워줄게.	你坐后面，我带你回去。 Nǐ zuò hòu miàn wǒ dài nǐ huí qù

> A：你坐后面，我带你回去。
> Nǐ zuò hòu miàn wǒ dài nǐ huí qù
> (뒤에 타, 내가 태워다 줄게.)
>
> B：骑车带人要罚款的。
> Qí chē dài rén yào fá kuǎn de
> (사람을 태우고 가면 벌금을 내야 해.)
>
> A：不上马路，没关系。
> Bú shàng mǎ lù méi guān xi
> (도로로 가지 않으면 괜찮아.)

오토바이는 너무 위험해, 조심해야 해.	开摩托车太危险了，一定要小心。 Kāi mó tuō chē tài wēi xiǎn le yí dìng yào xiǎo xīn

관광

观光

UNIT 08

여행 목적이 관광인 사람은 관광지의 선택이 무엇보다 중요합니다. 정보가 없어 꼭 봐야 할 곳은 놓치고 안 봐도 그만인 곳을 본다는 것은 여행자로서 손실입니다. 물론 그 나라, 그 지역의 핵심지역 관광지는 드러나게 되어 있어 놓치는 경우는 드물지만 그래도 일반적인 관광지가 아닌 자신의 취향과 관심분야에 따라 보고 싶은 관광지가 있는 경우에는 선택을 잘하는 것이 보다 실용적으로 여행을 즐길 수 있는 지름길입니다.

관광안내소에서

관광안내소는 어디에 있습니까?

观光介绍所在哪里？
Guānguāng jiè shào suǒ zài nǎ li

이 도시의 관광안내 책자가 있습니까?

有这个城市的观光介绍手册吗？
Yǒu zhè ge chéng shì de Guānguāng jiè shào shǒu cè ma

무료 시내지도는 있습니까?

有免费的市内地图吗？
Yǒu miǎn fèi de shì nèi dì tú ma

관광지도 한 장 주시겠어요?

请给我张观光地图。
Qǐng gěi wǒ zhāng guānguāng dì tú

여기서 볼 만한 관광지 좀 가르쳐 주시겠어요?

能告诉我可看的景点吗？
Néng gào su wǒ kě kàn de jǐng diǎn ma

당일치기로 어디가 좋을까요?

一日游去哪里好呢？
Yí rì yóu qù nǎ li hǎo ne

A : 这儿有什么值得去看看的地方吗？
Zhèr yǒu shén me zhí de qù kàn kan de dì fang ma
(여기 가볼 만한 곳이 있나요?)

B：可看的地方很多，但不知道您的
Kě kàn de dì fang hěn duō　　dàn bù zhī dào nín de
喜好是什么。
xǐ hào shì shén me
(가볼 만한 곳은 많습니다만, 어떤 것을 좋아하시
는지 모르겠군요.)

A：我喜欢看又热闹好玩儿的地方。
Wǒ xǐ huan kàn yòu rè nao hǎo wánr de dì fang
(저는 번화하고 재미있는 곳을 좋아합니다.)

B：那我觉得爱宝乐园不错。
Nà wǒ jué de Ài bǎo lè yuán bú cuò
(그렇다면 에버랜드가 좋을 것 같군요.)

젊은 사람들이 좋아하는 곳은 어디입니까?

哪儿是年轻人喜欢去的地方？
Nǎr shì nián qīng rén xǐ huan qù de dì fang

거기에 가려면 투어에 참가해야 합니까?

去那里的话，得参加观光团吗？
Qù nà li de huà　　děi cān jiā guān guāng tuán ma

유람선은 있습니까?

有游船吗？
Yǒu yóu chuán ma

여기서 표를 살 수 있습니까?

可以在这里买票吗？
Kě yǐ zài zhè li mǎi piào ma

할인 티켓은 있나요?

有优惠票吗？
Yǒu yōu huì piào ma

지금 어떤 명절을 지내고 있나요?

现在过什么节呢？
Xiàn zài guò shén me jié ne

여기서 멉니까?

离这里远吗？
Lí zhè li yuǎn ma

여기서 걸어서 갈 수 있습니까?

从这里可以走着去吗？
Cóng zhè li kě yǐ zǒu zhe qù ma

왕복으로 얼마나 시간이 걸립니까?

来回需要多长时间？
Lái huí xū yào duō cháng shí jiān

버스로 갈 수 있습니까?

能坐车去吗？
Néng zuò chē qù ma

투어를 이용할 때

관광버스가 있습니까?

有观光巴士吗？
Yǒu guānguāng bā shì ma

어떤 투어가 있습니까?

都有什么观光团？
Dōu yǒu shén me guānguāng tuán

어디서 관광투어를 신청할 수 있습니까?

在哪里可以申请加入旅游团？
Zài nǎ li kě yǐ shēn qǐng jiā rù lǚ yóu tuán

투어는 매일 있습니까?

每天都有观光团吗？
Měi tiān dōu yǒu guānguāng tuán ma

오전코스는 있습니까?

有上午团吗？
Yǒu shàng wǔ tuán ma

야간투어는 있습니까?

有夜间团吗？
Yǒu yè jiān tuán ma

투어는 몇 시간 걸립니까?

全程需要几个小时？
Quánchéng xū yào jǐ ge xiǎo shí

> A : 全程需要几个小时？
> quánchéng xū yào jǐ ge xiǎo shí
> (투어는 몇 시간 걸립니까?)
>
> B : 至少要五个小时。
> Zhì shǎo yào wǔ ge xiǎo shí
> (최소 5시간 걸립니다.)

식사는 나옵니까?

提供饭吗？
Tí gōng fàn ma

몇 시에 출발합니까?

几点钟出发？
Jǐ diǎn zhōng chū fā

어디서 출발합니까?

从哪儿出发？
Cóng nǎr chū fā

투어는 몇 시에 어디에서 시작됩니까?

行程什么时候从哪里开始？
Xíng chéng shén me shí hou cóng nǎ li kāi shǐ

한국어 가이드는 있나요?

有韩国语导游吗？
Yǒu Hán guó yǔ dǎo yóu ma

요금은 얼마입니까?

价钱是多少？
Jià qián shì duō shao

08-3 관광지에서

저것은 무엇입니까?

那是什么？
Nà shì shén me

저것은 무슨 강입니까?

那是什么河？
Nà shì shén me hé

저것은 무슨 산입니까?

那是什么山？
Nà shì shén me shān

여기서 얼마나 멉니까?

离这儿有多远？
Lí zhèr yǒu duō yuǎn

대략 얼마나 걸립니까?

有多长时间？
Yǒu duō cháng shí jiān

大约要多长时间？
Dà yuē yào duō cháng shí jiān

자유시간은 있나요?

有自由时间吗？
Yǒu zì yóu shí jiān ma

몇 시에 버스로 돌아오면 됩니까?

要几点钟回到车里？
Yào jǐ diǎn zhōng huí dào chē li

전망대는 어떻게 올라갑니까?

上展望台怎么走？
Shàng zhǎn wàng tái zěn me zǒu

A：上展望台怎么走？
Shàng zhǎn wàng tái zěn me zǒu
（전망대는 어떻게 올라갑니까?）
B：你可以从那条路走上去，也可以
Nǐ kě yǐ cóng nà tiáo lù zǒu shàng qù　yě kě yǐ
坐缆车上去。
zuò lǎn chē shàng qù
（이 길로 걸어가도 되고 케이블카를 타고 가도 됩니다.）

322

저 건물은 무엇입니까?

那建筑物是什么？
Nà jiàn zhù wù shì shén me

언제 세워졌습니까?

什么时候建的？
Shén me shí hou jiàn de

몇 시에 돌아와요?

几点回来？
Jǐ diǎn huí lái

08-4

관람할 때

티켓은 어디서 삽니까?

门票在哪儿买？
Mén piào zài nǎr mǎi

입장료는 유료입니까?

入场券是收费的吗？
Rù chǎng quàn shì shōu fèi de ma

입장료는 얼마입니까?

入场券多少钱？
Rù chǎng quàn duō shao qián

오늘 표가 아직 있습니까?

今天的票还有吗？
Jīn tiān de piào hái yǒu ma

몇 시에 시작됩니까?

几点钟开始？
Jǐ diǎn zhōng kāi shǐ

여기서 티켓을 예약할 수 있나요?

在这里能预定票吗？
Zài zhè li néng yù dìng piào ma

단체 할인표 있습니까?

有团体优惠票吗？
Yǒu tuán tǐ yōu huì piào ma

어른 두 장 주세요.

请给我两张成人票。
Qǐng gěi wǒ liǎng zhāng chéng rén piào

이 티켓으로 모든 전시를 볼 수 있습니까?

用这个票可以看所有展览吗？
Yòng zhè ge piào kě yǐ kàn suǒ yǒu zhǎn lǎn ma

무료 팜플렛이 있습니까?

有免费的小册子吗？
Yǒu miǎn fèi de xiǎo cè zi ma

짐을 맡기고 싶습니다.	我想存行李。 Wǒ xiǎng cún xíng li
관내를 안내할 가이드는 있습니까?	有介绍馆内的解说员吗？ Yǒu jiè shào guǎn nèi de jiě shuō yuán ma
이 그림은 누가 그렸습니까?	这画儿是谁画的？ Zhè huàr shì shéi huà de
그 박물관은 오늘 엽니까?	那个博物馆今天开门吗？ Nà ge bó wù guǎn jīn tiān kāi mén ma
재입장 할 수 있습니까?	出来了还可以再进去吗？ Chū lái le hái kě yǐ zài jìn qù ma

> A：出来了还可以再进去吗？
> Chū lái le hái kě yǐ zài jìn qù ma
> (재입장 할 수 있습니까?)
> B：可以，只要打声招呼就可以。
> Kě yǐ zhǐ yào dǎ shēng zhāo hu jiù kě yǐ
> (됩니다, 알리기만 하면 문제없습니다.)

극장 이름이 뭡니까?	电影院叫什么名字？ Diàn yǐng yuàn jiào shén me míng zi
오늘밤에는 무엇을 상영합니까?	今天晚上上映什么？ Jīn tiān wǎn shàngshàng yìng shén me
재미있습니까?	有意思吗？ Yǒu yì si ma
누가 출연합니까?	谁主演的？ Shéi zhǔ yǎn de

 08-5

사진촬영을 부탁할 때

| 여기서 사진을 찍어도 됩니까? | 这儿可以拍照吗？
Zhèr kě yǐ pāi zhào ma |
| 여기서 사진 찍을 수 있나요? | 这里可以拍摄吗？
Zhè li kě yǐ pāi shè ma |

저와 사진 좀 찍어 주시겠어요?	能和我照张相吗？ Néng hé wǒ zhào zhāng xiāng ma
사진 좀 찍어 주시겠어요?	请帮我照一张相好吗？ Qǐng bāng wǒ zhào yì zhāng xiāng hǎo ma
여기서 우리들을 찍어 주십시오.	请在这里给我们照张相。 Qǐng zài zhè li gěi wǒ men zhào zhāng xiāng
나중에 우편으로 사진을 보내드리겠습니다.	过后把照片邮寄给您。 Guò hòu bǎ zhào piàn yóu jì gěi nín
주소를 여기에 적어 주시겠어요?	请把地址写在这里。 Qǐng bǎ dì zhǐ xiě zài zhè li

필름가게에서

이것과 같은 컬러필름 있습니까?	有和这个一样的彩色胶卷吗？ Yǒu hé zhè ge yí yàng de cǎi sè jiāo juǎn ma
건전지는 어디서 살 수 있나요?	在哪里能买到电池？ Zài nǎ li néng mǎi dào diàn chí
어디서 현상할 수 있습니까?	在哪儿可以冲洗胶卷？ Zài nǎr kě yǐ chōng xǐ jiāo juǎn
인화 해 주세요.	请给我加洗。 Qǐng gěi wǒ jiā xǐ
언제 됩니까?	什么时候可以取？ Shén me shí hou kě yǐ qǔ

> A : 什么时候可以取？
> Shén me shí hou kě yǐ qǔ
> (언제 됩니까?)
>
> B : 加急的话，两个小时以后就可以取。
> Jiā jí de huà   liǎng ge xiǎo shí yǐ hòu jiù kě yǐ qǔ
> (급하면 두 시간 후에 찾을 수 있습니다.)

기념품점에서

엽서는 어디서 삽니까?	明信片在哪儿买？ Míng xìn piàn zài nǎr mǎi
엽서 있습니까?	有明信片吗？ Yǒu míng xìn piàn ma
기념품 가게는 어디에 있습니까?	纪念品店在哪儿？ Jì niàn pǐn diàn zài nǎr
기념품으로 인기 있는 것은 무엇입니까?	什么纪念品受欢迎？ Shén me jì niàn pǐn shòu huān yíng

쇼핑

购物

09

해외여행을 하면서 빼놓을 수 없는 즐거움이 바로 쇼핑입니다. 우리나라에서는 한번도 접해보지 못한 물건들을 볼 수 있는 행운도 있고 또한 그 나라의 특성을 잘 나타내는 특산품을 구경할 수 있는 재미도 있습니다. 현대식 백화점 같은 곳이 아닌 그 나라의 특성이 잘 나타나 있는 재래시장에서의 쇼핑은 비용도 적게 들뿐만 아니라 그 나라의 생활상을 엿볼 수 있는 좋은 기회가 될 것입니다.

가게를 찾을 때

쇼핑센터는 어디 있습니까?

购物中心在哪里?
Gòu wù zhōng xīn zài nǎ li

쇼핑 가이드는 있나요?

有购物导游吗?
Yǒu gòu wù dǎo yóu ma

면세점은 있습니까?

有免税店吗?
Yǒu miǎn shuì diàn ma

이 주변에 백화점은 있습니까?

这附近有百货商店吗?
Zhè fù jìn yǒu bǎi huò shāng diàn ma

가장 가까운 슈퍼는 어디에 있습니까?

最近的超市在哪里?
Zuì jìn de chāo shì zài nǎ li

A : 最近的超市在哪里?
Zuì jìn de chāo shì zài nǎ li
(가장 가까운 슈퍼는 어디에 있습니까?)

B : 前边有一家小超市。
Qián biān yǒu yì jiā xiǎo chāo shì
(앞에 작은 슈퍼가 하나 있습니다.)

편의점을 찾고 있습니다.

我在找便利店。
Wǒ zài zhǎo biàn lì diàn

좋은 스포츠 용품점을 가르쳐 주시겠어요?

能告诉我哪儿有高档体育用品商店吗？
Néng gào su wǒ　nǎr　yǒu gāo dàng tǐ　yù yòng pǐn shāng diàn Ma

세일은 어디서 하고 있습니까?

哪里有打折？
Nǎ　li　yǒu　dǎ　zhé

이 주변에 할인점이 있습니까?

这附近有打折商店吗？
Zhè　fù　jìn　yǒu　dǎ　zhé shāng diàn　ma

그건 어디서 살 수 있나요?

在哪里能买到？
Zài　nǎ　li　néng mǎi　dào

09-2 가게에 들어갔을 때

어서 오십시오.

欢迎光临！
Huān yíng guāng lín

무얼 찾으십니까?

在找什么？
Zài　zhǎo shén me

그냥 좀 보는 거예요.

只是看一看。
Zhǐ　shì　kàn　yi　kàn

> A : 您要点什么？
> 　　Nín　yào diǎn shén me
> 　　(뭘 드릴까요?)
> B : 不要什么，只是随便看看。
> 　　Bú　yào shén me　　zhǐ　shì　suí biàn kàn kan
> 　　(사려는 게 아니라 그냥 좀 보는 거예요.)

그냥 둘러보는 거예요.

我只是逛逛。
Wǒ　zhǐ　shì　guàngguang

필요한 것이 있으시면 말씀하십시오.

有什么需要的请说。
Yǒu shén me　xū　yào　de　qǐng shuō

328

물건을 찾을 때

여기 잠깐 봐 주시겠어요?

请过来一下。
Qǐng guò lái yí xià

반소매 블라우스를 찾고 있습니다.

在找短袖衫。
Zài zhǎo duǎn xiù shān

뭘 찾으세요(도와드릴까요)?

需要帮忙吗？
Xū yào bāng máng ma

무엇이 필요하세요?

您要买点什么？
Nín yào mǎi diǎn shén me

A : 您要买点什么？
Nín yào mǎi diǎn shén me
(무엇을 찾으십니까?)

B : 有没有红豆沙？
Yǒu méi yǒu hóng dòu shā
(붉은 팥소가 있습니까?)

A : 您到冰柜那边看看去。
Nín dào bīng guì nà biān kàn kan qù
(냉장고에 가서 보세요.)

코트를 찾고 있습니다.

我想买大衣。
Wǒ xiǎng mǎi dà yī

운동화를 사고 싶은데요.

我想买运动鞋。
Wǒ xiǎng mǎi yùn dòng xié

아내에게 선물할 것을 찾고 있습니다.

在找送给妻子的礼物。
Zài zhǎo sòng gěi qī zǐ de lǐ wù

좀 캐주얼한 것을 찾고 있습니다.

在找休闲一点的。
Zài zhǎo xiū xián yì diǎn de

선물로 적당한 것이 없을까요?

有没有什么可以做礼物用的东西？
Yǒu méi yǒu shén me kě yǐ zuò lǐ wù yòng de dōng xi

이거 주세요.

给我这个。
Gěi wǒ zhè ge

마침 그게 다 떨어졌어요.

那个刚好卖完了。
Nà ge gāng hǎo mài wán le

09-4

구체적으로 찾는 물건을 말할 때

저걸 보여 주시겠어요?

能给我看一下那个吗？
Néng gěi wǒ kàn yí xià nà ge ma

면으로 된 것이 필요한데요.

需要棉质的。
Xū yào mián zhì de

이것과 같은 것이 있습니까?

有和这个一样的吗？
Yǒu hé zhè ge yí yàng de ma

이것뿐입니까?

就这些吗？
Jiù zhè xiē ma

이것으로 6호 있습니까?

这个有六号吗？
Zhè ge yǒu liù hào ma

보기에 이건 어때요?

你看这个怎么样？
Nǐ kàn zhè ge zěn me yàng

저에게 좀 보여 주세요.

你给我看看吧。
Nǐ gěi wǒ kàn kan ba

09-5

물건을 고를 때

저것 좀 봐도 될까요?

可以看看那个吗？
Kě yǐ kàn kan nà ge ma

可以看一下儿吗？
Kě yǐ kàn yí xiàr ma

좀 보여 주시겠어요?

能给我看一下吗？
Néng gěi wǒ kàn yí xià ma

당신이 말한 게 이거죠?

你说的是这个，是吗？
Nǐ shuō de shì zhè ge shì ma

이 종류 외에 다른 것도 있어요?

除了这种以外，有没有别的？
Chú le zhè zhǒng yǐ wài yǒu méi yǒu bié de

당신 마음대로 고르세요.

随你的便挑吧。
Suí nǐ de biàn tiāo ba

330

싼 것도 있고 비싼 것도 있어요.	也有便宜的，也有贵的。 Yě yǒu biàn yi de　　yě yǒu guì de
이 가방 좀 보여 주시겠어요?	能给我看一下这皮包吗？ Néng gěi wǒ kàn yí xià zhè pí bāo ma
이것 외에 또 다른 것이 있나요?	除了这个，还有没有别的？ Chú le zhè ge　　hái yǒu méi yǒu bié de
다른 것을 보여 주시겠어요?	还有没有别的给我看看？ Hái yǒu méi yǒu bié de gěi wǒ kàn kan
품질이 더 좋은 것은 없습니까?	没有质量更好一点儿的吗？ Méi yǒu zhì liàng gèng hǎo yì diǎnr de ma
여기 많이 있어요.	这儿有很多。 Zhèr　　yǒu hěn duō
다른 것을 먼저 보겠습니다.	我先看一下别的。 Wǒ xiān kàn yí xià bié de
먼저 다른 것을 좀 보고 나중에 다시 올게요.	先去看看别的，回头再来。 Xiān qù kàn kan bié de　　huí tóu zài lái

> A : 这个您要吗？
> Zhè ge nín yào ma
> (이걸 원하세요?)
> B : 我先去看一下别的，过会儿再来。
> Wǒ xiān qù kàn yí xià bié de　　guò huìr zài lái
> (먼저 다른 것을 좀 보고 나중에 다시 올게요.)

| 이걸 원하세요, 아니면 저걸 원하세요? | 你要这个，还是那个？
Nǐ yào zhè ge　　hái shì nà ge |

색상을 고를 때

어떤 색으로 드릴까요?	你要什么颜色的？ Nǐ yào shén me yán sè de
흰색으로 주세요.	我要白色的。 Wǒ yào bái sè de

무슨 색이 있습니까?	有什么颜色的？ Yǒu shén me yán sè de
더 화려한 것이 있습니까?	有更艳一点的吗？ Yǒu gèng yàn yì diǎn de ma
더 수수한 것이 있습니까?	有更素一点的吗？ Yǒu gèng sù yì diǎn de ma
이 색은 좋아하지 않습니다.	不喜欢这个颜色。 Bù xǐ huan zhè ge yán sè

디자인을 고를 때

다른 스타일이 있습니까?	有别的款式吗？ Yǒu bié de kuǎn shì ma
이 옷은 스타일이 아주 현대적이네요.	这套衣服样式很时髦。 Zhè tào yī fu yàng shì hěn shí máo
어떤 디자인이 유행하고 있습니까?	现在流行哪种款式？ Xiàn zài liú xíng nǎ zhǒng kuǎn shì

> A：现在流行哪种款式？
> Xiàn zài liú xíng nǎ zhǒng kuǎn shì
> (어떤 디자인이 유행하고 있습니까?)
> B：目前短款比较流行。
> Mù qián duǎn kuǎn bǐ jiào liú xíng
> (요즘에는 미니스타일이 유행하는 편입니다.)

이런 디자인은 별로네요.	不喜欢这个款式。 Bù xǐ huan zhè ge kuǎn shì
그건 노출이 너무 심해요.	那个太暴露了。 Nà ge tài bào lù le
다른 디자인은 있습니까?	有别的设计吗？ Yǒu bié de shè jì ma
디자인이 비슷한 것이 있습니까?	有差不多款式的吗？ Yǒu chà bù duō kuǎn shì de ma

이 옷은 세련되고 예쁘네요.

这件衣服又时髦又好看。
Zhè jiàn yī fu yòu shí máo yòu hǎo kàn

발랄해 보이지만, 유행이 지났어요.

看着挺精神的，就是过时了。
Kàn zhe tǐng jīng shen de　jiù shì guò shí le

이 벨트는 남성용입니까?

这皮带是男式的吗？
Zhè pí dài shì nán shì de ma

A：这皮带是男式的吗？
Zhè pí dài shì nán shì de ma
(이 벨트는 남성용입니까?)

B：男女共用的。
Nán nǚ gòng yòng de
(남녀 공용입니다.)

디자인은 좋지만 품질은 보통입니다.

样式很不错，但质量一般。
Yàng shì hěn bú cuò　dàn zhì liàng yì bān

사이즈를 고를 때

입어보세요.

试试看。
Shì shi kàn

이것보다 작은 것 있어요?

有没有比这个小的？
Yǒu méi yǒu bǐ zhè ge xiǎo de

이것보다 큰 것 있어요?

有没有比这个大的？
Yǒu méi yǒu bǐ zhè ge dà de

너무 길어요, 좀 짧은 것은 없어요?

太长了，有没有短一点儿的？
Tài cháng le　yǒu méi yǒu duǎn yì diǎnr de

이게 딱 좋네요, 크지도 작지도 않아요.

这个正好，不大不小。
Zhè ge zhèng hǎo　bú dà bù xiǎo

너무 꼭 끼어요, 한 사이즈 큰 것 있어요?

太紧了，有没有大一号的？
Tài jǐn le　yǒu méi yǒu dà yí hào de

어떤 사이즈를 찾으십니까?	找多大尺寸的？ Zhǎo duō dà chǐ cun de
사이즈는 이것뿐입니까?	就这些尺寸吗？ Jiù zhè xiē chǐ cun ma
제 사이즈를 잘 모르겠는데요.	不清楚我的尺寸。 Bù qīng chu wǒ de chǐ cun
사이즈를 좀 재 주시겠어요?	能给我量一下尺寸吗？ Néng gěi wǒ liàng yí xià chǐ cun ma

> A : 腰围多少？
> Yāo wéi duō shao
> (허리 둘레가 얼마입니까?)
> B : 我也不知道，能给我量一下吗？
> Wǒ yě bù zhī dào   néng gěi wǒ liàng yí xià ma
> (저도 잘 모르겠어요, 사이즈를 좀 재 주시겠어요?)

더 큰 것 있습니까?	有更大的吗？ Yǒu gèng dà de ma
이 옷은 좀 크네요.	这一件衣服大一点儿。 Zhè yí jiàn yī fu dà yì diǎnr
좀 작은 걸로 주세요.	我要小一点儿的。 Wǒ yào xiǎo yì diǎnr de

품질에 대해 물을 때

값도 싸고 품질도 괜찮아요.	价钱便宜，质量也不错。 Jià qián pián yi zhì liàng yě bú cuò
이건 값이 좀 비싸지만 품질은 좋아요.	这个价钱贵一点儿，可是质量很好。 Zhè ge jià qián guì yì diǎnr kě shì zhì liàng hěn hǎo
이것은 저것만큼 좋지 않아요.	这个没有那个好。 Zhè ge méi yǒu nà ge hǎo
이것은 저것만 못해요.	这个不如那个。 Zhè ge bù rú nà ge

이것보다 고급스러운 것 있어요?	有没有比这个高级点儿的？ Yǒu méi yǒu bǐ zhè ge gāo jí diǎnr de
무슨 재질이죠?	是什么料？ Shì shén me liào
중국제품입니까?	是中国制品吗？ Shì Zhōng guó zhì pǐn ma
품질은 좋은가요?	质量好吗？ Zhì liàng hǎo ma
어떤 브랜드를 원하세요?	你要哪一个牌子的？ Nǐ yào nǎ yí ge pái zi de
이건 수제품입니까?	这是手工制作的吗？ Zhè shì shǒu gōng zhì zuò de ma
이건 100% 실크입니까?	这是百分之百的丝绸吗？ Zhè shì bǎi fēn zhī bǎi de sī chóu ma
이건 무슨 향입니까?	这是什么香？ Zhè shì shén me xiāng
이 물건은 비싸긴 비싸지만, 품질은 좋아요.	这个东西贵是贵，但是质量很好。 Zhè ge dōng xi guì shì guì dàn shì zhì liàng hěn hǎo

값을 물을 때

얼마죠?	多少钱？ Duō shao qián
계산은 어디서 합니까?	在哪儿结帐？ Zài nǎr jié zhàng

> A：在哪儿结帐？
> Zài nǎr jié zhàng
> (계산은 어디서 합니까?)
> B：前边的收银台。
> Qián biān de shōu yín tái
> (앞쪽 계산대에서요.)

335

다른 것이 더 필요하신가요?

还要别的吗？
Hái yào bié de ma

전부해서 얼마입니까?

一共多少钱？
Yí gòng duō shao qián

하나에 얼마입니까?

多少钱一个？
Duō shao qián yí ge

이건 세일 중입니까?

这个正在打折吗？
Zhè ge zhèng zài dǎ zhé ma

세금이 포함된 가격입니까?

包括税金吗？
Bāo kuò shuì jīn ma

값을 흥정할 때

좋긴 좋지만, 너무 비싸요.

不错是不错，可是太贵了。
Bú cuò shì bú cuò　kě shì tài guì le

그건 내가 생각했던 것보다 비싸네요.

那比我所想的贵一点儿。
Nà bǐ wǒ suǒ xiǎng de guì yì diǎnr

할인되나요?

打不打折？
Dǎ bu dǎ zhé

A：打不打折？
Dǎ bu dǎ zhé
（할인되나요?）

B：已经打过折了。
Yǐ jing dǎ guo zhé le
（이미 할인된 겁니다.）

A：那还可以打上折嘛！
Nà hái kě yǐ dǎ shàng zhé ma
（그럼 좀더 할인해 주면 되잖아요!）

너무 비쌉니다.

太贵了。
Tài guì le

깎아 주시겠어요?

能便宜点吗？
Néng pián yi diǎn ma

336

더 싼 것은 없습니까?

有再便宜点的吗？
Yǒu zài pián yi diǎn de ma

A : 能再便宜点吗？
Néng zài pián yi diǎn ma
(더 싸게 해 줄 수 있나요?)

B : 这已经够便宜的了。再便宜我就
Zhè yǐ jing gòu pián yi de le　　Zài pián yi wǒ jiù
亏本了。
kuī běn le
(이것은 이미 충분히 싸게 해드린 겁니다. 더 깎
으면 제가 밑집니다.)

좀더 싸게 해 주세요.

能再便宜点吗？
Néng zài pián yi diǎn ma

깎아주시면 사겠습니다.

便宜点就买。
Pián yi diǎn jiù mǎi

좀 깎아주시겠어요?

能不能便宜一点儿？
Néng bu néng biàn yi yì diǎnr

현금으로 지불하면 더 싸게 됩니까?

付现金的话更便宜吗？
Fù xiàn jīn de huà gèng pián yi ma

구입 결정과 지불 방법

좋아요, 이것으로 사겠어요.

好的，我买这个。
Hǎo de　　wǒ mǎi zhè ge

이걸로 사겠습니다.

就买这个。
Jiù mǎi zhè ge

어떻게 지불하시겠습니까?

怎么付钱？
Zěn me fù qián

카드도 됩니까?

可以刷卡吗？
Kě yǐ shuā qiǎ ma

A : 可以刷卡吗？ (카드도 됩니까?)
Kě yǐ shuā qiǎ ma

B：可以。请按密码。
Kě yǐ　Qǐng àn mì mǎ
(됩니다. 비밀번호를 누르세요.)

여행자수표도 받나요?
旅行支票行吗？
Lǚ xíng zhī piào xíng ma

영수증을 주시겠어요?
请给我收据。
Qǐng gěi wǒ shōu jù

계산서를 잘못 작성하셨어요.
你把帐单写错了。
Nǐ bǎ zhàng dān xiě cuò le

거스름 돈을 덜 주셨는데요.
你少找了我零钱。
Nǐ shǎo zhǎo le wǒ líng qián

영수증 좀 끊어주십시오.
请给我一张收据。
Qǐng gěi wǒ yì zhāng shōu jù

우리 가게는 정찰제입니다.
我们是明确标价商店。
Wǒ men shì míng què biāo jià shāng diàn

고맙습니다, 또 오세요.
谢谢，欢迎再来。
Xiè xie huān yíng zài lái

포장을 부탁할 때

포장해 드릴까요?
给你包起来吗？
Gěi nǐ bāo qǐ lái ma

예, 포장해 주세요.
好，给我包起来。
Hǎo gěi wǒ bāo qǐ lái

쇼핑백을 주시겠어요?
能给我个袋子吗？
Néng gěi wǒ ge dài zi ma

쇼핑백에 넣기만 하면 됩니다.
请放到包装袋里。
Qǐng fàng dào bāo zhuāng dài li

이 물건들을 포장해 주시겠어요?
给我把这些东西包起来，好吗？
Gěi wǒ bǎ zhè xiē dōng xi bāo qǐ lái hǎo ma

338

이걸 선물용으로 포장 좀 해 주시겠어요?

这是做礼物用的能包装一下吗？
Zhè shì zuò lǐ wù yòng de néng bāo zhuāng yí xià ma

따로따로 포장해 주세요.

请给我分着包装。
Qǐng gěi wǒ fēn zhe bāo zhuāng

이거 넣을 박스 좀 얻을 수 있나요?

能弄来装这个用的盒子吗？
Néng nòng lái zhuāng zhè ge yòng de hé zi ma

이거 포장할 수 있나요? 우편으로 보내고 싶은데요.

这个能打一下包吗？要邮寄用的。
Zhè ge néng dǎ yí xià bāo ma　Yào yóu jì yòng de

배달을 부탁할 때

이걸 호텔까지 갖다 주시겠어요?

能送到宾馆吗？
Néng sòng dào bīn guǎn ma

오늘 중으로 배달해 주었으면 하는데요.

希望在今天之内送过来。
Xī wàng zài jīn tiān zhī nèi sòng guò lái

언제 배달해 주시겠습니까?

什么时候能送来？
Shén me shí hou néng sòng lái

별도로 요금이 듭니까?

另外还需要什么费用吗？
Lìng wài hái xū yào shén me fèi yòng ma

이 카드도 함께 보내 주세요.

请把这个卡一起送过来。
Qǐng bǎ zhè ge qiǎ yí qǐ sòng guò lái

이 주소로 보내 주세요.

请寄到以下地址。
Qǐng jì dào yǐ xià dì zhǐ

배송을 부탁할 때

이 가게에서 한국으로 발송해 주시겠어요?

请从这个店发送到韩国去。
Qǐng cóng zhè ge diàn fā sòng dào Hán guó qù

한국의 제 주소로 보내 주시겠어요?	能发送到韩国我的地址吗？ Néng fā sòng dào Hán guó wǒ de dì zhǐ ma
항공편으로 부탁합니다.	我想寄航空信。 Wǒ xiǎng jì háng kōng xìn
선편으로 부탁합니다.	我想用海运寄。 Wǒ xiǎng yòng hǎi yùn jì
한국까지 항공편으로 며칠 정도 걸립니까?	用航空邮寄到韩国要多长时间？ Yòng háng kōng yóu jì dào Hán guó yào duō cháng shí jiān
항공편으로 하면 얼마입니까?	用航空邮件多少钱？ Yòng háng kōng yóu jiàn duō shao qián

구입한 물건을 교환할 때

모양이 다르네요, 바꿔 주세요.	样子不一样，给我换一换。 Yàng zi bù yí yàng gěi wǒ huàn yi huàn
여기에 얼룩이 있습니다.	这里有污渍。 Zhè li yǒu wū zì
새것으로 바꿔드리겠습니다.	给您换新的。 Gěi nín huàn xīn de
구입할 때 망가져 있었습니까?	买的时候就坏了吗？ Mǎi de shí hòu jiù huài le ma
샀을 때는 몰랐습니다.	买的时候没发现。 Mǎi de shí hou méi fā xiàn
사이즈가 안 맞았어요.	大小不合适。 Dà xiǎo bù hé shì
다른 것으로 바꿔 주시겠어요?	能给我换别的吗？ Néng gěi wǒ huàn bié de ma

> A：能给我换个别的吗？
> Néng gěi wǒ huàn ge bié de ma
> (다른 것으로 바꿔 주시겠어요?)

B：这个怎么了？
Zhè ge zěn me le
(이것은 어떻습니까?)

A：我想要新的。
Wǒ xiǎng yào xīn de
(새것을 원합니다.)

구입한 물건을 반품할 때

어디로 가면 됩니까?

要往哪儿走？
Yào wǎng nǎr zǒu

반품하고 싶은데요.

我想退货。
Wǒ xiǎng tuì huò

아직 쓰지 않았습니다.

还没有用过。
Hái méi yǒu yòng guo

가짜가 하나 섞여 있습니다.

有一个假的。
Yǒu yí ge jiǎ de

영수증은 여기 있습니다.

收据在这里。
Shōu jù zài zhè li

어제 산 것입니다.

是昨天买的。
Shì zuó tiān mǎi de

환불과 배달사고

환불해 주시겠어요?

能退换吗？
Néng tuì huàn ma

A：能退换吗？　(환불해 주시겠어요?)
Néng tuì huàn ma

B：可以，只要有收据就可以。
Kě yǐ zhǐ yào yǒu shōu jù jiù kě yǐ
(네, 영수증만 있으면 됩니다.)

산 물건하고 다릅니다.

和买的东西不一样。
Hé mǎi de dōng xi bù yí yàng

구입한 게 아직 배달되지 않았습니다.

买的东西还没送到。
Mǎi de dōng xi hái méi sòng dào

대금은 이미 지불했습니다.

货款已经付清了。
Huò kuǎn yǐ jing fù qīng le

수리해주시든가 아니면 환불해 주세요

请给我修一下或者退一下货。
Qǐng gěi wǒ xiū yí xià huò zhě tuì yí xià huò

계산이 틀린 것 같습니다.

帐算错了。
Zhàng suàn cuò le

回国

UNIT 10

즐거운 여행이 끝나면 귀국하기 전날 미리 짐을 체크하고, 다음날 비행기를 탈 때 2시간 전에 미리 공항에 나가 수속을 하는 것이 바람직합니다. 그래야 문제가 발생하더라도 여유를 갖고 대처할 수 있습니다. 짐이 늘어난 경우에는 초과요금을 지불해야 합니다. 가능하면 초과되지 않는 범위 내에서 짐을 기내로 가지고 가도록 하며, 시간

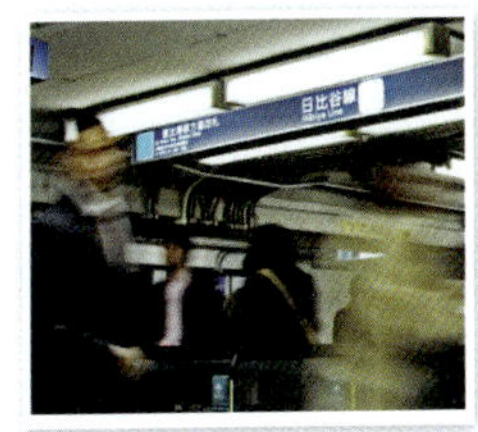

적 여유가 있을 때 사지 못한 물건이 있다면 면세점에서 구입하면 됩니다. 간혹 면세점이 더 비쌀 때도 있지만요.

귀국편 예약

인천행 항공편을 예약하고 싶은데요.

想预订到仁川的飞机。
Xiǎng yù dìng dào Rén chuān de fēi jī

내일 비행기는 예약이 됩니까?

能预订明天的飞机吗?
Néng yù dìng míng tiān de fēi jī ma

다른 비행기는 없습니까?

没有别的飞机吗?
Méi yǒu bié de fēi jī ma

편명과 출발 시간을 알려 주십시오.

请告诉我航班和时间。
Qǐng gào su wǒ háng bān hé shí jiān

몇 시까지 탑승수속을 하면 됩니까?

几点停止登机?
Jǐ diǎn tíng zhǐ dēng jī

几点停止办理登机手续?
Jǐ diǎn tíng zhǐ bàn lǐ dēng jī shǒu xù

예약 재확인

예약내용을 재확인하고 싶은데요.
想再确认一下预订内容。
Xiǎng zài què rèn yí xià yù dìng nèi róng

성함과 편명을 말씀하십시오.
请说一下姓名和航班号。
Qǐng shuō yí xià xìng míng hé háng bān hào

저는 분명히 예약했습니다.
我明明是预订好了的。
Wǒ míng shì yù dìng hǎo le de

한국에서 예약했는데요.
我在韩国就预订好了。
Wǒ zài Hán guó jiù yù dìng hǎo le

A：您预订了吗？
Nín yù dìng le ma
(예약하셨습니까?)

B：是的，我在韩国就预订好了。
Shì de　wǒ zài Hán guó jiù yù dìng hǎo le
(네, 한국에서 예약했는데요.)

즉시 확인해 주십시오.
请马上确认一下。
Qǐng mǎ shàng què rèn yí xià

항공편 변경 및 취소

항공편을 변경할 수 있습니까?
能换一下航班吗？
Néng huàn yí xià háng bān ma

비행기 탑승일자를 변경하려고 하는데요.
我要变更一下日期。
Wǒ yào biàn gēng yí xià rì qī

며칠 비행기로 바꾸시겠습니까?
您要改成哪一天的航班？
Nín yào gǎi chéng nǎ yì tiān de háng bān

예약을 취소하고 싶은데요.
想取消预订。
Xiǎng qǔ xiāo yù dìng

대기예약으로 바꿀 수 있습니까?
请给我换成待机可以吗？
Qǐng gěi wǒ huàn chéng dài jī kě yǐ ma

공항으로 갈 때

공항까지 부탁합니다.

麻烦你，请到机场。
Má fan nǐ　qǐng dào jī chǎng

짐은 몇 개입니까?

有几件行李？
Yǒu jǐ jiàn xíng li

공항까지 얼마나 걸립니까?

到机场需要多长时间？
Dào jī chǎng xū yào duō cháng shí jiān

공항까지 얼마입니까?

到机场是多少钱？
Dào jī chǎng shì duō shao qián

A : 到机场是多少钱？
　　Dào　jī　chǎng shì　duō shao qián
　　(공항까지 얼마입니까?)
B : 五十块钱，再加十块钱过路费，
　　Wǔ　shí kuài qián　　zài　jiā　shí kuài qián guò lù　fèi
　　一共六十块钱。
　　yí gòng liù　shí kuài qián
　　(50위안이고, 통행료 10위안을 추가하면 모두
　　60위안입니다.)

빨리 가 주세요. 늦겠어요.

请快点儿，要迟到了。
Qǐng kuài diǎnr　yào chí dào le

어느 항공사입니까?

是哪家航空公司？
Shì nǎ jiā háng kōng gōng sī

기사님, 우선 호텔로 돌아가 주시겠어요?

司机先生，请先回一趟宾馆可以吗？
Sī jī xiān sheng　qǐng xiān huí yí tàng bīn guǎn kě yǐ ma

카메라를 가지러 호텔로 돌아가려고 합니다.

我想回宾馆去拿相机。
Wǒ xiǎng huí bīn guǎn qù ná xiāng jī

카메라를 호텔에 놓고 왔습니다.

我把相机落在宾馆里了。
Wǒ bǎ xiāng jī là zài bīn guǎn li le

중요한 것을 놓고 왔습니다.

我忘了带一件重要的东西。
Wǒ wàng le dài yí jiàn zhòng yào de dōng xi

345

먼저 호텔로 전화해서 카메라가 있는지 확인해 보세요.	先打电话到宾馆，确认一下有没有相机。 Xiān dǎ diàn huà dào bīn guǎn　què rèn yí xià yǒu méi yǒu xiāng jī

어디에 두었는지 기억하고 있습니까?	你想得起来放在哪里了吗？ Nǐ xiǎng de qǐ lái fàng zài nǎ li le ma

> A : 你想得起来放在哪里了吗？
> Nǐ xiǎng de qǐ lái fàng zài nǎ li le ma
> (어디에 두었는지 기억하고 있습니까?)
>
> B : 说不好，反正在这个房间里吧。
> Shuō bu hǎo　fǎn zhèng zài zhè ge fáng jiān li ba
> (잘은 모르겠지만, 어쨌든 이 방에 있을 겁니다.)

서랍에 넣어 두었습니다.	我放在抽屉里了。 Wǒ fàng zài chōu ti li le

10-5 탑승수속

탑승수속은 어디서 합니까?	登机手续在哪儿办？ Dēng jī shǒu xù zài nǎr bàn
대한항공 카운터는 어디입니까?	大韩航空柜台在哪儿？ Dà hán háng kōng guì tái zài nǎr
공항세가 있습니까?	有机场税吗？ Yǒu jī chǎng shuì ma
여권을 보여 주십시오.	请把您的护照拿出来看看。 Qǐng bǎ nín de hù zhào ná chū lái kàn kan
앞쪽 자리가 좋겠는데요.	我想前面的位置更好。 Wǒ xiǎng qián miàn de wèi zhì gèng hǎo
통로쪽으로 부탁합니다.	请给我过道旁的座位。 Qǐng gěi wǒ guò dào páng de zuò wèi
친구 옆 좌석으로 주세요.	请给我靠近朋友的座位。 Qǐng gěi wǒ kào jìn péng you de zuò wèi

10-6

수화물을 체크할 때

맡기실 짐이 있으십니까?
有需要托运的行李吗？
Yǒu xū yào tuō yùn de xíng li ma
▶ 托运 : 탁송하다

부치실 짐은 이것 하나뿐인가요?
要托运的行李只有一件吗？
Yào tuō yùn de xíng li zhǐ yǒu yí jiàn ma

그 가방은 맡기시겠습니까?
那个包要托运吗？
Nà ge bāo yào tuō yùn ma

이 짐이 (무게를) 초과하는지 초과하지 않는지 좀 봐주세요.
看看这个行李超重不超重。
Kàn kan zhè ge xíng li chāo zhòng bù chāo zhòng

무게를 달아 드릴게요.
我给你称一称。
Wǒ gěi nǐ chēng yi chēng

무게가 초과됐어요.
超重了。
Chāo zhòng le

이 가방은 기내로 가지고 들어갈 겁니다.
这个包是随身的。
Zhè ge bāo shì suí shēn de

더 맡기실 짐이 있나요?
还有其他行李要存吗？
Hái yǒu qí tā xíng li yào cún ma

10-7

탑승안내

몇 번 게이트입니까?
几号登机口登机？
Jǐ hào dēng jī kǒu dēng jī

3번 게이트는 어느 쪽입니까?
三号登机口在哪边？
Sān hào dēng jī kǒu zài nǎ biān

인천행 탑승 게이트가 여기입니까?
到仁川的登机口是这儿吗？
Dào Rén chuān de dēng jī kǒu shì zhèr ma

왜 아직 출발하지 않는 겁니까?
为什么还不出发？
Wèi shén me hái bù chū fā

347

탑승은 시작되었습니까?

开始登机了吗？
Kāi shǐ dēng jī le ma

방금 인천행 비행기를 놓쳤는데요.

我刚刚错过了去仁川的飞机。
Wǒ gāng gāng cuò guò le qù Rén chuān de fēi jī

비행기 안에서

입국카드는 가지고 계십니까?

有入境卡吗？
Yǒu rù jìng kǎ ma

입국카드 작성법을 모르겠습니다.

我不知道怎么填写入境卡。
Wǒ bù zhī dào zěn me tián xiě rù jìng kǎ

이것은 세관신고서입니다.

这是海关申报单。
Zhè shì hǎi guān shēn bào dān

인천에 언제 도착합니까?

什么时候到仁川？
Shén me shí hou dào Rén chuān

제 시간에 도착합니까?

能正点到达吗？
Néng zhèng diǎn dào dá ma

목적지가 인천입니까?

目的地是仁川吗？
Mù dì dì shì Rén chuān ma

商务会话
비즈니스 회화

구직과 면접

求职和面试

경쟁이 치열한 사회에서 다른 경쟁자를 물리치고 취업하기란 결코 쉬운 일이 아닙니다. 더구나 우리나라도 아닌 중국에서의 취업은 더욱 그렇습니다. 그러므로 구직서류를 준비하는 데 있어서도 매우 정성을 들여야 합니다. 구직서류에는 이력서(简历 jiǎnlì), 자기소개서(自我介绍 zìwǒ jièshào), 추천서(推荐书 tuījiànshū), 성적증명서(成绩单 chéngjìdān), 각종 자격증 사본(证书复印件 zhèngshū fùyìnjiàn) 등이 필요합니다.

일자리를 찾을 때

저는 지금 여기저기 일자리를 찾아다니고 있어요.	我正在到处找工作呢。 Wǒ zhèng zài dào chù zhǎo gōng zuò ne
마음에 드는 일자리를 찾기가 힘드네요.	找一个自己喜欢的工作真难呀。 Zhǎo yí ge zì jǐ xǐ huan de gōng zuò zhēn nán ya

> A : 找一个自己喜欢的工作真难呀。
> Zhǎo yí ge zì jǐ xǐ huan de gōng zuò zhēn nán ya
> (마음에 드는 일자리를 찾기가 힘드네요.)
>
> B : 要求别太高，总会找到的。
> Yào qiú bié tài gāo zǒng huì zhǎo dào de
> (요구조건을 너무 높게 하지 않으며, 결국에는 찾을 수 있을 거예요.)

지저분하고 힘든 일은 하고 싶지 않아요.	不想干又脏又累的活儿。 Bù xiǎng gàn yòu zāng yòu lèi de huór
제게 일자리 좀 소개해 주시겠습니까?	您能给我介绍一份工作吗？ Nín néng gěi wǒ jiè shào yí fèn gōng zuò ma

좋은 일자리가 있으면 소개 좀 해 주세요.

如果有合适的工作，请给我介绍一个。
Rú guǒ yǒu hé shì de gōng zuò　Qǐng gěi wǒ jiè shào yí ge

정말 마음에 드는 일자리를 구하고 싶어요.

我希望找一个称心如意的工作。
Wǒ xī wàng zhǎo yí ge chēng xīn rú yì de gōng zuò

그는 연줄을 통해 그 회사에 들어 갔어요.

他通过关系进了那家公司。
Tā tōng guò guān xi jìn le nà jiā gōng sī

그는 인맥을 통해서 취직했어요.

他走关系找到工作。
Tā zǒu guān xi zhǎo dào gōng zuò

면접을 준비할 때

면접시험에서는 첫인상이 아주 중요해요.

在面试的时候，印象是非常重要的。
Zài miàn shì de shí hou　yìn xiàng shì fēi chángzhòng yào de

면접할 때는 자기 소개를 잘 하세요.

面试时，要注意扬长避短。
Miàn shì shí　yào zhù yì yáng cháng bì duǎn

면접할 때는 장소에 맞는 옷차림을 해야 합니다.

面试时，你的穿着要得体。
Miàn shì shí　nǐ de chuān zhe yào dé tǐ

긴장할 건 없어요. 자신감을 가지고 면접을 보세요.

不要紧张，满怀信心地去参加面试。
Bú yào jǐn zhāng　mǎn huái xìn xīn dì qù cān jiā miàn shì

면접관의 질문

저희 회사를 선택한 동기는 무엇인가요?

你选择我们公司的初衷是什么？
Nǐ xuǎn zé wǒ men gōng nǐ de chū zhōng shì shén me

351

어떻게 우리 회사에 관심을 갖게 되었나요?	你为什么会对这个公司感兴趣？ Nǐ wèi shén me huì duì zhè ge gōng sī gǎn xìng qù
이 일을 잘 해낼 수 있을 것 같아요?	你觉得你能胜任这份工作吗？ Nǐ jué de nǐ néng shèng rèn zhè fèn gōng zuò ma
당신은 업무경험이 있나요?	你有工作经验吗？ Nǐ yǒu gōng zuò jīng yàn ma
어떤 자격증을 가지고 있나요?	你有哪方面的资格证书？ Nǐ yǒu nǎ fāng miàn de zī gé zhèng shū
영어로 자신의 의사를 표현할 수 있나요?	你可以用英语表达自己的意思吗？ Nǐ kě yǐ yòng Yīng yǔ biǎo dá zì jǐ de yì si ma
좋은 친구는 몇 명이나 있나요?	你有几个好朋友？ Nǐ yǒu jǐ ge hǎo péng you
주변 사람들은 자신을 어떻게 평가하나요?	你身边的人都是怎样评价你的？ Nǐ shēn biān de rén dōu shì zěn yàng píng jià nǐ de
당신의 꿈은 뭔가요?	你的理想是什么？ Nǐ de lǐ xiǎng shì shén me
특기가 뭔가요?	你有什么特长？ Nǐ yǒu shén me tè cháng
가장 잘하는 게 뭐죠?	你最擅长什么？ Nǐ zuì shàn cháng shén me

A：你最擅长什么？
Nǐ zuì shàn cháng shén me
(가장 잘하는 게 뭐죠?)

B：我很擅长与他人合作。
Wǒ hěn shàn cháng yǔ tā rén hé zuò
(저는 다른 사람과 협력을 잘 합니다.)

운동을 좋아하나요?	你喜欢运动吗？ Nǐ xǐ huan yùn dòng ma
희망하는 연봉을 얼마입니까?	你期望年薪是多少？ Nǐ qī wàng nián xīn shì duō shao

면접 끝났어요.

面试结束了。
Miàn shì jié shù le

집으로 돌아가서 공지사항을 기다리십시오.

请回家等候我们的通知。
Qǐng huí jiā děng hòu wǒ men de tōng zhī

면접관에게 물을 때

실습기간의 급여는 얼마나 됩니까?

试用期工资是多少？
Shì yòng qī gōng zī shì duō shao

연간 보너스는 얼마나 됩니까?

一年奖金是多少？
Yì nián jiǎng jīn shì duō shao

급여 외에 특별보조금이 있습니까?

除了工资以外还有别的补贴吗？
Chú le gōng zī yǐ wài hái yǒu bié de bǔ tiē ma

사원 복지에는 어떤 것이 있습니까?

员工都有哪些福利？
Yuán gōng dōu yǒu nǎ xiē fú lì

의료보험 혜택이 있습니까?

公司可以提供医疗保险吗？
Gōng sī kě yǐ tí gōng yī liáo bǎo xiǎn ma

면접 결과

면접 결과는 언제쯤 나옵니까?

什么时候可以知道面试结果出来？
Shén me shí hou kě yǐ zhī dao miàn shì jié guǒ chū lái

전화로 면접 결과를 확인할 수 있습니까?

可以用电话确认面试结果吗？
Kě yǐ yòng diàn huà què rèn miàn shì jié guǒ ma

면접은 어땠어요?

面试怎么样？
Miàn shì zěn me yàng

결과는 언제 알려 주나요?

什么时候通知结果？
Shén me shí hou tōng zhī jié guǒ

353

A：什么时候通知结果？
Shén me shí hou tōng zhī jié guǒ
(결과는 언제 알려 주나요?)

B：一周后到网上查询结果吧。
Yì zhōu hòu dào wǎngshàng chá xún jié guǒ ba
(일주일 후에 인터넷에서 결과를 조회해 보세요.)

드디어 취직했어요!

终于找到工作了！
Zhōng yú zhǎo dào gōng zuò le

취직을 축하해요.

祝贺你找到了工作。
Zhù hè nǐ zhǎo dào le gōng zuò

아마 불합격인가 봐, 아직도 소식이 없어.

好像我没有被录取，到现在还没有消息。
Hǎo xiàng wǒ méi yǒu bèi lù qǔ   dào xiàn zài hái méi yǒu xiāo xi

이번에도 미끄러졌어.

这次我又被刷下来了。
Zhè cì wǒ yòu bèi shuā xià lái le

人事调动

취직을 하고 난 다음 일정기간 이상 회사생활을 하다보면 부서 이동이나 승진, 해고, 퇴직 등의 인사 이동이 이루어지므로 이와 관련된 표현도 익혀두어야만 합니다.

직장에서의 평가

그는 문서처리를 정말 잘하죠?

他很会处理文件，是不是？
Tā hěn huì chù lǐ wén jiàn　shì bu shì

▶ 是不是는 평서문 뒤에 쓰여서 상대방의 의사를 확인하는 의문문으로 바꾸어준다. 이와 같이 긍정(是)과 부정(不是)을 같이 써서 만든 의문문을 긍부정의문문이라고 한다.

그 사람은 회사에서 꼭 필요한 사람입니다.

他是在公司里必须的人员。
Tā shì zài gōng sī li bì xū de rén yuán

오늘 좋아 보이는데요?

今天有什么好事吗？
Jīn tiān yǒu shén me hǎo shì ma

오늘 아침에 사장님이 일을 잘한다고 칭찬하셨습니다.

今天早上，老板称赞我把事情处理
Jīn tiān zǎo shàng　lǎo bǎn chēng zàn wǒ bǎ shì qing chù lǐ
得很好。
de hěn hǎo

그녀의 근무태도는 어떻습니까?

她的工作态度怎么样？
Tā de gōng zuò tài dù zěn me yàng

A : 她的工作态度怎么样？
Tā de gōng zuò tài dù zěn me yàng
(그녀의 근무태도는 어떻습니까?)

B : 不错。认真负责。
Bú cuò　Rèn zhēn fù zé
(매우 좋습니다. 성실하고 책임감이 강합니다.)

그녀는 일처리를 잘 못합니다.

她不太会处理事情。
Tā bú tài huì chù lǐ shì qing

일에 몰두할 때

그녀에게 얘기했어?

告诉她了没有？
Gào su tā le méi yǒu

그녀는 일에 몰두해 있어서 내가 부르는 소리도 듣지 못했다.

她全神贯注地工作着，连我叫她的声
Tā quán shén guàn zhù dì gōng zuò zhe　　lián wǒ jiào tā de shēng
音都没听见。
yīn dōu méi tīng jiàn

일을 할 때에 정신 집중이 가장 필요하다.

工作的时候最需要精神集中。
Gōng zuò de shí hou zuì xū yào jīng shén jí zhōng

그는 밥 먹을 시간도 없이 아침부터 저녁까지 일만 합니다.

他从早到晚忙工作，连吃饭的时间都
Tā cóng zǎo dào wǎn máng gōng zuò　　lián chī fàn de shí jiān dōu
没有。
méi yǒu

하루종일 일에 매달려 있는 모습을 보니 안쓰러워 보이네요.

看他整天被工作拖累着，怪可怜的。
Kàn tā zhěng tiān bèi gōng zuò tuō lèi zhe　　guài kě lián de

승진에 대해서

내년에는 승진하시길 바랍니다.

祝愿你明年高升。
Zhù yuàn nǐ míng nián gāo shēng

이번 승진시험에 합격했습니까?

这次升级考试考上了吗？
Zhè cì shēng jí kǎo shì kǎo shàng le ma

▶ 考上에서 上은 考의 결과보어로 쓰여서 시험을 쳐서 합격했다는 의미로 만들어 준다. 중국어에서 동사 뒤에 쓰이는 결과보어는 상당히 중요하며 결과보어 자체가 몇 가지 의미를 가지며 특정한 동사와 결합하여 사용되므로 동사와 함께 기억해 두는 것이 좋다.

356

A：这次升级考试考上了吗？
Zhè cì shēng jí kǎo shì kǎo shàng le ma
(이번 승진시험에 합격했습니까?)

B：还没消息呢。
Hái méi xiāo xi ne
(아직 소식이 없습니다.)

저 부장으로 승진했습니다.

我被提升为部长了。
Wǒ bèi tí shēng wèi bù zhǎng le

그 사람 어떻게 그렇게 빨리 승진했지?

他怎么提升得那么快？
Tā zěn me tí shēng de nà me kuài

그의 승진은 이례적이었어요.

他的晋升是破格的。
Tā de jìn shēng shì pò gé de

그에게는 강력한 후원자가 있어요.

他的后台很硬。
Tā de hòu tái hěn yìng

이번 승진의 기준은 무엇입니까?

这次升级的标准是什么？
Zhè cì shēng jí de biāo zhǔn shì shén me

승진은 성적에 달렸어요.

晋升全靠成绩。
Jìn shēng quán kào chéng jì

당신은 누가 승진할 거라고 생각하세요?

你觉得谁会被提拔？
Nǐ jué de shéi huì bèi tí bá

▶ 被는 피동적인 행위나 대상을 도출해낸다. 즉 이 문장에서 提拔는 「발탁하다」라는 의미이다. 하지만 앞에 被를 사용함으로써 「발탁되다」라는 행위를 받는 피동적 의미로 바뀐 것이다.

그러게 말이야.

谁不说是呢！
Shéi bù shuō shì ne

A：他的晋升是破格的。
Tā de jìn shēng shì pò gé de
(그의 승진은 이례적이었어요.)

B：说的就是呀！他一定是有背景的。
Shuō de jiù shì ya Tā yí dìng shì yǒu bèi jǐng de
(그러게 말입니다. 그는 반드시 빽이 있을 거예요.)

이상하네, 오늘 회사에서 그가 안 보이네요.

奇怪，今天在公司里怎么不见他呢。
Qí guài jīn tiān zài gōng sī li zěn me bú jiàn tā ne

357

해고에 대해서

그는 해고됐어요.

他被解雇了。
Tā bèi jiě gù le

너 요즘 무슨 고민 있니?

你最近有什么事吗？
Nǐ zuì jìn yǒu shén me shì ma

나는 2년 동안, 세 군데서 해고당했어.

我这两年，先后被三家公司解雇过。
Wǒ zhè liǎng nián xiān hòu bèi sān jiā gōng sī jiě gù guo

A：我这两年，先后被三家公司解雇
　　Wǒ zhè liǎng nián xiān hòu bèi sān jiā gōng sī jiě gù
过。
guo
（저는 2년 동안, 세 군데서 해고당했어요.）

B：这年谁都不容易。
　　Zhè nián shéi dōu bù róng yì
（요즘은 누구나 힘들어요.）

어제 친구랑 술을 많이 마셨다고 하던데요.

听说你昨天跟朋友喝了很多酒。
Tīng shuō nǐ zuó tiān gēn péng you hē le hěn duō jiǔ

해고당한 친구를 위로했어요.

我安慰被解雇的朋友。
Wǒ ān wèi bèi jiě gù de péng you

퇴직에 대해서

어떻게 결정하셨나요?

你怎么决定的呢？
Nǐ zěn me jué dìng de ne

그만두기로 결심했어요.

我决定不干。
Wǒ jué dìng bú gàn

한국 회사의 퇴직연령은 어떻게 됩니까?

韩国公司的退休年龄是多大？
Hán guó gōng sī de tuì xiū nián líng shì duō dà

▶ 나이를 물어볼 때「多大年纪」라는 말을 사용하는데 일반적으로「多大」라고 해도 연령을 물어보는 의문문으로 사용할 수 있다.

회사의 퇴직연령은 보통 58세입니다.	一般公司的退休年龄是五十八岁。 Yì bān gōng sī de tuì xiū nián líng shì wǔ shí bā suì
요즘 퇴직연령이 낮아진다던데, 그런가요?	最近退休年龄越来越低，是真的吗？ Zuì jìn tuì xiū nián líng yuè lái yuè dī　shì zhēn de ma

▶ 「越来越+동사·형용사」의 형태를 써서 정도가 점점 더 심해짐을 표현한다. 「갈수록 ~한다」라고 해석하면 된다.

요즘은 정년퇴직보다는 명예퇴직이 더 많습니다.	最近名誉退休比年龄退休更多呢。 Zuì jìn míng yù tuì xiū bǐ nián líng tuì xiū gèng duō ne
당신 회사는 정년이 몇 살입니까?	你们公司规定多大岁数退休？ Nǐ men gōng sī guī dìng duō dà suì shu tuì xiū
어휴, 50세 이상이면 위험합니다.	唉，过了五十岁就危险了。 Āi　guò le wǔ shí suì jiù wēi xiǎn le

구인광고를 보고 응모할 때

찾았어?	找到了没有？ Zhǎo dào le méi yǒu
신문에서 나에게 적합한 구인광고를 찾았다.	我在报纸上找到了适合我的招聘广告。 Wǒ zài bào zhǐ shang zhǎo dào le shì hé wǒ de zhāo pìn guǎng gào
제가 가져가야 할 서류는 어떤 것입니까?	我该拿走的文件是哪一个？ Wǒ gāi ná zǒu de wén jiàn shì nǎ yí ge
이력서와 사진 2매를 제출해야 합니다.	是交出履历书和两张照片。 Shì jiāo chū lǚ lì shū hé liǎng zhāng zhào piàn
저에게 맞는 구인광고가 있습니까?	有没有对我合适的招聘广告？ Yǒu méi yǒu duì wǒ hé shì de zhāo pìn guǎng gào

▶ 이 문장에서처럼 긍·부정의문문은 문장 앞에서 사용되는 성분도 있는데, 有没有는 주로 문장 앞에 사용된다.

30세 이상을 찾는 구인광고는 별로 없습니다.

很少找三十岁以上的。
Hěn shǎo zhǎo sān shí suì yǐ shàng de

저는 좀더 나은 직장에서 일하고 싶습니다.

我想在更好一些的单位工作。
Wǒ xiǎng zài gèng hǎo yì xiē de dān wèi gōng zuò

▶ 부사 多는 형용사 好를 수식하여 정도를 더욱 강하게 한다.

A : 我想在更好一些的单位工作。
Wǒ xiǎng zài gèng hǎo yì xiē de dān wèi gōng zuò
(저는 좀 더 나은 직장에서 일하고 싶습니다.)

B : 谁不想呢。
Shéi bù xiǎng ne
(누군들 그러고 싶지 않겠어요.)

구인광고를 잘 찾아보면 좋은 기회를 잡을 수 있을 겁니다.

好好儿找找招聘广告，一定会有机会的。
Hǎo hāor zhǎo zhǎo zhāo pìn guǎng gào yí dìng huì yǒu jī huì de

工作生活

UNIT 03

직장생활은 인간관계의 연속이므로 업무적인 측면도 중요하지만 동료간의 원만한 관계유지도 매우 중요합니다.

스케줄을 확인할 때

오늘 이 서류 정리할 시간 있어요?

今天有时间整理这文件吗？
Jīn tiān yǒu shí jiān zhěng lǐ zhè wén jiàn ma

저는 오늘 스케줄이 꽉 차 있어요.

今天我的日程排得满满的。
Jīn tiān wǒ de rì chéng pái děi mǎn mǎn de

몇 시로 했으면 좋겠어요?

你说定几点好？
Nǐ shuō dìng jǐ diǎn hǎo

내일은 아무 때나 괜찮아요.

明天的话，什么时候都可以。
Míng tiān de huà shén me shí hou dōu kě yǐ

▶ 的话는 가정을 나타내며, 보통「如果~的话」의 형식으로 많이 쓰이는데,「만약 ~라면」으로 해석한다.

어디서 만나죠?

在哪儿见面呢？
Zài nǎr jiàn miàn ne

A : **在哪儿见面呢？**
Zài nǎr jiàn miàn ne
(어디서 만나죠?)

B : **什么地方都可以，你来决定吧。**
Shén me dì fang dōu kě yǐ nǐ lái jué dìng ba
(아무 곳이나 다 괜찮아요. 당신이 정하세요.)

늘 약속 있습니까?

今天有约会吗？
Jīn tiān yǒu yuē huì ma

언제쯤 볼 수 있을까?

什么时候可以见面？
Shén me shí hou kě yǐ jiàn miàn

6시 이후에 시간이 날거야.

六点以后能有时间。
Liù diǎn yǐ hòu néng yǒu shí jiān

일의 진행상황을 점검할 때

제가 뭘 해야 하죠?

我该做什么？
Wǒ gāi zuò shén me

진행상황 보고서를 제출하세요.

提交情况进展报告书。
Tí jiāo qíng kuàng jìn zhǎn bào gào shū

일은 순조롭게 진행되어 가는 편이지요?

事情还算顺利吧？
Shì qing hái suàn shùn lì ba

A：事情还算顺利吧？
Shì qing hái suàn shùn lì ba
(일은 순조롭게 진행되어 가는 편이지요?)

B：比想象的好。
Bǐ xiǎng xiàng de hǎo
(생각보다 좋습니다.)

이번 거래는 어떻게 되어가고 있는 건가요?

这次交易进行的怎么样了？
Zhè cì jiāo yì jìn xíng de zěn me yàng le

오랫동안 소식이 없으니 답답해 죽겠네요.

好久没来消息，够郁闷的！
Hǎo jiǔ méi lái xiāo xi gòu yù mēn de

이번주 금요일까지 무슨 일이 있어도 끝내게나.

到这个星期五，无论如何得结束！
Dào zhè ge xīng qī wǔ wú lùn rú hé děi jié shù

▶ 无论如何는 대상의 예외가 없음을 나타내며, 「어쨌든」 정도로 해석한다.

일이 우리 예상대로 되고 있습니다.

事情正如我们预想的那样。
Shì qing zhèng rú wǒ men yù xiǎng de nà yàng

 03-3

도움을 요청할 때

저 좀 도와주시겠어요?
您能帮我一下吗？
Nín néng bāng wǒ yí xià ma

어떤 일로 전화하셨어요?
你打电话有什么事？
Nǐ dǎ diàn huà yǒu shén me shì

당신의 도움이 필요해요.
我需要您的帮助。
Wǒ xū yào nín de bāng zhù

죄송합니다만, 이것을 저기까지 들어주실 수 있으세요?
对不起，把这些东西帮我搬到那儿行吗？
Duì bu qǐ bǎ zhè xiē dōng xi bāng wǒ bān dào nàr xíng ma

무엇을 도와 드릴까요?
我能帮你点儿什么的？
Wǒ néng bāng nǐ diǎnr shén me de

你需要我帮助吗？
Nǐ xū yào wǒ bāng zhù ma

뒤에 누군가 저를 쫓고 있어요, 경찰 좀 불러주세요.
后边有人追我，替我报一下儿警。
Hòu biān yǒu rén zhuī wǒ tì wǒ bào yí xiàr jǐng

▶ 替는「~을 대신하여」라는 의미를 지닌다.

03-4

회의에 대해서

과장님께서 뭐라고 하셨습니까?
科长说什么？
Kē cháng shuō shén me

내일 전체 직원회의를 연다고 합니다.
明天要开全体员工会议。
Míng tiān yào kāi quán tǐ yuán gōng huì yì

사장님을 만나 뵙고 싶습니다.
我想见老板。
Wǒ xiǎng jiàn lǎo bǎn

지금 중요한 회의 중입니다.
正在开重要的会议呢。
Zhèng zài kāi zhòng yào de huì yì ne

서울 회의에 참석해야 하잖아.

不是还要参加首尔的会议吗。
Bú shì hái yào cān jiā Shǒu'ěr de huì yì ma
▶「不是」가 문장 앞에 위치함으로써 상대방에게 어떤 행위에 대한 당위성을 제기한다.

자네는 이 안건에 대해서 모든 걸 책임지게.

你全面负责起这项工作。
Nǐ quán miàn fù zé qǐ zhè xiàng gōng zuò

> A : **这项工作由你来全面负责。**
> Zhè xiàng gōng zuò yóu nǐ lái quán miàn fù zé
> (이 일은 자네가 모든 걸 책임지게.)
> B : **好，我会全力以赴的。**
> Hǎo wǒ huì quán lì yǐ fù de
> (네. 최선을 다하겠습니다.)

그 사람 지시를 따르세요.

你就听他的指示吧。
Nǐ jiù tīng tā de zhǐ shì ba

출퇴근에 대해서

지금 출근하십니까?

上班去啊？
Shàng bān qù a

당신은 어떻게 출근하십니까?

你坐什么上班？
Nǐ zuò shén me shàng bān

출근할 때 무얼 타고 하십니까?

上班的时候坐什么来？
Shàng bān de shí hou zuò shén me lái

대개 지하철을 이용해서 출근해요.

通常都坐地铁上班。
Tōng cháng dōu zuò dì tiě shàng bān

출근하는 데 시간이 얼마나 걸려요?

路上需要多长时间？
Lù shàng xū yào duō cháng shí jiān

30분이면 됩니다.

三十分钟就够了。
Sān shí fēn zhōng jiù gòu le

지각한 적은 없습니까?

你没有迟到过吗？
Nǐ méi yǒu chí dào guo ma

몇 시까지 출근합니까?

几点上班？
Jǐ diǎn shàng bān

364

| 급한 일이 없다면 9시까지 출근하면 됩니다. | 没有要紧事的话，一班九点上班。
Méi yǒu yào jǐn shì de huà yì bān jiǔ diǎn shàng bān |

휴가에 대해서

| 휴가는 며칠이나 됩니까? | 有几天休假？
Yǒu jǐ tiān xiū jià |

| 휴가는 언제로 정했나요? | 休假定在什么时候？
Xiū jià dìng zài shén me shí hou |

> A：休假定在什么时候？
> Xiū jià dìng zài shén me shí hou
> (휴가는 언제로 정했나요?)
> B：七月中旬左右。
> Qī yuè zhōng xún zuǒ yòu
> (7월 중순쯤이요.)

| 다음 주에 이틀 정도 휴가를 얻고 싶습니다. | 下星期，我想休两天假。
Xià xīng qī wǒ xiǎng xiū liǎng tiān jià |

| 이번 휴가는 어디로 가나요? | 这次休假要去哪儿？
Zhè cì xiū jià yào qù nǎr |

| 너무 바빠서 휴가를 가질 여유가 없어요. | 现在太忙，没有功夫休假。
Xiàn zài tài máng méi yǒu gōng fu xiū jià |

| 휴가 계획을 세우셨어요? | 定了休假计划了吗？
Dìng le xiū jià jì huà le ma |

| 이번 휴가 때는 어디로 갈 생각입니까? | 这次休假的时候你打算去哪儿？
Zhè cì xiū jià de shí hou nǐ dǎ suan qù nǎr |

| 중국에 갈 생각입니다. | 我有计划去中国。
Wǒ yǒu jì huà qù Zhōng guó |

동료와 대화를 나눌 때

당신은 상사와 사이가 어떠세요?

你跟上司的关系怎么样？
Nǐ gēn shàng sī de guān xi zěn me yàng

그저 그렇습니다.

还可以。
Hái kě yǐ

당신의 상사는 어떻습니까?

你的上司人怎么样？
Nǐ de shàng sī rén zěn me yàng

그는 잔소리가 심해요.

他很絮叨！
Tā hěn xù tao

저는 제 상사를 존경합니다.

我尊重我领导。
Wǒ zūn zhòng wǒ lǐng dǎo

저는 제 상사가 싫습니다.

我讨厌我上司。
Wǒ tǎo yàn wǒ shàng sī

회사생활을 하면서 가장 힘든 점은 무엇입니까?

在工作中最难的是什么？
Zài gōng zuò zhōng zuì nán de shì shén me

A：在工作中最难的是什么？
Zài gōng zuò zhōng zuì nán de shì shén me
（회사생활 하면서 가장 힘든 점은 무엇입니까?）
B：人际关系。
Rén jì guān xi
（인간관계요.）

자신의 행동에 책임을 져야 한다는 것입니다.

要对自己的行为负责。
Yào duì zì jǐ de xíng wèi fù zé

그분은 매우 관대합니다.

他非常宽容。
Tā fēi cháng kuān rong

컴퓨터 조작에 대해서

저번에 그가 내 컴퓨터를 고쳐줬어.

上次他给我修理过电脑。
Shàng cì tā gěi wǒ xiū lǐ guo diàn nǎo

그는 컴퓨터 도사야.

他是电脑高手。
Tā shì diàn nǎo gāo shǒu

이 부분을 잘 모르시죠?

你对这部分不清楚，是不是？
Nǐ duì zhè bù fēn bù qīng chu shì bu shì

컴퓨터를 배운 지 얼마 안 되어서 익숙치 않아요.

刚学电脑没多久，还不熟练。
Gāng xué diàn nǎo méi duō jiǔ hái bù shú liàn

외부에 있을 때 자료를 받을 수 있을 것 같은데요.

好像你在外勤的时候收到资料。
Hǎo xiàng nǐ zài wài qín de shí hou shōu dào zī liào

노트북 한 대 있으면 매우 편리할 텐데.

有个手提电脑应该很方便。
Yǒu ge shǒu tí diàn nǎo yīng gāi hěn fāng biàn

A：有个手提电脑应该很方便。
Yǒu ge shǒu tí diàn nǎo yīng gāi hěn fāng biàn
(노트북 한 대 있으면 아주 편할 텐데.)

B：应该是的。可是实际上并不如
Yīng gāi shì de Kě shì shí jì shàng bìng bù rú
此。
cǐ
(당연히 그렇지. 그러나 사실 꼭 그렇지만도 않아.)

당신은 일하지 않을 때 무엇을 합니까?

你不工作的时候做什么？
Nǐ bù gōng zuò de shí hou zuò shén me

저는 시간이 있으면 인터넷을 합니다.

我一有时间就上网。
Wǒ yì yǒu shí jiān jiù shàngwǎng

이런 문제가 다시 발생하면 어떡하죠?

再有类似问题发生的话怎么办？
Zài yǒu lèi sì wèn tí fā shēng de huà zěn me bàn

컴퓨터에 대해 문제가 생기면 그에게 물어보세요.

关于电脑有什么问题的话，就问他。
Guān yú diàn nǎo yǒu shén me wèn tí de huà jiù wèn tā

 03-9

인터넷 활용에 대해서

내일 우리 몇 시에 만날까?	明天我们什么时候见面？ Míng tiān wǒ men shén me shí hou jiàn miàn
내일 오전 10시에 인터넷에서 만나자.	明天上午十点登录，到时见。 Míng tiān shàng wǔ shí diǎn dēng lù dào shí jiàn
난 이미 사이트에 접속했어. 넌?	我已经进入网站了，你呢？ Wǒ yǐ jīng jìn rù wǎng zhàn le nǐ ne
자료를 어디서 찾지?	在哪儿找资料呢？ Zài nǎr zhǎo zī liào ne
우리 회사의 인터넷 사이트 주소를 알려줄게.	我告诉你我们公司的网址。 Wǒ gào su nǐ wǒ men gōng sī de wǎng zhǐ
너희는 어떻게 알게 된 거야?	你们俩怎么认识的？ Nǐ men liǎ zěn me rèn shi de

A：你们俩怎么认识的？
Nǐ men liǎ zěn me rèn shi de
(너희 둘은 어떻게 알게 된 거야?)

B：我们是在一个聚会上认识的。
Wǒ men shì zài yí ge jù huì shàng rèn shi de
(우리는 어떤 모임에서 알게 되었어.)

우리 두 사람은 인터넷을 통해 알게 되었어.	我们俩是通过网上交流认识的。 Wǒ men liǎ shì tōng guò wǎng shàng jiāo liú rèn shi de
나는 그에게 이메일을 자주 보냅니다.	我常给他发电子邮件。 Wǒ cháng gěi tā fā diàn zi yóu jiàn
내 컴퓨터는 바이러스에 감염되었어.	我的电脑染上了病毒。 Wǒ de diàn nǎo rǎn shàng le bìng dú
너에게 바이러스를 치료하는 프로그램을 설치해 줄게.	给你装上杀毒软件。 Gěi nǐ zhuāng shàng shā dú ruǎn jiàn

办公室

UNIT 04

「办公 bàngōng」이란 우리말의 「업무를 보다, 근무하다, 집무하다」 등에 해당하며 사무실을 가리켜 「办公室 bàngōngshì」 또는 「办实室 bànshíshì」 라고 합니다. 사무실에서 필요한 집기를 보면 「电话 diànhuà」, 「计算器 jìsuànqì」, 「复印机 fùyìnjī」, 「电脑 diànnǎo」, 「传真机 chuánzhēnjī」 등이 있으며 요즘은 결재나 회의까지도 인터넷상에서 처리하는 「网上办公 wǎngshàngbàngōng」이 가능하게 되었습니다.

04-1

업무를 부탁할 때

누군가 와서 나를 좀 도와 주면 좋겠어요.

要是能有人来帮帮我就好了。
Yào shi néng yǒu rén lái bāng bang wǒ jiù hǎo le

A : 要是能有人来帮帮我就好了。
Yào shi néng yǒu rén lái bāng bang wǒ jiù hǎo le
(누군가 와서 나를 좀 도와주면 좋겠어요.)

B : 我倒是想帮你呢，可你那忙谁都
Wǒ dào shì xiǎng bāng nǐ ne   kě nǐ nà máng shéi dōu

帮不上啊！
bāng bu shàng a
(내가 도와주고 싶지만, 그 일은 누구도 도와줄 수 없잖아.)

이건 그렇게 하는 게 아니라 이렇게 하는 거예요.

这不是那样做的，应该是这样做的。
Zhè bú shì nà yàng zuò de   yīng gāi shì zhè yàng zuò de

언제 끝낼 수 있죠?

什么时候可以完成？
Shén me shí hou kě yǐ wán chéng

하루 이틀에 다 할 수가 없어요.

一两天做不完。
Yì liǎng tiān zuò bu wán

너무 바빠서 다른 걸 할 시간이 없어요.

太忙了，没时间做别的。
Tài máng le méi shí jiān zuò bié de

결과는 어때요?

结果怎么样？
Jié guǒ zěn me yàng

반드시 기한에 맞춰야 해요.

我必须按期限。
Wǒ bì xū àn qī xiàn

이제야 당신 뜻을 알겠어요.

我才明白你的意思。
Wǒ cái míng bái nǐ de yì sī

당신은 이 일을 완성해 낼 수 있어요?

你做得完这个工作吗？
Nǐ zuò de wán zhè ge gōng zuò ma

저는 그 일을 완성해 낼 수 없어요.

我做不完那个工作。
Wǒ zuò bu wán nà ge gōng zuò

다 했어요?

你做完了吗？
Nǐ zuò wán le ma

아직 다하지 못했어요.

我还没做完。
Wǒ hái méi zuò wán

언제 끝나지요?

什么时候结束？
Shén me shí hou jié shù

금방 끝날 거예요, 먼저 가세요.

马上就做完，你先走吧。
Mǎ shàng jiù zuò wán nǐ xiān zǒu ba

A : 马上就做完，你先走吧。
　　Mǎ shàng jiù zuò wán nǐ xiān zǒu ba
　　(금방 끝날 거예요, 먼저 가세요.)
B : 不，我等你一起去。
　　Bù wǒ děng nǐ yì qǐ qù
　　(아닙니다. 기다렸다가 함께 가겠습니다.)

늦을까봐 걱정돼요.

我担心要迟到了。
Wǒ dān xīn yào chí dào le

370

팩스와 복사

그 자료들을 팩스로 보내주세요.

那些资料用传真发吧。
Nà xiē zī liào yòng chuán zhēn fā ba

제가 곧 팩스로 보내드릴게요.

我马上用传真发过去。
Wǒ mǎ shàng yòng chuán zhēn fā guò qù

난 아직 못 받았어.

我还没收到。
Wǒ hái méi shōu dào

몇 페이지가 모자라요?

少几页？
Shǎo jǐ yè

얼마나 부족하지요?

缺了多少？
Quē le duō shao

복사 좀 해 줄 수 있어요?

能帮我复印一下吗？
Néng bāng wǒ fù yìn yí xià ma

복사기가 왜 말을 안 듣죠?

复印机怎么不动了？
Fù yìn jī zěn me bú dòng le

복사기는 고장났어요.

复印机出毛病了。
Fù yìn jī chū máo bìng le

컴퓨터

문서 이름이 뭐예요?

文件名称是什么？
Wén jiàn míng chēng shì shén me

어느 폴더에 보관해 뒀어요?

存在哪个文件夹里了？
Cún zài nǎ ge wén jiàn jiā li le

▶ 文件夹：폴더

네이디기 다 없어졌어요.

资料都不见了。
Zī liào dōu bú jiàn le

컴퓨터가 바이러스에 걸렸어요.

电脑染上了病毒。
Diàn nǎo rǎn shàng le bìng dú

그는 컴퓨터 도사입니다.

他是电脑专家。
Tā shì diàn nǎo zhuān jiā

개인 사이트를 만들고 싶습니다.

我想建立个人网站。
Wǒ xiǎng jiàn lì ge rén wǎng zhàn

A: **我想建立个人网站。**
Wǒ xiǎng jiàn lì ge rén wǎng zhàn
(홈페이지를 만들고 싶습니다.)

B: **那挺好。不过你得有时间管理。**
Nà tǐng hǎo　Bú guò nǐ děi yǒu shí jiān guǎn lǐ
(그거 잘 되었군요. 하지만 당신이 시간을 들여 관리해야 합니다.)

노트북 있어요?

有手提电脑吗？
Yǒu shǒu tí diàn nǎo ma

죄송해요, 제가 당신의 컴퓨터를 고장냈어요.

很抱歉，我把你的电脑弄坏了。
Hěn bào qiàn　　wǒ bǎ nǐ de diàn nǎo nòng huài le

会议

「회의를 하다」는 「开会 kāihuì」라고 하며, 「회의를 끝내다」를 「散会 sànhuì」라고 합니다. 회의 중일 때 만약 외부에서 전화가 오거나 방문객이 찾아오면 「总经理正在开会。zǒngjīnglǐ zhèngzài kāihuì (사장님은 지금 회의 중이십니다.)」라고 하면 됩니다. 주주총회를 「股东大会 gǔdōng dàhuì」 또는 「股东年会 gǔdōng niánhuì」라고 하며 이사회는 「董事会 dǒngshìhuì」라고 합니다.

회의 준비

어서 준비하세요. 잠시 뒤에 회의실에서 회의를 할 거예요.

马上准备一下，呆会儿在会议室开会。
Mǎ shàng zhǔn bèi yí xià　　dāi huìr zài huì yì shì kāi huì

몇 시에 회의를 하죠?

下午几点开会？
Xià wǔ jǐ diǎn kāi huì

회의는 어디서 하죠?

会议在哪儿召开。
Huì yì zài nǎr zhào kāi

오늘 회의 의제는 무엇입니까?

今天会议的议题是什么？
Jīn tiān huì yì de yì tí shì shén me

왜 회의가 소집되었는지 아세요?

你知道为什么要开会吗？
Nǐ zhī dao wèi shén me yào kāi huì ma

A：你知道为什么要开会吗？
　　Nǐ zhī dao wèi shén me yào kāi huì ma
（왜 회의가 소집되었나요?）

B：听说公司管理层要发生些人事变
　　Tīng shuō gōng sī guǎn lǐ céng yào fā shēng xiē rén shì biàn
动。
dòng
（듣자하니 회사 관리부에 인사이동이 있답니다.）

05-2 회의 진행

어떤 문제부터 얘기할까요?	先从哪个问题谈起？ Xiān cóng nǎ ge wèn tí tán qǐ
우리 이 문제에 대해 토론합시다.	我们就这个问题讨论讨论。 Wǒ men jiù zhè ge wèn tí tǎo lùn tǎo lùn
곧바로 핵심으로 들어가겠습니다.	我就直接切入主题了。 Wǒ jiù zhí jiē qiè rù zhǔ tí le
저는 반대예요.	我反对。 Wǒ fǎn duì
저는 동의해요.	我同意。 Wǒ tóng yì
당신의 의견에 완전히 동의합니다.	我完全同意你的意见。 Wǒ wán quán tóng yì nǐ de yì jiàn
난 당신이 이렇게 하는 것에 반대해요.	我反对你这样做。 Wǒ fǎn duì nǐ zhè yàng zuò
그 당시의 상황을 좀 설명해 보세요.	你来说明一下当时的情况。 Nǐ lái shuō míng yí xià dāng shí de qíng kuàng
물론 그렇게도 생각할 수 있겠지요.	当然也可以那么想。 Dāng rán yě kě yǐ nà me xiǎng
하지만, 저는 그렇게 생각하지 않습니다.	但是，我不那么想。 Dàn shì wǒ bù nà me xiǎng
의견 차이가 너무 크네요.	想法差距太大了。 Xiǎng fǎ chā jù tài dà le
이 아이디어는 어떻게 생각하세요?	你们觉得这个主意怎么样？ Nǐ men jué de zhè ge zhǔ yì zěn me yàng
일리가 있다고 생각합니다.	我觉得很有理。 Wǒ jué de hěn yǒu lǐ
그럼, 다음 주제로 넘어가겠습니다.	那么，就谈下一个议题吧。 Nà me jiù tán xià yí ge yì tí ba

374

회의 종료

오늘 회의는 이것으로 마치겠습니다.

今天的会议到此结束。
Jīn tiān de huì yì dào cǐ jié shù

나머지는 다음 회의에서 다시 얘기합시다.

剩下的，下次开会再解决吧。
Shèng xià de　xià cì kāi huì zài jiě jué ba

회의 결과는 어떻습니까?

会议结果怎么样？
Huì yì jié guǒ zěn me yàng

A : 会议结果怎么样？
　　Huì yì jié guǒ zěn me yàng
　　(회의결과는 어떻습니까?)
B : 不错。达到了预期目的。
　　Bù cuò　Dá dào le yù qī mù dì
　　(매우 좋습니다. 소기의 목적을 이루었습니다.)

이 회의는 성공적이었습니다.

这次会议非常成功。
Zhè cì huì yì fēi chángchéng gōng

저는 아직 좋은 방법을 찾지 못했어요.

我还没找到什么好办法。
Wǒ hái méi zhǎo dào shén me hǎo bàn fǎ

회사방문

公司访问

UNIT 06

자사의 방문객을 맞이하거나 거래처를 방문하는 일은 비즈니스맨의 일과 중에 중요한 부분을 차지합니다. 중국 대륙의 광활한 시장을 생각할 때 비즈니스 상담 중국어의 비중은 막대한 것입니다. 앞으로는 전문적인 비즈니스 회화의 공부가 절실하게 요구될 것입니다. 중국 사람은 명함 등을 주고 받으며 악수로 인사합니다.

안내 카운터

누구십니까?	请问您是…? Qǐng wèn nín shì
어느 회사에서 오셨습니까?	您是什么公司的? Nín shì shén me gōng sī de
무슨 용건이십니까?	您有什么事? Nín yǒu shén me shì
약속은 하셨습니까?	您预约了吗? Nín yù yuē le ma

A : 您预约了吗?
　　Nín yù yuē le ma
　　(약속은 하셨습니까?)
B : 是的，昨天和他约好的
　　Shì de　　zuó tiān hé tā yuē hǎo de
　　(네, 어제 그와 약속을 했습니다.)

| 잠시 기다려 주십시오. | 请稍等。
 Qǐng shāo děng |
| 죄송합니다만, 외출 중입니다. | 对不起，他外出了。
 Duì bu qǐ　tā wài chū le |

376

| 10분 정도면 이리로 올 수 있습니다. | 大约十来分钟能到这儿。
Dà yuē shí lái fēn zhōng néng dào zhèr |

방문객을 맞이할 때

제가 안내해 드리겠습니다.	我带您转一转吧。 Wǒ dài nín zhuàn yi zhuàn ba
이쪽으로 오십시오.	请到这边来。 Qǐng dào zhè biān lái
화장실은 엘리베이터 옆에 있습니다.	卫生间在电梯旁。 Wèi shēng jiān zài diàn tī páng
저희 회사를 찾아주셔서 감사합니다.	感谢您访问敝公司。 Gǎn xiè nín fǎng wèn bì gōng sī
어떤 분이 찾아오셨습니다.	有人来找您。 Yǒu rén lái zhǎo nín
그분은 로비에서 기다리고 계십니다.	他在大厅里等您。 Tā zài dà tīng li děng nín
올라가시게 할까요?	要他上去吗？ Yào tā shàng qù ma
제가 곧 내려갈게요.	我这就下去。 Wǒ zhè jiù xià qù

거래처를 방문할 때

| 오랜만입니다. | 好久不见了。
Hǎo jiǔ bú jiàn le |

▶ 이 문장에서 「好」는 「久」를 수식해주는 부사로 쓰여서 「아주, 매우」라는 의미로 해석된다. 「好久不见了」는 중국인들이 오랜만에 만났을 때 하는 가장 보편화된 인사말로 반드시 기억하도록 하자.

요즘 사업은 어때요?

最近生意怎么样？
Zuì jìn shēng yì zěn me yàng

안녕하세요. 김 사장입니다. 직함이 어떻게 되시나요?

你好。我是金经理。您的职衔是什么？
Nǐ hǎo　Wǒ shì Jīn jīng lǐ　Nín de zhí xián shì shén me

▶ 우리나라말로 「经理」는 「경리」로 읽히지만 중국에서는 사장이라는 뜻으로 사용된다. 헷갈리지 않도록 유의하기 바란다.

A: **你好。我是金经理。您的职衔是**
Nǐ hǎo　Wǒ shì Jīn jīng lǐ　Nín de zhí xián shì

什么？
shén me

(안녕하세요. 김 사장입니다. 직함이 어떻게 되시나요?)

B: **这是我的名片。**
Zhè shì wǒ de míng piàn

(여기 제 명함입니다.)

명함을 주시겠습니까?

能给我一张名片吗？
Néng gěi wǒ　yì zhāng míng piàn ma

계약이 마무리되어 다행입니다.

还好签名了。
Hái hǎo qiān míng le

귀사와 거래하게 되어 영광입니다.

能跟贵公司交流，感到十分荣幸。
Néng gēn guì gōng sī jiāo liú　gǎn dào shí fēn róng xìng

接待买方和招待

UNIT 07

중국과의 교역은 날로 증대하고 있는 추세여서 양국간 사업가들의 왕래도 빈번해지고 있습니다. 따라서 기업의 입장에서 통역관을 따로 세운다 해도 기본적인 대화나 업무상의 중요 용어 등은 반드시 숙지해 두는 것이 좋습니다. 또한 무역이나 영업에 종사하는 사람들은 접대(接待 jiēdài)에 많은 시간과 돈을 투자합니다. 공식적인 업무 이외에 이루어지는 인간적인 유대관계가 때로는 사업에 큰 영향을 미칠 수도 있기 때문입니다.

07-1 바이어를 맞이할 때

오신 것을 환영합니다.	欢迎您的到来。 Huān yíng nín de dào lái

> A : 欢迎您的到来。
> 　　Huān yíng nín de dào lái
> 　　(오신 것을 환영합니다.)
> B : 谢谢
> 　　Xiè xie
> 　　(감사합니다.)

만나서 반갑습니다.	认识您很高兴。 Rèn shi nín hěn gāo xìng
오시느라 수고하셨습니다.	一路上辛苦了。 Yí lù shàng xīn kǔ le
여행은 어땠습니까?	路上怎么样？ Lù shang zěn me yàng

> A : 路上怎么样？　(여행은 어땠습니까?)
> 　　Lù shang zěn me yàng
> B : 很顺利。　(순조로웠습니다.)
> 　　Hěn shùn lì

짐은 이게 전부입니까?	行李就这些吗？ Xíng li jiù zhè xiē ma
차가 밖에 있습니다.	车在外边儿呢。 Chē zài wài biānr ne
호텔까지 차로 모시겠습니다.	我开车送您到酒店。 Wǒ kāi chē sòng nín dào jiǔ diàn
차에 타시죠.	请上车吧。 Qǐng shàng chē ba
한국에는 처음 오시는 겁니까?	是第一次来韩国吗？ Shì dì yī cì lái Hán guó ma

> A：是第一次来韩国吗？
> Shì dì yī cì lái Hán guó ma
> (한국에는 처음 오시는 겁니까?)
> B：不。是第二次了。第一次是两年前。
> Bù Shì dì èr cì le Dì yī cì shì liǎng nián qián
> (아닙니다. 두 번째 옵니다. 2년 전에 처음 왔습
> 니다.)

제가 프런트에 가서 수속해 드리겠습니다.	我帮你到前台办理手续。 Wǒ bāng nǐ dào qián tái bàn lǐ shǒu xù
제가 모시고 주변을 안내해 드릴까요?	想不想让我带你四处看看。 Xiǎng bu xiǎng ràng wǒ dài nǐ sì chù kàn kan
무슨 일이 있으면 저에게 연락 주십시오.	有什么事，请和我联系。 Yǒu shén me shì qǐng hé wǒ lián xì
언제쯤 모시러 올까요?	我应该什么时候来接你呢？ Wǒ yīng gāi shén me shí hou lái jiē nǐ ne

바이어를 접대할 때

저희 부장님께서 당신을 뵙고 싶어하십니다.	我们部长想和您见见面。 Wǒ men bù cháng xiǎng hé nín jiàn jian miàn
오늘 저녁에 여러분을 북경호텔로 초대하겠습니다.	今天晚上，在北京饭店宴请各位。 Jīn tiān wǎn shàng zài Běi jīng fàn diàn yàn qǐng gè wèi
저녁에 호텔 입구에서 여러분을 기다리겠습니다.	晚上在饭店门口等你们。 Wǎn shàng zài fàn diàn mén kǒu děng nǐ men
저녁에 여러분을 모시러 호텔로 가겠습니다.	晚上到饭店来接你们。 Wǎn shàng dào fàn diàn lái jiē nǐ men
환영의 뜻으로 저희가 간단한 연회를 준비했습니다.	为表示欢迎，我们准备了便宴。 Wèi biǎo shì huān yíng wǒ men zhǔn bèi le biàn yàn
초대해 주셔서 감사합니다.	谢谢您的邀请。 Xiè xie nín de yāo qǐng
저희가 마땅히 해야 할 일을 했습니다.	我们只是做了应该做的事情。 Wǒ men zhǐ shì zuò le yīng gāi zuò de shì qing
사양하지 마시고 식기 전에 드십시오.	大家趁热吃，别客气。 Dà jiā chèn rè chī bié kè qi
좋아하신다면 많이 드십시오.	如果喜欢，请多用点儿。 Rú guǒ xǐ huan qǐng duō yòng diǎnr
입맛에 맞을지 모르겠습니다.	不知道会不会口味儿。 Bù zhī dào huì bu huì kǒu wèir

A : 不知道会不会口味儿。
Bù zhī dào huì bu huì kǒu wèir
(입맛에 맞을지 모르겠습니다.)

B : 真让您费心了。
Zhēn ràng nín fèi xīn le
(정말 신경 쓰시게 해드렸군요.)

상담할 때 잘 부탁드립니다.

洽谈时请您多多关照。
Qià tán shí qǐng nín duō duo guān zhào

우리의 협력을 위해 건배합시다.

为我们的合作干杯！
Wèi wǒ men de hé zuò gān bēi

융숭한 대접에 감사 드립니다.

谢谢您的盛情款待。
Xiè xie nín de shèng qíng kuǎn dài

咨询

UNIT 08

중국인은 실리를 매우 중요하게 생각하므로 이해득실을 꼼꼼히 따져서 서두르지 않고 느긋하게 협상과 거래를 합니다. 또한 중국에서 「关系 guānxi」의 힘은 대단합니다. 「关系」는 「관계」 혹은 「인맥」이라 할 수 있겠습니다. 「인맥만 있으면 출세한다」라고 생각을 할 수도 있지만, 그런 관점이 아닌 유대관계의 힘이 대단하다는 의미입니다. 은혜를 입었다면, 그 은혜를 잊지 않고 갚으려는 마음이 매우 강합니다.

UNIT8 商量

제품을 설명할 때

우선 제품 소개부터 합시다.

先介绍一下产品吧。
Xiān jiè shào yí xià chǎn pǐn ba

여러분께 저희 회사의 신제품을 소개해 드리겠습니다.

我给大家介绍一下我们公司的新产品。
Wǒ gěi dà jiā jiè shào yí xià wǒ men gōng sī de xīn chǎn pǐn

이것은 저희 최신 제품입니다.

这是我们的最新产品。
Zhè shì wǒ men de zuì xīn chǎn pǐn

저희 회사의 최신 제품을 살펴보십시오.

请看一下我们公司的新产品。
Qǐng kàn yí xià wǒ men gōng sī de xīn chǎn pǐn

요즘에는 이런 제품이 비교적 잘 팔립니다.

最近这种产品卖得比较好。
Zuì jìn zhè zhǒng chǎn pǐn mài de bǐ jiào hǎo

이것은 저희 모든 제품의 카탈로그입니다,

这是我们全部产品的最新目录。
Zhè shì wǒ men quán bù chǎn pǐn de zuì xīn mù lù

저희에게 견본을 몇 개 보여 주십시오.

请让我们看几个样品吧。
Qǐng ràng wǒ men kàn jǐ ge yàng pǐn ba

	A：请让我们看几个样品吧。 Qǐng ràng wǒ men kàn jǐ ge yàng pǐn ba (저희에게 견본을 몇 개 보여 주십시오.) B：没问题，已经让人去拿了，一 Méi wèn tí yǐ jīng ràng rén qù ná le yí 会儿就可以看到。 huìr jiù kě yǐ kàn dào (문제없습니다, 이미 사람을 시켜서 가져오게 했습니다. 잠시 후에 보실 수 있습니다.)

동종 제품 중에서 가장 앞선 것입니다.	在同类产品中，这是最先进的。 Zài tóng lèi chǎn pǐn zhōng zhè shì zuì xiān jìn de
이것은 첨단기술로 생산한 것입니다.	这是用高新技术生产的。 Zhè shì yòng gāo xīn jì shù shēng chǎn de
이 제품은 다른 제품에 비해 조작하기가 쉽습니다.	这个产品操作起来比其他产品容易。 Zhè ge chǎn pǐn cāo zuò qǐ lái bǐ qí tā chǎn pǐn róng yì
직접 시험해 보시겠습니까?	您亲自实验一下吗？ Nín qīn zì shí yàn yí xià ma
생산량은 얼마나 됩니까?	你们的生产量如何？ Nǐ men de shēng chǎn liàng rú hé
귀사의 품질관리는 어떻습니까?	你们的产品质量管理怎么样？ Nǐ men de chǎn pǐn zhì liàng guǎn lǐ zěn me yàng
이 제품의 보증수리 기간은 2년입니다.	这个产品的保修期是两年。 Zhè ge chǎn pǐn de bǎo xiū qī shì liǎng nián

제품을 소개할 때

신상품은 어떤 겁니까?	哪个是新产品？ Nǎ ge shì xīn chǎn pǐn

A：哪个是新产品？（신상품은 어떤 겁니까?） Nǎ ge shì xīn chǎn pǐn

384

품질은 괜찮습니까?

质量好吗？
Zhì liàng hǎo ma

제가 보장할 수 있습니다.

我可以担保。
Wǒ kě yǐ dān bǎo

좀 더 비싼 것은 없나요?

没有贵一点儿的吗？
Méi yǒu guì yì diǎnr de ma

가격대, 스타일 별로 다양한 제품이 있습니다.

有不同的价位和式样的产品。
Yǒu bù tóng de jià wèi hé shì yàng de chǎn pǐn

다른 제품도 있나요?

还有别的吗？
Hái yǒu bié de ma

다른 제품과 비교해보고 결정하세요.

和其他产品比较一下，然后再作决定吧。
Hé qí tā chǎn pǐn bǐ jiào yí xià rán hòu zài zuò jué dìng ba

제품을 권할 때

이 제품에는 어떤 성분이 들어있습니까?

这产品含有哪些成分？
Zhè chǎn pǐn hán yǒu nǎ xiē chéng fēn

이 제품은 몸에 좋은 성분이 다량 함유되어 있습니다.

这产品含有对身体有益的成份。
Zhè chǎn pǐn hán yǒu duì shēn tǐ yǒu yì de chéng fen

손님들의 취향에 꼭 맞을 겁니다.

正适合客人的口味。
Zhèng shì hé kè rén de kǒu wèi

상품에 이상이 있으면 삼 일 내에 교환해드립니다.

对有问题的产品，三天之内给予退还。
Duì yǒu wèn tí de chǎn pǐn sān tiān zhī nèi gěi yǔ tuì huán

A：如果产品有异常怎么办？
Rú guǒ chǎn pǐn yǒu yì cháng zěn me bàn
(제품에 이상이 있으면 어떡하죠?)

B：对有问题的产品，三天之内给予
Duì yǒu wèn tí de chǎn pǐn sān tiān zhī nèi gěi yǔ
退还。
tuì huán
(상품에 이상이 있으면 삼 일 내에 교환해드립니다.)

고객들에게 최선의 서비스를 제공하겠습니다.

对顾客提供完善的服务。
Duì gù kè tí gòng wán shàn de fú wù

협상할 때

당신의 의견을 얘기해주시겠어요?

能说一下你的意见吗？
Néng shuō yí xià nǐ de yì jiàn ma

A：能说一下你的意见吗？
Néng shuō yí xià nǐ de yì jiàn ma
(당신의 의견을 말씀해 주시겠어요?)

B：那我就是随便说说，供大家参考。
Nà wǒ jiù shì suí biàn shuō shuo gōng dà jiā cān kǎo
(그렇다면, 제가 편하게 말해보겠습니다. 모두 참고하십시오.)

요점은 이렇습니다.

主要是这样的。
Zhǔ yào shì zhè yàng de

이해가 잘 안 돼요?

你不太明白吗？
Nǐ bú tài míng bai ma

그건 부차적인 것입니다.

那是次要的。
Nà shì cì yào de

다시 간략히 설명해주실 수 있으세요?

能再简要说明一下吗？
Néng zài jiǎn yào shuō míng yí xià ma

좀 망설여지는군요.

有点儿犹豫呢。
Yǒu diǎnr yóu yù ne

그래요? 저는 당신이 다 알아들 을 수 있는 줄 알았어요.

是吗？我以为你都能听懂。
Shì ma Wǒ yǐ wéi nǐ dōu néng tīng dǒng

누가 뭐래도 난 당신을 신뢰해요.

不管别人怎么说，我对你还是很信任的。
Bù guǎn bié rén zěn me shuō wǒ duì nǐ hái shi hěn xìn rèn de

평등호혜의 원칙아래 협상을 진행 합시다.

在平等互惠的原则下进行协商。
Zài píng děng hù huì de yuán zé xià jìn xíng xié shāng

조금 어려움이 있어요.

有点困难。
Yǒu diǎn kùn nan

한번 도와주세요.

就帮我这一下吧。
Jiù bāng wǒ zhè yí xià ba

그렇게 결정합시다.

就这么决定吧。
Jiù zhè me jué dìng ba

보증할 수 있어요?

你敢保证吗？
Nǐ gǎn bǎo zhèng ma

가격과 조건의 교섭

계약금만 걸고 제품을 받아볼 수 있습니까?

交了押金，能不能提货？
Jiāo le yā jīn néng bu néng tí huò

우리는 먼저 당신이 지불능력이 있는지 검토해야 합니다.

我们得核实一下你有没有支付能力。
Wǒ men děi hé shí yí xià nǐ yǒu méi yǒu zhī fù néng lì

당신들이 제시한 가격은 약간 높 은 편입니다.

你们提出的价格有些偏高。
Nǐ men tí chū de jià gé yǒu xiē piān gāo

부족한 부분은 제가 보태겠습니 다. 이번 기회에 사 놓으세요.

不足的部分我给你添，你还是趁机
Bù zú de bù fēn wǒ gěi nǐ tiān nǐ hái shi chèn jī
买下来吧。
mǎi xià lái ba

가격이 좀 비싼 편이 아닌가요?	价格是不是有点儿贵了？ Jià gé shì bu shì yǒu diǎnr guì le
저희 가격은 국제시장에서도 경쟁력이 있습니다.	我们的价格在国际市场上也是有竞争力的。 Wǒ men de jià gé zài guó jì shì chǎng shàng yě shì yǒu jìng zhēng lì de
당신 회사는 어떤 지불방식을 택하시겠습니까?	你们公司要选哪一种支付方式呢？ Nǐ men gōng sī yào xuǎn nǎ yì zhǒng zhì fù fāng shì ne
저희들은 신용보증장 지불방식을 채택할 겁니다.	我们要采用信用证支付方式。 Wǒ men yào cǎi yòng xìn yòng zhèng zhì fù fāng shì
어떤 방식으로 송금해 드릴까요?	用哪一种汇款方式好呢？ Yòng nǎ yì zhǒng huì kuǎn fāng shì hǎo ne

▶ 用은 행위가 이루어지는 방식, 방법, 수단 등을 이끌어내는 전치사로「~을 사용하여, ~으로」로 해석한다.

| 우리는 일반적으로 단순송금방식을 채택하고 있습니다. | 我们一般采用T/T付款方式。
Wǒ men yì bān cǎi yòng fù kuǎn fāng shì |

08-6 계약할 때 1

먼저 계약서 초안을 작성해봅시다.	我们先拟一份合同草案吧。 Wǒ men xiān nǐ yí fèn hé tong cǎo àn ba
이 조항을 다시 한번 검토해 주셨으면 합니다.	请再检查一下这项条款。 Qǐng zài jiǎn chá yí xià zhè xiàng tiáo kuǎn
여기에 서명하십시오.	请在这里签名。 Qǐng zài zhè li qiān míng
협조와 배려에 대단히 감사드립니다.	非常感谢您的协助和关照。 Fēi cháng gǎn xiè nín de xié zhù hé guān zhào
귀사와 거래를 하게 되어 기쁩니다.	能与贵公司交往真是很高兴。 Néng yǔ guì gōng sī jiāo wǎng zhēn shì hěn gāo xìng

죄송합니다. 저희와 조건이 안 맞는군요.

对不起，和我们的条件不相符。
Duì bu qǐ hé wǒ men de tiáo jiàn bù xiāng fú

좀더 생각해보고 연락드리겠습니다.

我考虑一下，再跟你联系吧。
Wǒ kǎo lǜ yí xià zài gēn nǐ lián xì ba

계약할 때 2

계약을 체결할 준비가 되셨습니까?

你们准备签合同了吗？
Nǐ men zhǔn bèi qiān hé tong le ma

보시기에 문제가 없으면 여기에 서명하세요.

您要是觉得没问题，就请在这儿签名。
Nín yào shi jué de méi wèn tí jiù qǐng zài zhèr qiān míng

서명한 후에는 쌍방이 모두 엄격히 계약을 이행해야 합니다.

签署后，双方必须严格履行合同要求。
Qiān shǔ hòu shuāng fāng bì xū yán gé lǚ xíng hé tong yào qiú

더 검토할 사항은 무엇입니까?

还有什么需要再核查的项目吗？
Hái yǒu shén me xū yào zài hé chá de xiàng mù ma

A：还有什么需要再核查的项目吗？
Hái yǒu shén me xū yào zài hé chá de xiàng mù ma
(더 검토할 사항이 있습니까?)

B：差不多了。如果有需要补充的，
Chà bu duō le Rú guǒ yǒu xū yào bǔ chōng de
咱们再联系。
zán men zài lián xì
(거의 다 되었습니다. 만약 보충할 것이 있다면,
저희가 다시 연락 드리겠습니다.)

빠신 부분이 있지 않나 계약서를 자세히 살펴보세요.

请您仔细审核一下合同书，看看有
Qǐng nín zǐ xì shěn hé yí xià hé tong shū kàn kan yǒu
没有遗漏的地方。
méi yǒu yí lòu de dì fang

389

문의를 할 때

이 물건 잘 샀지?	这货买得不错吧。 Zhè huò mǎi de bú cuò ba
이 제품을 사도 괜찮겠죠?	这产品买了不会错吧。 Zhè chǎn pǐn mǎi le bú huì cuò ba
절대 손해는 보지 않을 겁니다.	我保证至少不会吃亏。 Wǒ bǎo zhèng zhì shǎo bú huì chī kuī
이번 신제품에 대해 더 물어볼 게 있으십니까?	对这种新产品还有没有问题要问？ Duì zhè zhǒng xīn chǎn pǐn hái yǒu méi yǒu wèn tí yào wèn
이 제품의 효능은 어떻습니까?	这种产品的效能怎么样？ Zhè zhǒng chǎn pǐn de xiào néng zěn me yàng
당신들의 제품에 문제가 약간 있습니다.	我对你们的商品有几个问题。 Wǒ duì nǐ men de shāng pǐn yǒu jǐ ge wèn tí
모두 합법적인 제품들이겠죠?	都是合法生产的产品吧？ Dōu shì hé fǎ shēng chǎn de chǎn pǐn ba
제품 사진과 설명서를 이메일로 보내주실 수 있습니까?	你们可以把制品的照片和说明书用电子邮件寄给我们吗？ Nǐ men kě yǐ bǎ zhì pǐn de zhào piàn hé shuō míng shū yòng diàn zi yóu jiàn jì gěi wǒ men ma

▶ 전치사 给는 수혜받는 대상을 이끌어 낸다. 또한 给는 「주다」라는 의미의 동사로도 쓰인다.

납품과 클레임

交货和索赔

UNIT 09

가격이 결정되어 거래가 성사되면 물품 인도 시기가 결정됩니다. 적정한 날짜를 잘 결정하지 않으면 클레임을 당하므로 신중하게 결정을 해야 합니다. 비즈니스에서 제일 중요한 것은 지불입니다. 물건을 건네주고 지금까지 교섭을 한 것도 돈을 받기 위한 목적일 것입니다. 지불 약정을 잘하지 못하면 지금까지의 수고가 허사가 되고 맙니다. 물품 인도는 「交货 jiāohuò」라고 합니다.

주문과 납기

귀사의 제품을 주문하려고 합니다.
我们想订购贵公司的产品。
Wǒ men xiǎng dìng gòu guì gōng sī de chǎn pǐn

먼저 재고를 확인해보겠습니다.
我先确认一下库存。
Wǒ xiān què rèn yí xià kù cún

언제쯤 물건을 받을 수 있을까요?
我们什么时候可以接货？
Wǒ men shén me shí hou kě yǐ jiē huò

이달 말까지는 받을 수 있습니까?
可以在本月底之前收到吗？
Kě yǐ zài běn yuè dǐ zhī qián shōu dào ma

삼일 후에는 항구에 도착할 겁니다.
三日内就可以到达港口。
Sān rì nèi jiù kě yǐ dào dá gǎng kǒu

주문을 바꾸고 싶은데요.
我想更改一下货内容。
Wǒ xiǎng gēng gǎi yí xià huò nèi róng

어떻게 바꾸실 건가요?
您要怎么更改？
Nín yào zěn me gēng gǎi

요구하신 대로 주문서를 변경했습니다.
我们按照您的要求，更改了订单。
Wǒ men àn zhào nín de yào qiú gēng gǎi le dìng dān

391

결재

반드시 신용장을 개설해 주십시오.

您必须开信用证。
Nín bì xū kāi xìn yòng zhèng

오늘 신용장을 개설했습니다.

我们今天开了信用证。
Wǒ men jīn tiān kāi le xìn yòng zhèng

신용장 개설이 늦어 죄송합니다.

我们很抱歉信用证开迟了。
Wǒ men hěn bào qiàn xìn yòng zhèng kāi chí le

물품대금은 언제 지불합니까?

什么时候支付货款？
Shén me shí hou zhī fù huò kuǎn

A : 什么时候支付货款？
Shén me shí hou zhī fù huò kuǎn
(물품대금은 언제 지불합니까?)

B : 马上。最迟迟不过周三。
Mǎ shàng Zuì chí chí bu guò zhōu sān
(곧 지불합니다. 아무리 늦어도 수요일은 넘지 않을 겁니다.)

처음 주문하시는 제품은 선불로 주셨으면 합니다.

我们希望先付一下第一次订的货款。
Wǒ men xī wàng xiān fù yí xià dì yī cì dìng de huò kuǎn

저희는 통상 달러로 거래하고 있습니다.

我们通常用美元来做生意。
Wǒ men tōng cháng yòng měi yuán lái zuò shēng yì

지급기일은 5월 3일입니다.

支付日期是五月三日。
Zhī fù rì qī shì wǔ yuè sān rì

언제쯤 대금을 받을 수 있겠습니까?

我们何时可以收款？
Wǒ men hé shí kě yǐ shōu kuǎn

지불시기를 좀 늦춰 주실 수 있겠습니까?

可否延缓一下我们付款的日期？
Kě fǒu yán huǎn yí xià wǒ men fù kuǎn de rì qī

A : 可否延缓一下我们付款的日期？
Kě fǒu yán huǎn yí xià wǒ men fù kuǎn de rì qī
(지불시기를 좀 늦춰 주실 수 있겠습니까?)

<table>
<tr><td></td><td>B：可以。不过我们也将延缓发货日
　　Kě yǐ　　Bú guò wǒ men yě jiāng yán huǎn fā huò rì
期了。
qī le
(가능합니다. 그러나 저희도 물품발송시기를 늦추
겠습니다.)</td></tr>
</table>

클레임

귀사에서 보낸 물품이 아직 도착하지 않았습니다.	你们发的货还没到。 Nǐ men fā de huò hái méi dào
맛이 변한 것도 있고 파손된 것도 있습니다.	有变味儿的，还有损坏的。 Yǒu biàn wèir de hái yǒu sǔn huài de
화물들이 운송 중에 파손되었습니다.	货物在运送途中受损了。 Huò wù zài yùn sòng tú zhōng shòu sǔn le
우리가 받은 것은 주문했던 물품이 아닙니다.	我们收到的不是我们所订购的产品。 Wǒ men shōu dào de bú shì wǒ men suǒ dìng gòu de chǎn pǐn
제품에 결함이 있습니다.	产品有很多问题。 Chǎn pǐn yǒu hěn duō wèn tí
주문량보다 100개가 부족합니다.	比预订量少了一百个。 Bǐ yù dìng liàng shǎo le yì bǎi ge
손해배상 청구서를 보내겠습니다.	给您发一下索赔请求书。 Gěi nín fā yí xià suǒ péi qǐng qiú shū
어떤 일로 전화하셨습니까?	你打电话有什么事吗？ Nǐ dǎ diàn huà yǒu shén me shì ma
불량품이 있어서 주문을 취소하겠습니다.	因为有劣制品，我们要取消订货。 Yīn wèi yǒu liè zhì pǐn wǒ men yào qǔ xiāo dìng huò

저희는 이 물품들을 반송하기로
결정하였습니다.

我们决定送还这批货物。
Wǒ men jué dìng sòng huán zhè pī huò wù

A : 我们决定送还这批货物。
Wǒ men jué dìng sòng huán zhè pī huò wù
(저희는 이 물품들을 반송하기로 결정하였습니다.)

B : 可以。那送还货物的费用谁负担?
Kě yǐ Nà sòng huán huò wù de fèi yòng shéi fù dān
(좋습니다. 그러면 물품 반송 비용은 누가 부담하
지요?)

클레임에 대해 대응할 때

이 제품이 고장났어요.

这东西坏了。
Zhè dōng xi huài le

즉각 조치하겠습니다.

马上会处理的。
Mǎ shàng huì chǔ lǐ de

저는 이 회사와 거래를 끊겠습니다.

我不想再跟这公司作生意了。
Wǒ bù xiǎng zài gēn zhè gōng sī zuò shēng yì le

다시 한번 생각해 주십시오, 노력
하겠습니다.

再好好儿考虑一下，我们会努力的。
Zài hǎo hāor kǎo lù yí xià wǒ men huì nǔ lì de

중국은 유사(有史) 이래 수천 년간 우리가 가장 밀접한 관계를 유지한 국가입니다. 오랫동안 중국은 우리에게 문화를 전수해주는 입장이었던 이유로 그들의 민족적 자부심은 여전히 대단합니다. 지난 백 년간 중국과 우리는 우여곡절을 겪었으나, 최근 중국의 비상(飛翔)이 세계의 주목을 받게 되었고 우리와도 긴밀한 우호관계가 형성되었습니다.

따라서 중국어를 의욕적으로 공부하는 사람들은 많으나 정작 일정 수준의 중국어회화 구사능력을 갖춘 사람은 그리 많지 않습니다. 그 이유는 한자(漢字)에 대한 원초적 두려움(?)과 특히 성조(聲調) 구별은 난공불락의 장벽처럼 보이기도 합니다. 하지만 본질적인 문제는 본인의 끈기일 것입니다. 미국에서 중국인과 거래하는 이들 중에는 한자를 모르고 발음만으로 일상 중국어 회화를 구사할 수 있는 미국인이 어느 정도 있다고 하니 한자도 결정적인 걸림돌은 아닌 셈입니다.

회화 고급자로 가는 단계를 보면 혼자 교재를 갖고 익히기, 그리고 서툴지만 프리토킹 해보기, 그리고 최종적으로 native와 대화하기 순서가 일반적입니다. 결국 native에게 발음도 바로잡고 다양한 표현도 익혀야 하는데 막상 native 앞에 서면 잘 아는 기본 인사조차 떠오르지 않습니다.

그래서 필요한 것이 회화사전입니다. 온갖 상황에 따른 대화가 나오는 회화사전을 가지고 다니면서 하고 싶은 말을 미리 책을 뒤적이며 찾노라면 의외로 기억에 오래갑니다. 회화사전이란 깊은 학문을 연구하는 책이 아니라 지극히 실용적인 책일 수밖에 없습니다. 따라서 찾아보기 편한 장점을 갖고 있어야 합니다.

혼자서 이 책을 볼 때는 중국어 부분을 가리고 우리말만 보고 중국어 문장을 추측해보는 훈련이 필요합니다. 이렇게 이 책을 전부 소화한다면 기본적인 표현들은 거의 머리에서 자유자재로 꺼내어 쓸 수 있을 겁니다. 어쨌든 외국어를 정복하는 데는 엄청난 시간과 돈과 노력(時間 shíjiān, 錢 qián, 努力 nǔlì)이 필요합니다. 기업에서 외국어 능력을 요구하는 것은 현대 사회가 외국어 능력을 필요로 하기 때문만은 아닙니다. 외국어를 정복하기 위해 들어간 기나긴 시간 동안의 인내심과 자신삼도 평가해주는 것입니다.

독자 여러분, 인생은 어차피 혼자 개척해 가야하는 외로운 길입니다. 잎으로 인생에서 큰 성취를 이루시길 바라며 인생의 교훈이 되는 경구를 드립니다.

"不怕慢，只怕站." (느리게 가는 것은 두렵지 않으나 멈추는 것이 두렵다)

VOL. TWO

实用汉语会话

실용 중국어회화

PART 5　对话表现
대화 표현

对话表现
대화 표현

开始说话的时候

UNIT 01

상대에 대해 호칭을 적절하게 사용하지 못할 경우 결례가 될 뿐만 아니라 기분을 상하게 하는 경우도 있으므로 주의를 기울여야 합니다. 중국에서는 일반적으로 사람을 호칭할 때 남성은 「先生 xiānsheng」, 여성은 「小姐 xiǎojiě」라고 합니다. 만일 상대가 결혼한 여성이라면 여성의 성 뒤에 「女士 nǚshì」 혹은 「夫人 fūren」을 붙이거나 남성의 성 뒤에 「太太 tàitai」를 붙여서 호칭해도 됩니다.

01-1

사람을 부를 때

어떻게 불러야 하나요?	怎么称呼您? Zěn me chēng hu nín

A : 怎么称呼您?
　　Zěn me chēng hu nín
（어떻게 불러야 하나요?）

B : 请叫我金先生吧。
　　Qǐng jiào wǒ Jīn xiān sheng ba
（김 씨라고 불러주십시오.）

김 여사.	金夫人。 Jīn fū ren
김 양.	金小姐。 Jīn xiǎo jiě
여보세요!	喂! Wèi
그를 어떻게 불러야 할까요?	我该怎么称呼他? Wǒ gāi zěn me chēng hu tā
신사 숙녀 여러분!	女士们先生们! Nǚ shì men xiān sheng men

여러분!	诸 位！ Zhū wèi
아빠! / 아버지!	爸 爸！/ 父 亲！ Bà ba Fù qīn
엄마! / 어머니!	妈 妈！/ 母 亲！ Mā ma Mǔ qīn
의사 선생님!	大 夫！ Dài fu
교수님!	教 授 先 生！ Jiào shòu xiān sheng
거기 너!	那 边 那 人！ Nà biān nà rén

말을 걸 때

| 이야기 좀 할 수 있을까요? | 我 能 跟 你 谈 谈 吗？
Wǒ néng gēn nǐ tán tan ma |

> A：我 能 跟 你 谈 谈 吗？
> Wǒ néng gēn nǐ tán tan ma
> (이야기 좀 할 수 있을까요?)
> B：不 急 的 话，一 会 儿 下 班 以 后 行 吗？
> Bù jí de huà   yí huìr xià bān yǐ hòu xíng ma
> (급하지 않다면, 조금 있다가 퇴근 후에 해도 괜
> 찮겠습니까?)

말씀드릴 게 좀 있습니다.	我 想 跟 你 说 个 事。 Wǒ xiǎng gēn nǐ shuō ge shì
시간 좀 있으세요?	请 问，你 有 时 间 吗？ Qǐng wèn nǐ yǒu shí jiān ma
드릴 말씀이 있는데요	我 有 话 跟 你 说。 Wǒ yǒu huà gēn nǐ shuō
잠깐 이야기를 나누고 싶은데요.	想 跟 你 谈 谈，可 以 吗？ Xiǎng gēn nǐ tán tan kě yǐ ma

당신에게 할 이야기가 좀 있습니다.

有件事，我想跟你说。
Yǒu jiàn shì wǒ xiǎng gēn nǐ shuō

잠깐 이야기 좀 할까요?

我们俩谈谈？
Wǒ men liǎ tán tan

할 이야기가 좀 있습니다.

想跟你聊一聊
Xiǎng gēn nǐ liáo yi liáo

잠깐만 이야기하면 됩니다.

我想跟你谈谈，只要一会儿就行。
Wǒ xiǎng gēn nǐ tán tan zhǐ yào yí huìr jiù xíng

대화 도중에 말을 걸 때

말씀 중에 잠깐 실례를 해도 될까요?

您正说着呢，我想打断一下可以吗？
Nín zhèng shuō zhe ne wǒ xiǎng dǎ duàn yí xià kě yǐ ma

말씀 도중에 죄송합니다.

对不起，打断一下。
Duì bu qǐ dǎ duàn yí xià

A : 对不起，打断一下。你说的王总
Duì bu qǐ dǎ duàn yí xià Nǐ shuō de Wáng zǒng
是谁？
shì shéi
(말씀 도중에 죄송합니다. 말씀하신 왕쫑은 누구입니까?)

B : 王总是杨总的同学。他们两家公
Wáng zǒng shì Yáng zǒng de tóng xué Tā men liǎng jiā gōng
司关系十分密切。
sī guān xi shí fēn mì qiè
(왕쫑은 양쫑의 동창생입니다. 그들 두 회사 관계는 매우 밀접합니다.)

저에게 말씀하시는 겁니까?

您这是跟我说呢吗？
Nín zhè shì gēn wǒ shuō ne ma

말하는 중이니까 끼어 들지 마세요.

人家正谈话呢，你别打岔。
Rén jia zhèng tán huà ne nǐ bié dǎ chà

A：人家正谈话呢，你别打岔。
Rén jia zhèng tán huà ne　　nǐ bié dǎ chà
(말하는 중이니까 끼어 들지 마세요.)

B：没关系。他着急就让他先说。
Méi guān xi　　Tā zháo jí jiù ràng tā xiān shuō
(상관 없습니다. 그가 급하니까 먼저 말하게 하세요.)

용건을 물을 때

무슨 이야기를 하고 싶으세요?

您想谈什么？
Nín xiǎng tán shén me

무슨 말을 하고 싶으신 거죠?

你到底想说什么？
Nǐ dào dǐ xiǎng shuō shén me

나한테 뭔가 할 이야기가 있어요?

你是不是有话跟我说？
Nǐ shì bu shì yǒu huà gēn wǒ shuō

물론이죠. 무슨 일이죠?

当然了，什么事啊？
Dāng rán le　　shén me shì a

질문

提问

UNIT 02

낯선 곳에서 모르는 사람에게 뭔가를 물을 때는 「请问一下 Qǐng wèn yíxià (말 좀 물읍시다)」라고 합니다. 또한 의문점이 생기면 사용되는 말은 묻는 주제에 따라서 표현법이 다릅니다. 이유를 물을 때는 「为什么 wèishénme」, 방법을 물을 때는 「怎么 zěnme」, 정도를 물을 때는 「多么 duōme」, 때를 물을 때는 「什么时候 shénme shíhou」, 방향이나 장소를 물을 때는 「哪儿 nǎr」 등을 쓰는데, 우리말의 육하원칙이 여기에 해당합니다.

02-1 질문할 때

말 좀 물읍시다.	请问一下。 Qǐng wèn yí xià
질문 하나 있습니다.	我有个问题。 Wǒ yǒu ge wèn tí
사적인 질문을 하나 해도 되겠습니까?	可以问一个私人问题吗？ Kě yǐ wèn yí ge sī rén wèn tí ma
구체적인 질문 몇 가지를 드리겠습니다.	下面我问几个具体问题。 Xià miàn wǒ wèn jǐ ge jù tǐ wèn tí
당신에게 질문할 것이 많습니다.	我有许多问题向您请教。 Wǒ yǒu xǔ duō wèn tí xiàng nín qǐng jiào

A : 我有许多问题向您请教。
Wǒ yǒu xǔ duō wèn tí xiàng nín qǐng jiào
(당신에게 질문할 것이 많습니다.)

B : 别客气。请讲。
Bié kè qi　Qǐng jiǎng
(어려워하지 말고, 말씀하세요.)

그건 무엇으로 만드셨어요?

那是用什么做的？
Nà shì yòng shén me zuò de

이것은 중국어로 뭐라고 하죠?

请问这个中文怎么说？
Qǐng wèn zhè ge Zhōng wén zěn me shuō

이 단어를 어떻게 발음하죠?

请问这个词怎么发音？
Qǐng wèn zhè ge cí zěn me fā yīn

누구한테 물어봐야 되죠?

不知应该问哪位？
Bù zhī yīng gāi wèn nǎ wèi

그건 어디에 쓰는 거죠?

那是用在什么地方的？
Nà shì yòng zài shén me dì fang de

질문을 잘 들으세요.

请听好我的提问。
Qǐng tīng hǎo wǒ de tí wèn

모르시겠어요?

你不知道吗？
Nǐ bù zhī dào ma

답을 말해 보세요.

请说出答案。
Qǐng shuō chū dá àn

제 질문에 답해 주세요.

请您回答我的问题。
Qǐng nín huí dá wǒ de wèn tí

도대체 이유가 뭡니까?

到底为什么呢？
Dào dǐ wèi shén me ne

이유를 물어봐도 될까요?

可以问一下理由吗？
Kě yǐ wèn yí xià lǐ yóu ma

A : 可以问一下理由吗？
Kě yǐ wèn yí xià lǐ yóu ma
(이유를 물어봐도 될까요?)
B : 无可奉告。
Wú kě fèng gào
(별 거 아니네요.)

 **02-2**

질문에 답변할 때

말씀하세요. 무슨 문제인가요?
您说吧，什么问题？
Nín shuō ba　　shén me wèn tí

더 이상 묻지 마세요.
请不要再问了。
Qǐng bú yào zài wèn le

대답하지 않겠소.
我不回答。
Wǒ bù huí dá

뭐라고 대답해야 좋을지 모르겠습니다.
不知道该怎么回答。
Bù zhī dào gāi zěn me huí dá

A : 不知道该怎么回答。
　　Bù zhī dào gāi zěn me huí dá
　　(뭐라고 답해야 할지 모르겠습니다.)
B : 怎么想的就怎么说呢。
　　Zěn me xiǎng de jiù zěn me shuō ne
　　(생각나는 대로 말씀하십시오.)

좋은 질문입니다.
这个问题题得好。
Zhè ge wèn tí tí de hǎo

저는 모르겠습니다.
这我不知道。
Zhè wǒ bù zhī dào

제가 이걸 어떻게 알겠어요?
我上哪儿知道去呢？
Wǒ shàng nǎr zhī dao qù ne

 **02-3**

때를 물을 때

언제 가세요?
什么时候走？
Shén me shí hou zǒu

언제 거기에 갔어요?
你什么时候到那儿的？
Nǐ shén me shí hou dào nàr de

언제가 가장 편하세요?
你什么时候最方便？
Nǐ shén me shí hou zuì fāng biàn

A：你什么时候最方便？
Nǐ shén me shí hou zuì fāng biàn

(가장 편한 시간이 언제입니까?)

B：看你了，我无所谓，什么时候都
Kàn nǐ le wǒ wú suǒ wèi shén me shí hou dōu

可以。
kě yǐ

(편한대로 하세요. 상관 없습니다. 아무 때나 좋습니다.)

02-4 장소를 물을 때

어디에 살고 있습니까?

你住在哪里？
Nǐ zhù zài nǎ li

여기가 어디야?

这里是哪儿？
Zhè li shì nǎr

어제 어디에 있었니?

你昨天在哪儿来着？
Nǐ zuó tiān zài nǎr lái zhe

어디 출신입니까?

你是什么地方人？
Nǐ shì shén me dì fang rén

응답

答应

UNIT 03

상대의 질문에 전적으로 동의할 때는 「完全 wánquán, 很 hěn, 真 zhēn」 등을 사용하여 강조할 수 있습니다. 반면, 부정과 반대를 나타낼 때에는 「不 bù, 没 méi, 没有 méiyǒu」라는 부정어구가 들어가게 되는데, 「不」는 의지를 나타내며 앞으로 일어날 일에 대한 부정을 할 때 사용되도, 「没」는 과거의 일에 대한 부정과 소유에 대한 부정을 나타냅니다.

03-1

긍정적으로 대답할 때

예. / 맞아요.	是。/对。 Shì　Duì
그렇습니다.	是的。/是啊。 Shì de　Shì a
당연합니다.	当然了。 Dāng rán le
정말입니다.	真的。 Zhēn de
아니오.	不。 Bù
아니오, 그렇지 않습니다.	不，不是。 Bù　bú shì
좋습니다.	好。 Hǎo
좋고 말고요.	可以，可以。 Kě yǐ　kě yǐ
저도 그래요.	我也是。 Wǒ yě shì

네, 맞아요.	对，不错。 Duì　bú cuò
그거 잘됐군요.	那好。 Nà hǎo
매우 좋아요.	好极了。 Hǎo jí le
그래도 돼요.	也行。 Yě xíng
역시 좋아요.	也可以。 Yě kě yǐ
옳아요(의의 없어요).	没意见。 Méi yì jiàn

A：你看咱们先去医院看看赵晓兰，
Nǐ kàn zán men xiān qù yī yuàn kàn kan Zhào Xiǎo lán
然后再去逛商店怎么样？
rán hòu zài qù guàngshāng diàn zěn me yàng
(우리 우선 병원에 가서 자오샤오란을 보고난 후에 쇼핑가는 게 어떨까요?)
B：没意见，就这么定了。
Méi yì jiàn jiù zhè me dìng le
(좋아요, 그렇게 해요.)

좋은 생각이야!	好主意！ Hǎo zhǔ yi
당신 마음대로 하세요.	随你的便。 Suí nǐ de biàn
그럼 하는 수 없지.	那没办法。 Nà méi bàn fa
너무 과분합니다.	太过分了。 Tài guò fen le
명심할게요.	我记住了。 Wǒ jì zhù le
정말 그래요.	真是这样。 Zhēn shi zhè yàng

부정적으로 대답할 때

헛소리 마.	别 胡 说 。 Bié hú shuō
천만에요. 과찬이십니다.	哪 里 哪 里 ， 您 过 奖 了 。 Nǎ li nǎ li nín guò jiǎng le
절대 아니에요.	绝 对 不 是 。 Jué duì bú shì
그럴 리가 없어.	不 会 吧 。 Bú huì ba
절대 안 돼.	绝 对 不 行 。 Jué duì bù xíng

불확실하게 대답할 때

당신 말이 맞을걸요.	也 许 你 说 得 不 错 。 Yě xǔ nǐ shuō de bú cuò
그것도 괜찮네요.	那 也 不 错 。 Nà yě bú cuò
그렇다고 할 수 있지.	也 算 是 吧 。 Yě suàn shi ba
그건 옳지 않은 것 같네요.	那 好 像 不 对 。 Nà hǎo xiàng bú duì

맞장구

迎合

UNIT 04

대화의 흐름을 원활하게 하기 위한 방법의 하나는 맞장구를 잘 치는 일입니다. 이것은 상대방에게 자기의 이야기를 잘 듣고 있다는 신뢰감을 줄 수 있기 때문입니다. 우리말의 「그래 맞아, 그렇구나」의 중국어 표현은 「你说的对 Nǐ shōu de duì」, 「就是 Jiùshì」 등을 들 수 있습니다. 맞장구는 상대방의 말에 동의하는 경우가 많지만, 되물을 때도 쓸 수 있습니다. 「是吗 Shì ma?」, 「真的 Zhēnde?」는 부정의 의미를, 「嗯 g」은 긍정도 부정도 아닌 의미를 나타냅니다.

확실하게 맞장구칠 때

맞아요./그래요.	是的。 Shì de
맞아요.	对。 Duì
맞습니다, 맞고요.	对了，对了。 Duì le　duì le
됐습니다.	好了。 Hǎo le
알겠어요.	知道了。 Zhī dao le
당연합니다.	当然。 Dāng rán
그거 괜찮은데요.	那不错嘛。 Nà bú cuò ma
아, 그랬군요.	啊，原来是这样。 Ā　yuán lái shì zhè yàng

> A：他在韩国生活过，他太太是韩国
> Tā zài Hán guó shēng huó guo　tā tài tai shì Hán guó
> 人，所以他韩国情况比较熟悉。
> rén　suǒ yǐ tā Hán guó qíng kuàng bǐ jiào shú xī
> (그는 한국에서 생활한 적이 있어요. 그의 부인이
> 한국인이어서 한국 상황에 비교적 익숙합니다.)
> B：啊，原来是这样。
> Ā　yuán lái shì zhè yàng
> (아, 어쩐지.)

대단하시네요!	真了不起！ Zhēn liǎo bu qǐ
두말하면 잔소리지.	那还用说。 Nà hái yòng shuō

애매하게 맞장구칠 때

정말이세요?	真的吗？ Zhēn de ma
정말 좋습니다.	真好。 Zhēn hǎo
그렇습니까?	是吗？ Shì ma
그럴지도 모르지요.	也许是那样的吧。 Yě xǔ shì nà yàng de ba
아, 그렇게 말씀하시니까 생각이 나는군요.	啊，你这么说才想起来。 Ā　nǐ zhè me shuō cái xiǎng qǐ lái
아마 당신 말이 맞을 거예요.	也许你说得不错。 Yě xǔ nǐ shuō de bú cuò

긍정의 맞장구

좋아요.

好的。
Hǎo de

좋아요./괜찮아요.

可以。
Kě yǐ

그렇고 말고요./물론이죠.

可不是吗。
Kě bú shì ma

좋아요./괜찮아요.

行。
Xíng

예, 그렇습니다.

是啊。
Shì a

당신 말이 맞아요.

这话有道理。
Zhè huà yǒu dào li

A：这次我们做一些让步，建立起关
Zhè cì wǒ men zuò yì xiē ràng bù　jiàn lì qǐ guān

系来说不定我们今后发展有好
xi lái shuō bu dìng wǒ men jīn hòu fā zhǎn yǒu hǎo

处。
chu

(이번에 우리가 약간 양보를 하면, 좋은 관계를 맺
게되어 반드시 나중에 좋은 점이 있을 것입니다.)

B：这话有道理。
Zhè huà yǒu dào li

(당신 말이 맞네요.)

맞는 말이에요.

你的话很对。
Nǐ de huà hěn duì

지당하신 말씀이에요.

你的话对极了。
Nǐ de huà duì jí le

당신 말이 지극히 옳아요.

你说得对极了。
Nǐ shuō de duì jí le

04-4 부정의 맞장구

안 돼요.	**不行。** Bù xíng
그렇지 않은 것 같아요.	**我觉得不对。** Wǒ jué de bú duì
그럴리가요.	**不会。** Bú huì
틀린 것 같아요.	**我看不对。** Wǒ kàn bú duì
그렇지 않을 거예요.	**恐怕不是那样。** Kǒng pà bú shì nà yàng
그럴 리가 없어요.	**不能。** Bù néng
그건 하기 힘들겠어요.	**那不好办。** Nà bù hǎo bàn
그렇게 하지 않아도 될 것 같아요.	**我看不必了。** Wǒ kàn bú bì le

> **A : 要不要我再去她解释一下儿?**
> Yào bu yào wǒ zài qù tā jiě shì yí xiàr
> (내가 다시 가서 그녀에게 해명할까요?)
>
> **B : 我看不必了。**
> Wǒ kàn bú bì le
> (그러실 필요까지는 없어요.)

그건 안 됩니다.	**那可不行。** Nà kě bù xíng
천만의 말씀입니다.	**哪儿的话呢。** Nǎr de huà ne
절대 안 돼요.	**绝对不行。** Jué duì bù xíng
알겠습니다.	**明白了。** Míng bai le

414

어려울 듯합니다.

这恐怕比较难。
Zhè kǒng pà bǐ jiào nán

되묻음

重问

UNIT 05

대화를 할 때 자신의 말을 우선하다 보면 상대의 말에 소홀해지기 마련입니다. 원활한 대화의 기술은 상대의 말을 잘 듣는 것이 무엇보다도 중요합니다. 더구나 우리말이 아닌 중국어로 대화를 하다보면 언어나 문화의 차이로 인해 의사소통에 장애를 느끼는 경우가 많습니다. 상대의 말을 알아듣지 못해 다시 한 번 말해달라고 요구할 때는 「请你再说一遍。 Qǐng nǐ zài shuō yí biàn」이라고 하면 됩니다.

05-1 잘 알아듣지 못했을 때

죄송하지만, 잘 못 들었어요.	对不起，听不请楚。 Duì bu qǐ tīng bu qing chu
설명 좀 해주시겠습니까?	请给我解释一下吧？ Qǐng gěi wǒ jiě shì yí xià ba
무슨 말인지 전혀 모르겠어요.	全然不知道是什么意思。 Quán rán bù zhī dào shì shén me yì sī
도무지 감이 잡히질 않습니다.	一点儿摸不着头绪。 Yì diǎnr mō bù zháo tóu xù
요지가 뭔지 알아듣지 못하겠어요.	我听不出来要旨。 Wǒ tīng bu chū lái yào zhǐ

05-2 되물을 때

뭐라고?	什么？ Shén me
뭐라고 했지?	说什么来着？ Shuō shén me lái zhe

| 방금 뭐라고 말씀하셨죠? | 你刚才说什么？
Nǐ gāng cái shuō shén me |
| 뭐라고요? | 你说什么？
Nǐ shuō shén me |

05-3 다시 한번 말해달라고 할 때

다시 말씀해 주시겠어요?	你能再说一遍吗？ Nǐ néng zài shuō yí biàn ma
다시 한번 말씀해 주십시오.	请你再说一遍。 Qǐng nǐ zài shuō yí biàn
미안하지만, 다시 말씀해 주십시오.	不好意思，请再说一遍。 Bù hǎo yì si qǐng zài shuō yí biàn
잘 못 들었어요. 다시 한번 말씀해 주시겠어요?	我听不请楚，请再说一遍，好吗？ Wǒ tīng bu qīng chu qǐng zài shuō yí biàn hǎo ma
방금 뭐라고 했죠, 다시 한번 말해줄래요?	你刚才说什么，能再说一遍吗？ Nǐ gāng cái shuō shén me néng zài shuō yí biàn ma
죄송한데요, 좀더 자세히 말씀해 주시겠습니까?	麻烦你，能说得更详细一点吗？ Má fan nǐ néng shuō de gèng xiáng xì yì diǎn ma

避免确切的回答

UNIT 06

상대가 모처럼 어렵게 부탁이나 제안을 했는데 즉석에서 바로 거절하게 된다면 무례하게 비칠 뿐만 아니라 상대방도 민망하기 짝이 없을 것입니다. 여기서는 즉석에서 답을 피하는 표현을 배우도록 합시다. 중국어에서 확답을 피할 때에는 가정을 나타내는 「想 xiǎng, 好像 hǎoxiàng」 등의 표현이 쓰입니다. 「~ 모르겠다」라는 의미로 「不知道 bù zhīdào」가 많이 사용됩니다.

확답을 피할 때

아마 아닐 거예요.	也许不会吧！ Yě xǔ bú huì ba

A：如果我再给他加些钱，他会不会
Rú guǒ wǒ zài gěi tā jiā xiē qián　　tā huì bu huì

留下来呢？
liú xià lái ne

(만약 내가 그에게 돈을 더 준다면, 그가 머무르지 않을까요?)

B：也许不会吧。他不是为钱才走的。
Yě xǔ bú huì ba　　Tā bú shì wèi qián cái zǒu de

(아마 아닐 거예요. 그는 돈 때문에 가는 사람이 아니거든요.)

그렇지는 않을 겁니다.	可能不是那样。 Kě néng bú shì nà yàng
저는 잘 모르겠습니다.	这我不知道。 Zhè wǒ bù zhī dào
모르기는 저도 마찬가지입니다.	我也同样不知道。 Wǒ yě tóng yàng bù zhī dào
확실히는 잘 모르겠습니다.	确切的我也不太清楚。 Què qiè de wǒ yě bú tài qīng chu

418

전 그렇지 않다고 봅니다.

我看不是那样。
Wǒ kàn bú shì nà yàng

답변하고 싶지 않습니다.

我不想回答。
Wǒ bù xiǎng huí dá

글쎄요. 뭐라고 말씀드려야 할지.

是啊，这怎么讲呢？
Shì a Zhè zěn me jiǎng ne

A : 这个决定是不是带些个人色彩？
Zhè ge jué dìng shì bu shì dài xiē gè rén sè cǎi
(이 결정은 일부 사람들의 개인적인 경향을 갖고 있지 않습니까?)

B : 是啊，这怎么讲呢？恐怕没那么
Shì a Zhè zěn me jiǎng ne Kǒng pà méi nà me
简单吧。
jiǎn dān ba
(글쎄요. 뭐라고 말씀드려야 할지. 아마 그렇게 간단하지 않을 것입니다.)

06-2

다시 이야기하자고 할 때

다음에 다시 얘기합시다.

下次再谈吧。
Xià cì zài tán ba

나중에 계속해서 이야기합시다.

那下次再继续聊吧。
Nà xià cì zài jì xù liáo ba

나중에 기회가 되면 당신과 얘기 했으면 좋겠어요.

真希望下次再有机会跟您聊。
Zhēn xī wàng xià cì zài yǒu jī huì gēn nín liáo

나중에 다시 찾아뵙겠습니다.

我改天再来拜访。
Wǒ gǎi tiān zài lái bài fǎng

아해와확인

理解和确认

UNIT 07

중국인과 대화를 하면서 잘 알아듣지 못했을 때 무작정 묻기보다는 미안하다는 표현인 「对不起 duìbuqǐ / 不好意思 bùhǎoyìsi」 등을 덧붙이면 더욱 정중하겠죠? 설명을 요구할 때에는 문장 앞이나 동사 앞에 정중한 표현인 「请 qǐng(~해 주십시오)」을 써주는 것이 좋습니다. 부분적인 설명을 요구할 때에는 해당 부분에 「什么 shénme」를 넣어서 물어보면 됩니다.

07-1 이해를 확인할 때

이해하시겠어요?

你能理解吗？
Nǐ néng lǐ jiě ma

제가 한 말을 알겠어요?

你明白我说的话吗？
Nǐ míng bai wǒ shuō de huà ma

제 말 뜻을 이해하시겠어요?

你理解我说的意思吗？
Nǐ lǐ jiě wǒ shuō de yì si ma

A : **你理解我说的意思吗？**
　　Nǐ lǐ jiě wǒ shuō de yì si ma
（제 말 뜻을 이해하시겠어요?)

B : **理解，不过我不能赞同。**
　　Lǐ jiě bú guò wǒ bù néng zàn tóng
（이해합니다만, 저는 동의할 수 없습니다.)

지금까지 제가 한 말을 이해하시겠어요?

你能理解我说的这些话吗？
Nǐ néng lǐ jiě wǒ shuō de zhè xiē huà ma

먼저 확인 좀 할게요.

我先帮您确认一下吧！
Wǒ xiān bāng nín què rèn yí xià ba

무슨 뜻인지 이해하시겠어요?

你能理解是什么意思吗？
Nǐ néng lǐ jiě shì shén me yì si ma

420

07-2 이해를 했을 때

이해했어요.
我理解。
Wǒ lǐ jiě

아, 알겠습니다.
哦，明白了。
Ō míng bai le

아, 무슨 말씀인지 알겠습니다.
啊，我明白是什么意思了。
Ā wǒ míng bai shì shén me yì si le

알겠군요.
明白了。
Míng bai le

이해가 되는군요.
可以理解。
Kě yǐ lǐ jiě

와, 그러니까 감이 잡히는군요.
哇，这下我摸到头绪了。
Wā zhè xià wǒ mō dào tóu xù le

충분히 이해할 수 있어요.
我能够理解。
Wǒ néng gòu lǐ jiě

당신의 입장을 이해합니다.
我理解你的立场。
Wǒ lǐ jiě nǐ de lì chǎng

07-3 이해를 못했을 때

이해가 안 됩니다.
我没法理解。
Wǒ méi fǎ lǐ jiě

무슨 말을 하는지 모르겠어요.
我不知你讲的是什么。
Wǒ bù zhī nǐ jiǎng de shì shén me

당신 말을 이해할 수 없습니다.
我理解不了你的话。
Wǒ lǐ jiě bu liǎo nǐ de huà

이해하기 어렵군요.
很难理解。
Hěn nán lǐ jiě

그건 이해가 안 되는군요.
这点我无法理解。
Zhè diǎn wǒ wú fǎ lǐ jiě

이해가 잘 안 됩니까?

你 不 太 明 白 吗？
Nǐ bú tài míng bai ma

A : 你 不 太 明 白 吗？他 这 是 在 拍 你 马
Nǐ bú tài míng bai ma Tā zhè shì zài pāi nǐ mǎ
屁 呢。
pì ne
(그래도 모르겠니? 그가 지금 네게 아부하는 거잖
아.)
B : 怎 么 会 呢！
Zěn me huì ne
(설마!)

그걸 전혀 이해할 수 없군요.

那 真 费 解。
Nà zhēn fèi jiě

설마!

怎 么 会 呢！
Zěn me huì ne

믿을 수 없어!

难 以 置 信！
Nán yǐ zhì xìn

对话的连接和进行

UNIT 08

대화는 인격의 반영으로 우리의 삶을 원활하게도 하지만 잘못된 대화로 서로에게 상처를 주기도 하고 인간 관계를 망치는 경우도 있습니다. 따라서 대화를 어떻게 하느냐 하는 것은 매우 중요한 일입니다. 상대방에게 뭔가 말을 하고 싶을 때는 「我说啊。Wǒ shuō a (있잖아요)」라고 조심스럽게 말을 꺼낸 다음 자신이 하고 싶은 질문이나 의견 등을 말하면 자연스럽게 대화가 이루어질 것입니다.

PART 5

08-1

말을 꺼내거나 주저할 때

있잖아요,

我 说 啊…
Wǒ shuō a

있잖아요(알다시피), …

你 也 知 道…
Nǐ yě zhī dao

생각 좀 해보고요.

让 我 想 一 想。
Ràng wǒ xiǎng yi xiǎng

말하자면…

要 说 嘛…
Yào shuō ma

어디서부터 말을 해야 할지 정말 모르겠군요.

真 不 知 该 从 何 说 起。
Zhēn bù zhī gāi cóng hé shuō qǐ

A : 你 是 什 么 时 候 开 始 对 他 上 心 的?
　　Nǐ shì shén me shí hou kāi shǐ duì tā shàng xīn de
（당신은 언제부터 그에게 관심이 있었습니까?）

B : 嗯， 这 个…。 真 不 知 该 从 何 说
　　Ng　　zhè ge　　　　　Zhēn bù zhī gāi cóng hé shuō
起。
qǐ
（음, 뭐랄까, 어디서부터 말을 해야 할지 정말 모르겠네요.）

423

08-2 말이 막힐 때

음, 그게….	嗯，这个…。 Ng zhè ge
글쎄, 제 말은….	啊，我的意思是…。 Ā wǒ de yì si shì
실은….	其实是…。 Qí shí shì
그걸 어떻게 말해야 될까요?	这不知道该怎么说？ Zhè bù zhī dào gāi zěn me shuō
제가 어디까지 말했죠?	我说到哪儿啦？ Wǒ shuō dào nǎr la
우리가 어디까지 이야기했죠?	我们刚才说到哪儿了？ Wǒ men gāng cái shuō dào nǎr le

08-3 말을 재촉할 때

누가 그랬는지 말해 보세요.	你说说是谁干的。 Nǐ shuō shuo shì shéi gàn de
그래서 당신은 뭐라고 했습니까?	那你说什么了？ Nà nǐ shuō shén me le

> A：那你说什么了？
> Nà nǐ shuō shén me le
> (그래서 당신은 뭐라고 했습니까?)
> B：我能说什么？默认了呗。
> Wǒ néng shuō shén me　Mò rèn le bei
> (제가 뭐라고 할 수 있겠습니까? 묵인하는 수밖에 요.)

하고 싶은 말을 하세요.	你想说什么就说吧。 Nǐ xiǎng shuō shén me jiù shuō ba
빨리 말씀하세요.	您快讲。 Nín kuài jiǎng

424

무슨 일이 생겼는지 말해 봐.

告诉我，出了什么事？
Gào su wǒ chū le shén me shì

A：告诉我，出了什么事？
Gào su wǒ chū le shén me shì
（무슨 일이 생겼는지 말해 봐.）

B：因为台风，那个地区闹水灾了。
Yīn wèi tái fēng nà ge dì qū nào shuǐ zāi le

他家房子被冲塌了。
Tā jiā fáng zi bèi chōng tā le

（태풍 때문에, 그 지역에 홍수가 났어. 그 사람
집이 홍수로 무너졌어.）

하시고 싶은 말씀이 있으면 하세요.

有什么想说的就说吧。
Yǒu shén me xiǎng shuō de jiù shuō ba

그래서 당신은 뭐라고 했습니까?

那你怎么说的？
Nà nǐ zěn me shuō de

간단히 말할 때

간단히 말해!

说简单一点。
Shuō jiǎn dān yì diǎn

본론을 말씀하세요.

请言归正传吧。
Qǐng yán guī zhèngzhuàn ba

바로 요점을 말하세요.

你就直奔主题吧。
Nǐ jiù zhí bēn zhǔ tí ba

요점을 말씀드리자면….

假如讲要点的话…。
Jiǎ rú jiǎng yào diǎn de huà

화제를 바꿀 때

화제를 바꿉시다.

下面换一换话题。
Xià miàn huàn yi huàn huà tí

화제를 바꾸지 마세요.

不要转换话题。
Bú yào zhuǎn huàn huà tí

그건 다른 이야기잖아요.

你说的是另外一回事儿。
Nǐ shuō de shì lìng wài yì huí shìr

제가 한 말을 취소하겠습니다.

我取消刚才说的话。
Wǒ qǔ xiāo gāng cái shuō de huà

08-6 말이 통할 때

당신은 그와 어때요, 서로 통해요?

你跟他怎么样? 谈得来吗?
Nǐ gēn tā zěn me yàng Tán de lái ma

저희 둘은 서로 말이 잘 통해요.

我们俩挺谈得来的。
Wǒ men liǎ tǐng tán de lái de

당신과 같은 생각입니다.

我想的跟你一样。
Wǒ xiǎng de gēn nǐ yí yàng

A : 咱们俩想到一块儿去了。
Zán men liǎ xiǎng dào yí kuàir qù le
(당신과 같은 생각입니다.)

B : 英雄所见略同嘛?
Yīng xióng suǒ jiàn lüè tóng ma
(훌륭한 사람의 생각은 대체로 같지 않습니까?)

意见

UNIT
09

다른 사람에게 의견을 제시하거나 물어볼 때, 흔히 「~怎么样 zěn meyàng」을 많이 사용합니다. 이것은 「~하면 어떨까요?」라고 상대방의 의중을 물어보는 표현입니다. 상대의 의견에 찬성할 때는 「请随便。Qǐng suíbiàn (좋으실 대로 하십시오.)」라고 하고, 반대로 상대방의 의견에 부정할 때는 「我不那么认为。Wǒ bú nà me rènwei (저는 그렇게 생각하지 않습니다.)」라고 하면 됩니다.

의견을 물을 때

당신 생각은 어때요?

你觉得怎么样?
Nǐ jué de zěn me yàng

A : **你觉得怎么样?**
　　Nǐ jué de zěn me yàng
(당신 생각은 어때요?)

B : **目前看，也只好如此了。**
　　Mù qián kàn　　yě zhǐ hǎo rú cǐ le
(지금으로서는 이렇게 하는 수밖에 없지요.)

당신이 보기에 어때요?

你看怎么样?
Nǐ kàn zěn me yàng

어떻게 생각해?

你想怎么样?
Nǐ xiǎng zěn me yàng

이렇게 하면 어떨까?

这样做怎么样?
Zhè yàng zuò zěn me yàng

무슨 좋은 생각이 있어요?

有没有什么好主意?
Yǒu méi yǒu shén me hǎo zhǔ yì

어떻게 생각하세요?

你认为怎么样?
Nǐ rèn wèi zěn me yàng

427

그게 정말 그런 거예요?	那真是那样吗？ Nà zhēn shi nà yàng ma
다들 정말 그렇게 생각해요?	大家真的这么想吗？ Dà jiā zhēn de zhè me xiǎng ma
무슨 방법이 있어?	有什么办法？ Yǒu shén me bàn fǎ
이렇게 하는 게 맞을까?	这样做合适吗？ Zhè yàng zuò hé shì ma
그런 일이 있을 수 있는지 말해봐.	你说，能有那事吗？ Nǐ shuō néng yǒu nà shì ma
뭘 더 어쩌란 말입니까?	还要我怎么样？ Hái yào wǒ zěn me yàng
당신이 나라면 어떻게 할 겁니까?	你要是我，你会怎么样？ Nǐ yào shì wǒ nǐ huì zěn me yàng

> A : 你要是我，你会怎么样？
> Nǐ yào shì wǒ nǐ huì zěn me yàng
> (당신이 나라면 어떻게 할 겁니까?)
> B : 我可能会私了了。
> Wǒ kě néng huì sī liǎo le
> (나는 아마도 당사자끼리 해결하라고 할 겁니다.)

어떻게 가능해요?	怎么可能？ Zěn me kě néng
당신은 일을 잘못 하셨네요.	是你做错了。 Shì nǐ zuò cuò le
이렇게 하면 돼요?	这样做，就行吗？ Zhè yàng zuò jiù xíng ma

의견에 대해 긍정할 때

| 내 생각도 너와 똑같아. | 我的感觉和你一样。
Wǒ de gǎn jué hé nǐ yí yàng |

428

A：这个人不太地道，咱们赶紧摆脱
Zhè ge rén bú tài dì dao　zán men gǎn jǐn bǎi tuō
他，走吧。
tā　zǒu ba
(이 사람은 그다지 순수하지 못하니, 우리 어서 빨리 그에게서 벗어나자, 가자.)

B：我的感觉和你一样。
Wǒ de gǎn jué hé nǐ yí yàng
(내 생각도 너와 똑같아.)

좋으실 대로 하십시오.

随便吧。
Suí biàn ba

제가 보증하지요.

我保证。
Wǒ bǎo zhèng

너의 말도 일리가 있어.

你的话也有道理。
Nǐ de huà yě yǒu dào li

좋아요, 이렇게 합시다.

好，就这样吧。
Hǎo　jiù zhè yàng ba

나쁘다고만 볼 수 없어.

还不算坏。
Hái bú suàn huài

하고 싶은 대로 하세요.

你想怎么办，就怎么办吧。
Nǐ xiǎng zěn me bàn　jiù zěn me bàn ba

당신 마음대로 하세요.

随你的便。
Suí nǐ de biàn

제가 보기에 이 일은 그리 어렵지 않네요.

我看这件事不太难。
Wǒ kàn zhè jiàn shì bú tài nán

당신과 같은 생각입니다.

我和您想的一样。
Wǒ hé nín xiǎng de yí yàng

의견에 대해 부정할 때

나는 그럴 리가 없다고 생각해요.

我也觉得不会。
Wǒ yě jué de bú huì

| 그럼 안 되지요. | 那怎么行。
Nà zěn me xíng |

> A：这电脑我现在不用，你拿去用吧。
> Zhè diàn nǎo wǒ xiàn zài bú yòng nǐ ná qù yòng ba
> (이 컴퓨터는 내가 지금 쓰지 않으니, 당신이 가져가서 쓰세요.)
> B：那怎么行。
> Nà zěn me xíng
> (어떻게 그래요.)

| 절대 아니에요. | 绝对不是。
Jué duì bú shì |

말하고 싶지 않아요.　我不想说。　Wǒ bú xiǎng shuō

난 아무것도 몰라요.　我什么都不知道。　Wǒ shén me dōu bú zhī dào

그럴 리가 없어.　不会吧。　Bú huì ba

뭐라 말할 수 없네요.　我不好说。　Wǒ bú hǎo shuō

솔직히 말하면 저도 잘 모르겠어요.　老实讲，我也不知道。　Lǎo shí jiǎng wǒ yě bú zhī dào

정말 이상하네.　真奇怪。　Zhēn qí guài

제가 뭘 할 수 있겠어요?　我能做什么？　Wǒ néng zuò shén me

좀 부담스럽네요.　我有点儿负担。　Wǒ yǒu diǎnr fù dān

말도 안 되는 소리 말아요.　你别胡说八道。　Nǐ bié hú shuō bā dào

그건 불가능해요.　那是不可能的。　Nà shì bú kě néng de

| 방법이 없어요. | 没办法。
Méi bàn fǎ |

| 미안하지만 좀 곤란한데요. | 对不起，这对我可有点儿难了。
Duì bú qǐ zhè duì wǒ kě yǒu diǎnr nán le |

> A : 我能不能借你车用几天？
> Wǒ néng bu néng jiè nǐ chē yòng jǐ tiān
> (제가 당신의 차를 빌려서 며칠 간 빌려도 될까요?)
>
> B : 对不起，这对我可有点儿难了。
> Duì bu qǐ zhè duì wǒ kě yǒu diǎnr nán le
> (미안하지만, 좀 곤란한데요.)

| 그건 절대 불가능해요. | 那是绝不可能的事。
Nà shì jué bù kě néng de shì |

의견을 칭찬할 때

| 정말 그래요. | 真是这样。
Zhēn shi zhè yàng |

| 정말 대단하네요. | 真不简单。
Zhēn bù jiǎn dān |

| 그것 참 재미있네요. | 这可就有点儿意思了。
Zhè kě jiù yǒu diǎnr yì si le |

| 당신은 수완이 아주 좋군요. | 你很有办法。
Nǐ hěn yǒu bàn fǎ |

> A : 你很有办法。
> Nǐ hěn yǒu bàn fǎ
> (당신은 수완이 아주 좋군요.)
>
> B : 哪里，不过是经验罢了。
> Nǎ lǐ bú guò shì jīng yàn ba le
> (별말씀을, 단지 경험일 뿐이지요.)

| 당신은 안목이 뛰어나시네요. | 你很有眼光。
Nǐ hěn yǒu yǎn guāng |

훌륭한 의견 감사합니다.	感谢您出了个好主意。 Gǎn xiè nín chū le ge hǎo zhǔ yi
당신 말에도 일리가 있어요.	你的话也有道理。 Nǐ de huà yě yǒu dào li
정말 좋은 생각이군요.	真是个好想法！ Zhēn shi ge hǎo xiǎng fǎ
그거 좋은 생각 같군요.	我想那主意挺好。 Wǒ xiǎng nà zhǔ yi tǐng hǎo
어떻게 이런 생각을 해 내셨죠?	你竟然能想出这么个主意！ Nǐ jìng rán néng xiǎng chū zhè me ge zhǔ yi
대단히 훌륭한 지적을 해 주셨습니다.	您提出的问题太中肯了。 Nín tí chū de wèn tí tài zhōng kěn le
바로 그겁니다.	就是它！ Jiù shì tā
정확한 의견 감사합니다.	感谢您的正确意见。 Gǎn xiè nín de zhèng què yì jiàn

동의

同意

UNIT 10

상대방의 동의를 구할 때는 「怎么样? Zěnmeyàng(어때요?)」이라고 합니다. 이때 중국인들은 「좋다」라는 표현인 「好的好的。Hǎo de hǎo de」를 연발합니다. 만일 중국인과 어떤 비즈니스를 할 경우에 「好的好的」만 듣고 모든 일이 잘된 줄 알고 있다가는 크게 낭패를 보게 됩니다. 중국인이 입버릇처럼 하는 말이기 때문입니다. 부정할 때는 「不是。Búshì」나 「没有。Méiyou」를 많이 사용합니다.

10-1 동의를 구할 때

동의합니까?

同意吗?
Tóng yì ma

당신도 내 생각과 같으세요?

你也跟我的想法一样吗?
Nǐ yě gēn wǒ de xiǎng fǎ yí yàng ma

> A : **你也跟我的想法一样吗?**
> Nǐ yě gēn wǒ de xiǎng fǎ yí yàng ma
> (당신도 내 생각과 같나요?)
>
> B : **大同小异吧。**
> Dà tóng xiǎo yì ba
> (대동소이합니다.)

어때요?

怎么样?
Zěn me yàng

그래요?

真的?
Zhēn de

433

10-2 동의 · 찬성할 때

예, 동의합니다.	是，同意。 Shì tóng yì
찬성합니다.	赞成。 Zàn chéng
동감입니다.	我也有同感。 Wǒ yě yǒu tóng gǎn

A : 目前的困难是暂时的，重要的是
Mù qián de kùn nán shì zàn shí de zhòng yào de shì
我们内部要团结。
wǒ men nèi bù yào tuán jié
(지금의 어려움은 일시적인 것입니다. 중요한 것은 우리들 스스로 단결해야 한다는 겁니다.)
B : 我也有同感。
Wǒ yě yǒu tóng gǎn
(저도 동감입니다.)

다른 의견은 없습니다.	我没别的意见。 Wǒ méi bié de yì jiàn
동의합니다.	我同意。 Wǒ tóng yì
당신의 의견에 동의합니다.	我同意你的意见。 Wǒ tóng yì nǐ de yì jiàn
전적으로 동의합니다.	我完全同意。 Wǒ wán quán tóng yì
그 의견에 찬성합니다.	我赞成那意见。 Wǒ zàn chéng nà yì jiàn
이 의견은 좋은 것 같습니다.	这意见好像不错。 Zhè yì jiàn hǎo xiàng bú cuò
저도 그렇게 생각합니다.	我也那么想。 Wǒ yě nà me xiǎng
저도 그렇게 생각했어요.	我也那么想来着。 Wǒ yě nà me xiǎng lái zhe

434

그 계획에 찬성합니다.	我赞同那计划。 Wǒ zàn tóng nà jì huà
지당하신 말씀입니다.	您说得很中肯。 Nín shuō de hěn zhòng kěn
그 점에 대해서는 저도 동감입니다.	对那点，我也有同感。 Duì nà diǎn wǒ yě yǒu tóng gǎn
알았어요. 당신 말이 맞습니다.	知道了，你说得对。 Zhī dao le nǐ shuō de duì
이의가 없습니다.	我没有异议。 Wǒ méi yǒu yì yì
저는 괜찮습니다.	我没事儿。 Wǒ méi shir

당신 좋을 대로 하세요.	怎么方便怎么来吧。 Zěn me fāng biàn zěn me lái ba
됐어!	好了！ Hǎo le
전적으로 찬성입니다.	我完全赞成。 Wǒ wán quán zàn chéng
당신 말씀에 전적으로 동의합니다.	我完全同意你的话。 Wǒ wán quán tóng yì nǐ de huà
정말 그렇습니다.	真的是那样的。 Zhēn de shi nà yàng da
확실합니다.	确实如此。 Què shí rú cǐ

당신의 모든 의견에 찬성합니다.

我赞同你的一切意见。
Wǒ zàn tóng nǐ de yí qiè yì jiàn

의심할 여지가 없습니다.

没有丝毫怀疑的余地。
Méi yǒu sī háo huái yí de yú dì

10-3 반대할 때

의견이 있습니다.

我有意见。
Wǒ yǒu yì jiàn

저는 찬성하지 않습니다.

我不赞成。
Wǒ bú zàn chéng

반대합니다.

反对。
Fǎn duì

저는 동의할 수 없습니다.

我不能同意。
Wǒ bù néng tóng yì

당신 의견에 동의할 수 없습니다.

我不能同意你的做法。
Wǒ bù néng tóng yì nǐ de zuò fǎ

이 의견에 반대합니다.

我反对这意见。
Wǒ fǎn duì zhè yì jiàn

당신의 의견을 지지할 수 없습니다.

我不能支持你的意见。
Wǒ bú néng zhī chí nǐ de yì jiàn

당신과 생각이 다릅니다.

我跟你的看法不一样。
Wǒ gēn nǐ de kàn fǎ bú yí yàng

저는 그렇게 생각하지 않아요.

我不那么认为。
Wǒ bú nà me rèn wèi

A：这么快打入市场，是不是有点操
Zhè me kuài dǎ rù shì chǎng shì bu shì yǒu diǎn cāo
之过急了？ (이렇게 빠르게 시장에 진입하는
zhī guò jí le
것은 좀 성급한 일 아닙니까?)

B：我不那么认为。
Wǒ bú nà me rèn wèi
(저는 그렇게 생각하지 않아요.)

436

저는 그렇게 믿지 않아요.

我不相信会是那样。
Wǒ bù xiāng xìn huì shì nà yàng

그 계획에 찬성할 수 없어요.

我无法赞成那计划。
Wǒ wú fǎ zàn chéng nà jì huà

그 계획에는 반대합니다.

我反对那计划。
Wǒ fǎn duì nà jì huà

유감스럽지만, 아닙니다.

很遗憾，不是的。
Hěn yí hàn bú shì de

유감스럽지만 당신의 견해에 동의
할 수 없습니다.

很遗憾，我不能同意你的看法。
Hěn yí hàn wǒ bù néng tóng yì nǐ de kàn fǎ

당신이 틀린 것 같아요.

我想你不对。
Wǒ xiǎng nǐ bú duì

저는 그렇게 할 수 없습니다.

我不能那么做。
Wǒ bù néng nà me zuò

그건 당신 생각이죠.

那不过是你的想法。
Nà bú guò shì nǐ de xiǎng fǎ

그건 말도 안 되는 소리예요.

这简直不像话。
Zhè jiǎn zhí bú xiàng huà

A：他把次品降价处理给对方了，估
Tā bǎ cì pǐn jiàng jià chǔ lǐ gěi duì fāng le gū
计不久市场上会出现这种产品
jì bú jiǔ shì chǎngshang huì chū xiàn zhè zhǒng chǎn pǐn
了。
le

(가격을 낮추어서 질이 낮은 물품을 상대방에게
제공한다면, 머지않아 시장에 이런 종류의 상품이
출현할 것입니다.)

B：这简直不像话。太有损于我们品
Zhè jiǎn zhí bú xiàng huà Tài yǒu sǔn yú wǒ men pǐn
牌形象了。
pái xíng xiàng le

(그건 말도 안 돼요. 우리 브랜드 이미지가 너무
큰 손해를 입게 됩니다.)

격려와 위로

鼓励和安慰

상대가 어려운 상황에 처해 있을 때나 슬퍼할 때는 따뜻하게 위로나 동정의 말을 건네는 것이 상대와의 친밀감을 더욱 돈독히 할 수 있는 방법입니다. 중국어에서는 동정과 위로의 표현은 유사한 부분이 많습니다. 일반적인 표현으로는 「힘내세요」 혹은 「넌 할 수 있어」 등의 표현을 자주 사용합니다. 이는 「加油, 你是能干的(Jiāyóu, nǐ shì néng gàn de)」 등으로 표현할 수 있습니다.

11-1

격려할 때

힘내! 파이팅!	加油！加油！ Jiā yóu　Jiā yóu
용기를 내요!	鼓起勇气吧！ Gǔ qǐ yǒng qì ba ▶ 起勇气 : 용기를 북돋우다
기회는 얼마든지 있어요.	机会有的是。 Jī huì yǒu de shì
자, 힘을 내. 너는 할 수 있어.	来，加把劲，你会做到的！ Lái jiā bǎ jìn nǐ huì zuò dào de
당신은 틀림없이 해낼 수 있을 거라고 믿어요.	我相信你肯定能做到。 Wǒ xiāng xìn nǐ kěn dìng néng zuò dào

> A：我相信你肯定能做到。
> Wǒ xiāng xìn nǐ kěn dìng néng zuò dào
> (당신은 틀림없이 해낼 수 있을 거라고 믿어요.)
>
> B：谢谢你的信任，我一定会努力的。
> Xiè xie nǐ de xìn rèn　wǒ yí dìng huì nǔ lì de
> (믿어주셔서 고맙습니다. 저는 반드시 노력할 겁니다.)

438

그것은 문제도 안 돼요.	这简直不成问题。 Zhè jiǎn zhí bù chéng wèn tí
좀더 힘내세요.	你再加把劲! Nǐ zài jiā bǎ jìn
당신은 절대 실패할 리 없어요.	我想你决不会失败。 Wǒ xiǎng nǐ jué bú huì shī bài
너는 이겨낼 거야.	你肯定会克服的。 Nǐ kěn dìng huì kè fú de
하려고 하면 못 할 것도 없어.	有志者事竟成。 Yǒu zhì zhě shì jìng chéng

11-2 위로할 때

괴로워하지 마.	别难过。 Bié nán guò
너무 상심하지 마세요.	不要太伤心了。 Bú yào tài shāng xīn le
너무 마음 아파하지 마세요.	你别难过了。 Nǐ bié nán guò le
좀 진정하세요.	冷静点儿。 Lěng jìng diǎnr
진정 좀 해요.	镇静一下。 Zhèn jìng yí xià
너무 상심하면 건강에 해로워요.	太伤心了会对身体不好。 Tài shāng xīn le huì duì shēn tǐ bú hǎo
운다고 문제가 해결되나요?	哭能解决问题吗? Kū néng jiě jué wèn tí ma
왜 그래, 너 왜 울어?	怎么了,你哭什么? Zěn me le nǐ kū shén me

A：怎么了，你哭什么？
Zěn me le　　　nǐ kū shén me
(왜 그래, 너 왜 울어?)

B：想孩子了。
Xiǎng hái zǐ le
(아이가 보고 싶어서.)

눈물을 닦아요.

擦干眼泪吧。
Cā gān yǎn lèi ba

걱정하지 마.

你不要担心。
Nǐ bú yào dān xīn

나는 이 일에 대해서 조금도 개의
치 않아.

我对这件事，一点儿也不在乎。
Wǒ duì zhè jiàn shì　　yí diǎnr yě bú zài hū

걱정할 필요 없어요.

用不着担心。
Yòng bù zháo dān xīn

안심해도 돼요.

你放心好了。
Nǐ fàng xīn hǎo le

나는 벌써 그 일을 잊었어.

我早就忘了那件事。
Wǒ zǎo jiù wàng le nà jiàn shì

모두 잘 될 거예요.

都会好起来的。
Dōu huì hǎo qǐ lái de

인생은 원래 이런 거예요.

人生原本就是这样的。
Rén shēng yuán běn jiù shì zhè yàng de

실망하지 마.

别失望。
Bié shī wàng

지금부터가 시작이야.

现在才是开始。
Xiàn zài cái shì kāi shǐ

이건 아무것도 아니야.

这还不算什么。
Zhè hái bú suàn shén me

방법이 있을 거야.

会有办法的。
Huì yǒu bàn fǎ de

자신을 믿으세요.

相信自己。
Xiāng xìn zì jǐ

뭐라 말할 수 없네요.

我不好说。
Wǒ bù hǎo shuō

A : 你说我是不是该跟他分手？
Nǐ shuō wǒ shì bu shì gāi gēn tā fēn shǒu
(그와 헤어져야 할까요?)

B : 这我可不好说什么，还是你自己
Zhè wǒ kě bù hǎo shuō shén me hái shì nǐ zì jǐ

拿主意吧。
ná zhǔ yi ba
(뭐라고 말할 수 없네요, 스스로 결정하는 게 좋겠어요.)

남의 눈을 너무 의식하지 마세요.

不要太在乎别人怎么看。
Bú yào tài zài hū bié rén zěn me kàn

어디를 가보나 다 마찬가지예요.

不管哪儿，都一样。
Bù guǎn nǎr dōu yí yàng

대부분의 사람은 자기 능력을 가늠하지 못해요.

大部分的人没有自知之明。
Dà bù fēn de rén méi yǒu zì zhī zhī míng

실망하지 마.

别失望。
Bié shī wàng

기운 내!

振作起来！
Zhèn zuò qǐ lái

A : 振作起来！太阳明天还会升起来
Zhèn zuò qǐ lái Tài yáng míng tiān hái huì shēng qǐ lái

的。
de
(힘내세요! 태양은 내일 다시 떠오른답니다.)

B : 对，我不能就这么认输。
Duì wǒ bù néng jiù zhè me rèn shū
(맞습니다, 이렇게 무릎 꿇을 수는 없습니다.)

제안과 권유

提案和劝说

UNIT 12

상대에게 뭔가를 제안하거나 권유할 때는 「跟我一起怎么样? Gēn wǒ yìqǐ zěnmeyàng(같이 해 보는 게 어때요?)」처럼 「평서문+怎么样」의 형태로 만들 수 있습니다. 또 「吧 ba」를 이용하여 문장을 만들 수도 있는데, 「吧」로 물어보는 것은 긍정적인 대답을 예상하고 묻는 질문이 대부분입니다. 따라서 상대의 제안을 흔쾌히 받아들일 때는 「好吧。Hǎo ba(좋습니다.)」라고 응답하면 됩니다.

제안할 때

우리 돌아가야 하지 않을까요?	我们是不是该回去了? Wǒ men shì bu shì gāi huí qù le
지금 출발해야겠어요.	我们得出发了。 Wǒ men děi chū fā le
제가 도와드릴 일이라도 있나요?	有没有需要我帮忙的? Yǒu méi yǒu xū yào wǒ bāng máng de

> A : 有没有需要我帮忙的?
> Yǒu méi yǒu xū yào wǒ bāng máng de
> (제가 도와드릴 일이라도 있습니까?)
>
> B : 现在暂时没有。
> Xiàn zài zàn shí méi yǒu
> (현재로서는 없습니다.)

시험삼아 한번 해 봅시다.	那我们就试一试。 Nà wǒ men jiù shì yi shì
터놓고 얘기합시다.	咱们打开天窗说亮话。 Zán men dǎ kāi tiān chuāng shuō liàng huà
오늘은 이만 합시다.	今天就到这儿吧。 Jīn tiān jiù dào zhèr ba

화해합시다.	咱们和好吧。 Zán men hé hǎo ba
내게 좋은 생각이 있어요.	我倒有个好主意。 Wǒ dào yǒu ge hǎo zhǔ yi
조심하는 것이 좋겠어요!	我看还是注意点好。 Wǒ kàn hái shi zhù yi diǎn hǎo
지금 시작하는 것이 좋습니다.	还是立即开始好一些。 Hái shi lì jí kāi shǐ hǎo yì xiē
술을 끊는 게 좋겠어요.	你还是戒酒吧。 Nǐ hái shi jiè jiǔ ba

> A : 你还是戒酒吧。
> Nǐ hái shi jiè jiǔ ba
> (술을 끊는 게 좋겠어요.)
> B : 我很想戒，可朋友们不答应啊!
> Wǒ hěn xiǎng jiè　kě péng you men bù dā ying a
> (저도 매우 끊고 싶습니다만, 친구들이 안 도와
> 주네요!)

제안을 받아들일 때

좋습니다.	好吧。 Hǎo ba
네, 그렇게 하겠습니다.	好，就那样吧。 Hǎo　jiù nà yàng ba
감사합니다. 그렇게 해 주세요.	谢谢，那就请吧。 Xiè xie　nà jiù qǐng ba
그거 좋은 생각이군요.	那想法真不错。 Nà xiǎng fǎ zhēn bú cuò
그거 재미있겠는데요.	肯定会有意思的。 Kěn dìng huì yǒu yì si de
그렇게 합시다.	就那么着吧。 Jiù nà me zhe ba

그거 괜찮겠군요.

那好哇。
Nà hǎo wa

A：没拿到休假的人，年底给你们两
Méi ná dào xiū jià de rén　nián dǐ gěi nǐ men liǎng
个北京往返机票怎么样？
ge Běi jīng wǎng fǎn　jī piào zěn me yàng
(휴가를 얻지 못한 사람들은 연말에 두 사람 분의
북경 왕복비행기표를 주는 것이 어떻습니까?)
B：那好哇。
Nà hǎo wa
(그거 괜찮겠군요.)

12-3 제안을 거절할 때

그럴 기분이 아닙니다.

我没有心思这么做。
Wǒ méi yǒu xīn sī zhè me zuò

그렇게 하지 마세요.

不要那么做。
Bú yào nà me zuò

고맙지만, 됐습니다.

谢谢，不用了。
Xiè xie　bú yòng le

그럴 생각이 없습니다.

我不想那样。
Wǒ bù xiǎng nà yàng

다음 기회로 미룰까요?

下次再找机会好不好？
Xià cì zài zhǎo jī huì hǎo bu hǎo

그러고 싶지만, 선약이 있어요.

我倒是想去，可已经约了人。
Wǒ dào shì xiǎng qù　kě yǐ jing yuē le rén

12-4 권유할 때

앉으십시오.

请坐。
Qǐng zuò

보십시오.	请看。 Qǐng kàn
들어오십시오.	请进。 Qǐng jìn
드십시오.	请用。 Qǐng yòng
좀더 드십시오.	请再多吃点儿。 Qǐng zài duō chī diǎnr
식사하며 이야기를 나눌 수 있을까요?	可不可以边吃边谈。 Kě bu kě yǐ biān chī biān tán
편하실 대로 하십시오.	别客气。 Bié kè qi
테니스 치러 갈까요?	去不去打网球？ Qù bu qù dǎ wǎng qiú
저하고 쇼핑 가실래요?	跟我一起去购物，好吗？ Gēn wǒ yì qǐ qù gòu wù hǎo ma
제가 안내를 해 드릴까요?	我给你做导游，好吗？ Wǒ gěi nǐ zuò dǎo yóu hǎo ma

A：我给你做导游，好吗？
Wǒ gěi nǐ zuò dǎo yóu hǎo ma
(제가 안내를 해 드릴까요?)

B：那不耽误你时间吗？
Nà bù dān wù nǐ shí jiān ma
(당신 시간을 빼앗는 것 아닙니까?)

권유에 응할 때

| 진심으로 감사드립니다. | 谢谢你的关心。
Xiè xie nǐ de guān xīn |
| 괜찮다면, 제가 함께 가 드리겠습니다. | 如果可以的话，我陪您去吧。
Rú guǒ kě yǐ de huà wǒ péi nín qù ba |

네가 말한 대로 할게.

就照你说的去做。
Jiù zhào nǐ shuō de qù zuò

观点和感想

UNIT 13

동양인은 대체적으로 자신의 견해나 주장을 확고하게 말하지 않는 경향이 있습니다. 이것은 문화적인 특성으로 상대방에 대한 배려의 마음에서 나오는 게 아닌가 생각됩니다. 하지만 이러한 마음은 상호교제에서는 큰 손실로 이어질 수 있으므로 분명하게 자신의 견해를 밝혀야 합니다. 따라서 여기서는 자신의 견해를 물을 때와 말할 때, 소감을 묻거나 답할 때, 구상을 말하거나 물을 때 필요한 표현을 익히도록 하세요.

13-1 견해를 물을 때

이 계획에 대해 어떻게 생각하십니까?

你对这计划有什么想法？
Nǐ duì zhè jì huà yǒu shén me xiǎng fǎ

다른 제안이 있습니까?

有没有别的提议？
Yǒu méi yǒu bié de tí yì

좋은 아이디어가 있습니까?

你有什么好主意吗？
Nǐ yǒu shén me hǎo zhǔ yì ma

어떤 좋은 생각이 나셨습니까?

有什么好想法吗？
Yǒu shén me hǎo xiǎng fǎ ma

그 여자에 대해 어떻게 생각하세요?

你认为那个女的怎么样？
Nǐ rèn wèi nà ge nǚ de zěn me yàng

A : **你认为那个女的怎么样？**
Nǐ rèn wèi nà ge nǚ de zěn me yàng
(그 여자에 대해 어떻게 생각하세요?)

B : **是个人杰。**
Shì ge rén jié
(인물이지요.)

447

그가 누구라고 생각하십니까?	你认为他会是谁？ Nǐ rèn wèi tā huì shì shéi
내 의견에 대해 어떻게 생각하세요?	你对我的意见怎么想？ Nǐ duì wǒ de yì jiàn zěn me xiǎng
자, 제가 어떻게 하면 됩니까?	啊，你想我应该怎么做？ A　nǐ xiǎng wǒ yīng gāi zěn me zuò

13-2 견해를 말할 때

| 솔직하게 말씀드려도 될까요? | 我可以坦率地谈谈我的想法吗？
Wǒ kě yǐ tǎn shuài de tán tan wǒ de xiǎng fǎ ma |

> A：我可以坦率地谈谈我的想法吗？
> Wǒ kě yǐ tǎn shuài de tán tan wǒ de xiǎng fǎ ma
> (솔직하게 말씀드려도 될까요?)
> B：那当然。
> Nà dāng rán
> (물론이죠.)

그게 좋겠어요.	还是那样好。 Hái shi nà yàng hǎo
그게 훨씬 더 좋은데요.	我想那个好得多。 Wǒ xiǎng nà ge hǎo de duō
그 정도가 타당할 겁니다.	那个程度挺合适的。 Nà ge chéng dù tǐng hé shì de
그것도 역시 효과가 없을 겁니다.	我想那也不见得有效。 Wǒ xiǎng nà yě bú jiàn de yǒu xiào
엄밀히 말하자면, 그건 정확하지 않아요.	严格地讲，那个并不准确。 Yán gé de jiǎng　nà ge bìng bù zhǔn què
다른 뾰족한 수가 없는 것 같아요.	我想不会有什么特别好的办法了。 Wǒ xiǎng bú huì yǒu shén me tè bié hǎo de bàn fǎ le
오히려 이것이 나아요.	还是这个好一些。 Hái shi zhè ge hǎo yì xiē

제 소견(사견)을 말씀드리겠습니다.	那谈谈我的个人意见吧。 Nà tán tan wǒ de gè rén yì jiàn ba
이건 단지 제 사견입니다.	这不过是我个人的想法。 Zhè bú guò shì wǒ gè rén de xiǎng fǎ
긴 안목으로 보면 그 방법이 더 나아요.	从长远的观点看，那个方法更好。 Cóng cháng yuǎn de guān diǎn kàn, nà ge fāng fǎ gèng hǎo
이 정도면 무난할 겁니다.	这样就可以了。 Zhè yàng jiù kě yǐ le
이런 식으로 표현하는 게 어떨까요?	用这种方式表达怎么样？ Yòng zhè zhǒng fāng shì biǎo dá zěn me yàng
제 개인적으로는 그렇게 생각하지 않습니다.	我个人并不那么认为。 Wǒ gè rén bìng bú nà me rèn wèi
제가 필요로 하는 건 이게 아닙니다.	我需要的不是这个。 Wǒ xū yào de bú shì zhè ge
한 말씀드려도 될까요?	我可以谈谈吗？ Wǒ kě yǐ tán tan ma
직접적으로 말씀드리면….	恕我直言…。 Shù wǒ zhí yán
한 말씀 덧붙이겠습니다.	我再补充一点。 Wǒ zài bǔ chōng yì diǎn

소감을 물을 때

한국 생활은 어떻습니까?	在韩国生活得怎么样？ Zài Hán guó shēng huó de zěn me yàng

> A：在韩国生活得怎么样？
> Zài Hán guó shēng huó de zěn me yàng
> (한국 생활은 어떻습니까?)

B：开始因为语言不通有些麻烦，现
在没问题了。
Kāi shǐ yīn wèi yǔ yán bù tōng yǒu xiē má fan　xiàn
zài méi wèn tí le
(처음에는 말이 통하지 않아서 좀 괴로웠는데,
지금은 문제없습니다.)

잘 지내고 있습니다.
过得很好。
Guò de hěn hǎo

소감을 말씀해 주세요.
请谈谈您的感想。
Qǐng tán tan nín de gǎn xiǎng

한국에 대한 인상은 어떻습니까?
您对韩国有什么感受？
Nín duì Hán guó yǒu shén me gǎn shòu

您对韩国的哪些方面印象最深？
Nín duì Hán guó de nǎ xiē fāng miàn yìn xiàng zuì shēn

한국에 대해 가장 인상적인 것은
무엇이었습니까?
韩国哪方面给你印象最深？
Hán guó nǎ fāng miàn gěi nǐ yìn xiàng zuì shēn

어떤 점이 그렇게 좋았습니까?
哪点有那么好？
Nǎ diǎn yǒu nà me hǎo

구상을 말할 때

그 여자하고 언제 결혼할 겁니까?
你打算什么时候跟她结婚？
Nǐ dǎ suàn shén me shí hòu gēn tā jié hūn

글쎄요. 아직 구체적인 계획이 없
습니다.
是啊，现在还没有具体计划。
Shì a　xiàn zài hái méi yǒu jù tǐ jì huà

나는 스키 타러 갈 생각입니다.
我想去滑滑雪。
Wǒ xiǎng qù huá hua xuě

새로운 사업을 하나 시작하려고
합니다.
我正在筹备一个新项目。
Wǒ zhèng zài chóu bèi yí ge xīn xiàng mù

제 생각을 바꿨어요.

我改变主意了。
Wǒ gǎi biàn zhǔ yi le

그의 사과를 받아들이기로 결정했습니다.

我决定接受他的道歉。
Wǒ jué dìng jiē shòu tā de dào qiàn

13-5 느낌을 말할 때

그는 기분이 안 좋은 것 같아요.

我看他心情不好。
Wǒ kàn tā xīn qíng bú hǎo

당신 말이 옳은 것 같군요.

我想你说得不错。
Wǒ xiǎng nǐ shuō de bú cuò

그가 잠시 실수한 것 같아요.

我看他是一时疏忽了。
Wǒ kàn tā shì yì shí shū hu le

A：我看他是一时疏忽了，不像是故
Wǒ kàn tā shì yì shí shū hu le　　bú xiàng shì gù
意的。(제가 보기에, 그가 잠시 실수한 것이지,
yì de
일부로 그런 것 같지는 않은데요.)

B：是吗？再等等看。
Shì ma　Zài děng deng kàn
(그래요? 조금 더 기다려 봅시다.)

간밤에 잘못 주무셨습니까?

你昨天是不是没睡好？
Nǐ zuó tiān shì bu shì méi shuì hǎo

그가 안 올 것 같아요.

我想他不会来的。
Wǒ xiǎng tā bú huì lái de

그들이 뭔가 꾸미고 있는 것 같아요.

他们是不是在策划什么事？
Tā men shì bu shì zài cè huà shén me shì

A：他们是不是在策划什么事？
Tā men shì bu shì zài cè huà shén me shì
(그들이 뭔가 꾸미고 있는 것 같아요.)

B：怎么你也看出来了？
Zěn me nǐ yě kàn chū lái le
(어떻게 너도 알아차렸니?)

리리에게 무슨 일이 있는 것 같
아요.

我觉得莉莉好像出了什么事。
Wǒ jué de Lì lì hǎo xiàng chū le shén me shì

그가 못 올 것 같은 예감이 들어요.

我有预感，他来不了了。
Wǒ yǒu yù gǎn　tā lái bu liǎo le

부탁과 요구

托付和要求

UNIT 14

부탁을 할 때에는 「请 qǐng」을 문장 앞에 붙여서 부탁의 의미나 공경의 의미를 표현합니다. 부탁이나 의뢰를 할 때는 「可以 kěyǐ, 能 néng」 등의 가능을 물어보는 능원동사가 함께 쓰입니다. 이 때 문장 마지막에 「吗 ma」를 붙여서 의문문을 만들 수도 있지만 능원동사의 긍정과 부정을 함께 사용하여 의문문을 만들 수도 있습니다. 부탁과 의뢰의 대답은 상대방이 묻는 문장에서 사용한 능원동사를 이용하여 대답을 하면 됩니다.

14-1 부탁할 때

부탁드려도 되겠습니까?	托你办件事，行吗？ Tuō nǐ bàn jiàn shì xíng ma
부탁 하나 해도 될까요?	可以拜托您一件事吗？ Kě yǐ bài tuō nín yí jiàn shì ma
부탁드릴 일이 있습니다.	有件事想拜托您。 Yǒu jiàn shì xiǎng bài tuō nín
몇 가지 부탁드려도 될까요?	我可以托付你几件事吗？ Wǒ kě yǐ tuō fu nǐ jǐ jiàn shì ma
잠시 시간 좀 내 주시겠어요?	请给我一点儿时间。 Qǐng gěi wǒ yì diǎnr shí jiān
좀 서둘러 주세요.	请快点儿。 Qǐng kuài diǎnr
잠시 폐를 끼쳐도 될까요?	可以打扰您一下吗？ Kě yǐ dǎ rǎo nín yí xià ma

A：可以打扰您一下吗？
Kě yǐ dǎ rǎo nín yí xià ma
(잠시 귀찮게 해드려도 될까요?)

453

B：可以，怎么了？
Kě yǐ zěn me le
（괜찮습니다. 무슨 일입니까?）

제가 좀 끼어도 될까요?

可以算我一个吗？
Kě yǐ suàn wǒ yí ge ma

잘 부탁드립니다.

请多关照。
Qǐng duō guān zhào

감사합니다. 귀찮게 해 드렸습니다.

谢谢。麻烦你们了。
Xiè xie Má fan nǐ men le

14-2 구체적으로 부탁할 때

설명 좀 부탁드립니다.

请介绍一下。
Qǐng jiè shào yí xià

길 안내 좀 부탁드립니다.

请给我带路，好吗？
Qǐng gěi wǒ dài lù hǎo ma

전화 좀 해 주시겠어요?

你给我打电话，好吗？
Nǐ gěi wǒ dǎ diàn huà hǎo ma

미안하지만, 좀 여쭙겠습니다.

麻烦你，打听一下。
Má fan nǐ dǎ tīng yí xià

이것 좀 잠깐 보여 주세요.

请给我看看这个。
Qǐng gěi wǒ kàn kan zhè ge

제 자동차 문 좀 열어 주시겠습니까?

麻烦您帮我打开车门行吗？
Má fan nín bāng wǒ dǎ kāi chē mén xíng ma

잠깐 제 대신 좀 해줄 수 있어요?

能不能替我一会儿？
Néng bu néng tì wǒ yí huìr

A：能不能替我一会儿？
Néng bu néng tì wǒ yí huìr
（잠깐 제 대신 좀 해 줄 수 있어요?）
B：可以，你快去快回啊！
Kě yǐ nǐ kuài qù kuài huí a
（괜찮습니다. 빨리 갔다 오세요!）

부탁을 들어줄 때

좋습니다(됩니다).	行。 Xíng
좋습니다. 하십시오.	可以，请。 Kě yǐ qǐng
좋아요, 하세요.	好，请吧。 Hǎo qǐng ba
괜찮습니다.	没关系。 Méi guān xi
문제없습니다.	没问题。 Méi wèn tí
물론 됩니다.	当然可以。 Dāng rán kě yǐ
문제없습니다. 꼭 해드리겠습니다.	没问题，我一定给你办。 Méi wèn tí wǒ yí dìng gěi nǐ bàn
문제없어, 꼭 도와줄게.	没问题，我一定帮助你。 Méi wèn tí wǒ yí dìng bāng zhù nǐ
가능하다면, 제가 하겠습니다.	要是可能的话，我来。 Yào shì kě néng de huà wǒ lái
뭐, 그 정도쯤이야.	咳，那算什么？ Hāi nà suàn shén me
힘껏 해보겠습니다.	我会尽力的。 Wǒ huì jǐn lì de
기꺼이 하지요.	太可以了。 Tài kě yǐ le

부탁을 거절할 때

미안합니다만, 안 됩니다.	对不起，不行。 Duì bu qǐ bù xíng

그렇게는 안 되겠습니다.

可能不至于吧。
Kě néng bú zhì yú ba

고맙지만, 필요 없습니다.

谢谢，我不要了。
Xiè xie　　wǒ bú yào le

미안합니다, 정말 못합니다.

对不起，我真的不会。
Duì bu qǐ　　wǒ zhēn de bú huì

안 되겠는데요.

这恐怕不行。
Zhè kǒng pà bù xíng

A：你告诉我老婆说昨天晚上我和你
Nǐ gào su wǒ lǎo pó shuō zuó tiān wǎn shàng wǒ hé nǐ

在一起吗？
zài yì qǐ ma

(당신이 내 아내에게 어제 저녁 나와 함께 있었다
고 말해 주시겠어요?)

B：这恐怕不行。
Zhè kǒng pà bù xíng

(안 되겠는데요.)

미안하지만, 도와드릴 수 없습니다.

对不起，我帮不了您的忙。
Duì bu qǐ　　wǒ bāng bu liǎo nín de máng

정말 미안하지만, 너를 도와줄 수
가 없어.

实在不好意思，我帮不了你。
Shí zài bù hǎo yì si　　wǒ bāng bu liǎo nǐ

오늘은 당신을 도울 수 없어요.

今天我不能帮你的忙。
Jīn tiān wǒ bù néng bāng nǐ de máng

14-5

우회적으로 거절할 때

이건 너무 심한 것 같습니다.

我实在是无能为力啊。
Wǒ shí zài shì wú néng wéi lì a

다음 기회로 하죠.

下次机会吧。
Xià cì jī huì ba

다음에 다시 불러 주십시오.

下次再请我吧。
Xià cì zài qǐng wǒ ba

다음에 다시 이야기합시다.
下次再说吧。
Xià cì zài shuō ba

나중에 또 기회가 있겠지요.
以后还会有机会的。
Yǐ hòu hái huì yǒu jī huì de

14-6 요청하거나 요구할 때

잠깐만 기다려 주십시오.
请等一下。
Qǐng děng yí xià

저를 따라 오십시오.
请跟我来。
Qǐng gēn wǒ lái

다시 한번 말씀해 주십시오.
请再说一遍。
Qǐng zài shuō yí biàn

좀 천천히 말씀해 주십시오.
请说慢一点儿。
Qǐng shuō màn yì diǎnr

여기에 써 주십시오.
请写在这儿。
Qǐng xiě zài zhèr

말을 전해 주십시오.
请转告。
Qǐng zhuǎn gào

14-7 바람을 나타낼 때

방해하지 말아 주십시오.
请勿打扰。
Qǐng wù dǎ rǎo

원합니다.
我愿意。
Wǒ yuàn yì

원하지 않습니다.
我不愿意。
Wǒ bú yuàn yì

아무것도 필요 없습니다.
我什么都不要。
Wǒ shén me dōu bú yào

선물을 좀 사려고 합니다.

我想买点儿礼品。
Wǒ xiǎng mǎi diǎnr lǐ pǐn

A：你出门啊？
Nǐ chū mén a
（외출해?）

B：快回国了，我想买点儿礼品。
Kuài huí guó le wǒ xiǎng mǎi diǎnr lǐ pǐn
（곧 귀국하니까, 선물을 좀 사려고요.）

가고 싶지 않습니다.

我不想去。
Wǒ bù xiǎng qù

아무것도 먹고 싶지 않습니다.

我什么都不想吃。
Wǒ shén me dōu bù xiǎng chī

설득과 결심

说服和决定

UNIT 15

상대에게 자신의 말을 들으라고 설득할 때는 「你且听听我的话。Nǐ qiě tīng ting wǒ de huà(제 말을 들으세요.)」라고 합니다. 또한 자신의 결심을 밝힐 때는 「我下定决心～了。Wǒ xiàdìng juéxīn～le (저는 ～을 결심했어요.)」라고 합니다. 이미 어떤 결정을 내렸을 때는 「我已经决定～了。Wǒ yǐjing juédìng～le (저는 이미 ～결정했어요.)」라고 표현합니다. 물론 상황에 따라 「我要～ Wǒ yào」 등으로도 표현할 수 있습니다.

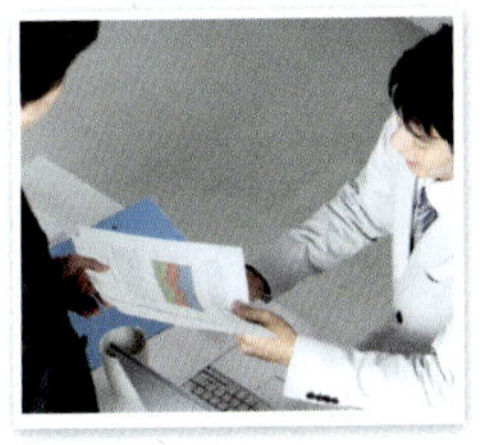

설득할 때

제 말을 들으세요.	你且听听我的话。 Nǐ qiě tīng ting wǒ de huà
아니오, 당신이 제 말을 들으세요.	不，你还是听听我的吧。 Bú nǐ hái shi tīng ting wǒ de ba
저에게 강요하지 마세요.	你可别想强迫我。 Nǐ kě bié xiǎng qiáng pò wǒ
그는 항상 자기 마음대로 하려고 해요.	他总想为所欲为。 Tā zǒng xiǎng wèi suǒ yù wéi
저는 제 방식대로 하겠어요.	我得按我的方式去做。 Wǒ děi àn wǒ de fāng shì qù zuò
이 일은 더 이상 못 맡겠습니다.	这个工作我无法再干下去了。 Zhè ge gōng zuò wǒ wú fǎ zài gàn xià qù le
그렇디면 구태여 말리지 않겠습니다.	实在那样，我们也不强求了。 Shí zài nà yàng wǒ men yě bù qiáng qiú le
이래도 안 하시겠어요?	这样你还不想干吗？ Zhè yàng nǐ hái bù xiǎng gàn ma

A：这样你还不想干吗？
Zhè yàng nǐ hái bù xiǎng gàn ma
(이래도 안 하시겠어요?)
B：让我再想想。
Ràng wǒ zài xiǎng xiang
(다시 한번 생각해 볼게요.)

당신의 제안을 그가 받아들이도록 할게요.
我说服他接受你的提案就是了。
Wǒ shuō fu tā jiē shòu nǐ de tí àn jiù shì le

정 그렇다면 그만둡시다.
实在不行就算了。
Shí zài bù xíng jiù suàn le

상대의 의중을 확인할 때

그의 제안을 어떻게 처리하실 건가요?
你想怎么处理他的提案？
Nǐ xiǎng zěn me chǔ lǐ tā de tí àn

당신은 누구 편이세요?
你支持哪一头？
Nǐ zhī chí nǎ yì tóu

진심으로 그런 말을 하시는 겁니까?
你这话是真心吗？
Nǐ zhè huà shì zhēn xīn ma

A：你这话是真心吗？
Nǐ zhè huà shì zhēn xīn ma
(진심으로 하신 말씀입니까?)
B：我从不跟你开玩笑。
Wǒ cóng bù gēn nǐ kāi wán xiào
(이제껏 당신에게 농담한 적 없어요.)

어쩔 작정이니?
你想怎么办？
Nǐ xiǎng zěn me bàn

아무런 조건도 없습니다.
我没有任何条件。
Wǒ méi yǒu rèn hé tiáo jiàn

460

당신이 뭘 생각하고 있는지 알아요.

我知道你心里怎么想的。
Wǒ zhī dao nǐ xīn lǐ zěn me xiǎng de

A : 我知道你心里怎么想的。
Wǒ zhī dao nǐ xīn lǐ zěn me xiǎng de
(당신이 뭘 생각하고 있는지 알아요.)

B : 那你就别再劝我了。
Nà nǐ jiù bié zài quàn wǒ le
(그렇다면, 다시는 나를 설득하려 들지 말아요.)

15-3

결심할 때

지금은 말하고 싶지 않습니다.

现在我还不想说。
Xiàn zài wǒ hái bù xiǎng shuō

글쎄, 어떻게 해야 할까?

是啊，应该怎么办呢？
Shì a yīng gāi zěn me bàn ne

며칠 동안 생각할 시간을 주세요.

请给我几天时间考虑。
Qǐng gěi wǒ jǐ tiān shí jiān kǎo lǜ

이 일을 좀더 두고 봅시다.

这事先放一放吧。
Zhè shì xiān fàng yi fàng ba

어려운 결심을 하셨군요.

真是难能可贵的决心啊。
Zhēn shi nán néng kě guì de jué xīn a

저는 굳게 결심했어요.

我下定了决心。
Wǒ xià dìng le jué xīn

A : 我下定了决心。
Wǒ xià dìng le jué xīn
(저는 굳게 결심했어요.)

B : 好，那就付之于行动吧。
Hǎo nà jiù fù zhī yú xíng dòng ba
(좋아요, 그렇다면 행동으로 옮기세요.)

결정할 때

그건 제 마음대로 결정할 수가 없습니다.

这可不能由我随便决定啊。
Zhè kě bù néng yóu wǒ suí biàn jué dìng a

아직 결정을 못 했어요.

这个还没决定呢。
Zhè ge hái méi jué dìng ne

이 일은 아직 결정되지 않았습니다.

这事还没有确定。
Zhè shì hái méi yǒu què dìng

A : 这事还没有确定。
Zhè shì hái méi yǒu què dìng
(이 일은 아직 결정되지 않았어요.)
B : 知道了。确定了以后告诉我。
Zhī dao le　Què dìng le yǐ hòu gào su wǒ
(알겠어요. 결정되면 나에게 알려주세요.)

그것은 만장일치로 결정되었습니다.

那事已经全场一致通过了。
Nà shì yǐ jing quán chǎng yí zhì tōng guò le

결정하셨습니까?

你决定了？
Nǐ jué dìng le

깨끗하게 동전을 던져서 결정합시다.

我们干脆掷硬币决定吧。
Wǒ men gān cuì zhì yìng bì jué dìng ba

희망

希望

UNIT 16

「想 xiǎng」은 「생각하다」의 뜻을 나타내는 동사이지만 「~하고 싶다, ~하려고 하다」라는 뜻으로 희망을 나타내기도 합니다. 상대의 희망을 물을 때는 「你想做什么? Nǐ xiǎng zuò shénme (넌 뭘 하고 싶니?)」라고 합니다. 반대로 자신의 희망을 말할 때는 「我想~ Wǒ xiǎng(나는 ~하고 싶어)」 또는 「我希望~ Wǒ xīwàng」이라고 대답할 수 있습니다. 또한 바람을 나타낼 때는 「我要~ Wǒ yào」로 표현합니다.

희망을 물을 때

이 다음에 크면 무슨 일을 하고 싶니?

你长大以后，想做什么?
Nǐ zhǎng dà yǐ hòu   xiǎng zuò shén me

A：你长大以后，想做什么?
　　Nǐ zhǎng dà yǐ hòu   xiǎng zuò shén me
（이 다음에 크면 무슨 일을 하고 싶니?）

B：还没想过呢。
　　Hái méi xiǎng guo ne
（아직 생각해본 적 없어요.）

이 다음에 넌 뭘 하고 싶니?

将来你想做什么?
Jiāng lái   nǐ xiǎng zuò shén me

넌 장차 뭐가 되고 싶니?

你以后想当什么?
Nǐ yǐ hòu xiǎng dāng shén me

뭘 먹고 싶니?

你要吃什么?
Nǐ yào chī shén me

난 의사가 되고 싶어, 너는?

我想当医生，你呢?
Wǒ xiǎng dāng yī shēng   nǐ ne

463

희망을 말할 때

가수가 되고 싶어요.

我想当歌手。
Wǒ xiǎng dāng gē shǒu

난 선생님이 되고 싶어.

我想当老师。
Wǒ xiǎng dāng lǎo shī

나는 선생님이 되고 싶어요.

我希望当老师。
Wǒ xī wàng dāng lǎo shī

나는 간호사가 되고 싶어.

我想当护士。
Wǒ xiǎng dāng hù shi

나는 교수님이 되고 싶어요.

我想当教授。
Wǒ xiǎng dāng jiào shòu

나는 파일럿이 되고 싶어요.

我想当飞行员。
Wǒ xiǎng dāng fēi xíng yuán

나는 공무원이 될 거야.

我希望当公务员。
Wǒ xī wàng dāng gōng wù yuán

나는 사장님이 되고 싶어.

我想当总经理。
Wǒ xiǎng dāng zǒng jīng li

너는 왜 승려가 되고 싶은거죠?

你为什么想当出家人？
Nǐ wèi shén me xiǎng dāng chū jiā rén

너는 말하는 것이 또박또박 아주 분명하구나.

你说得一板一眼的清楚极了。
Nǐ shuō de yì bǎn yì yǎn de qīng chǔ jí le

그래서 저는 아나운서가 되고 싶 어요.

所以我想当播音员。
Suǒ yǐ wǒ xiǎng dāng bō yīn yuán

기회가 되면 다시 만나고 싶습니다.

有机会希望再见一面。
Yǒu jī huì xī wàng zài jiàn yí miàn

당신께 폐를 끼치고 싶지 않습니다.

不想给你添麻烦。
Bú xiǎng gěi nǐ tiān má fan

A：**不想给你添麻烦。**
Bù xiǎng gěi nǐ tiān má fan

(당신께 폐를 끼치고 싶지 않습니다.)

B：**看你说的。**
Kàn nǐ shuō de

(말하는 것 좀 보세요.)

솔직히 말해서 당신과 합작하고 싶습니다.

坦率地讲，我想跟你合作。
Tǎn shuài de jiǎng　wǒ xiǎng gēn nǐ hé zuò

저도 가고 싶습니다.

我也想去。
Wǒ yě xiǎng qù

빨리 나가서 취업하고 싶어요.

我想早点出去找工作。
Wǒ xiǎng zǎo diǎn chū qù zhǎo gōng zuò

레스토랑에 가서 스테이크를 먹고 싶습니다.

我想去西餐馆吃牛排。
Wǒ xiǎng qù xī cān guǎn chī niú pái

커피를 마시고 싶습니다.

我想喝咖啡。
Wǒ xiǎng hē kā fēi

빵은 먹고 싶지 않습니다.

我不想吃面包。
Wǒ bù xiǎng chī miàn bāo

저 좌석으로 바꾸고 싶습니다.

我要换到那个位子上去。
Wǒ yào huàn dào nà ge wèi zi shàng qù

명령과 금지

命令和禁止

UNIT 17

일상생활에서 일방적으로 지시나 명령을 내리는 경우는 그리 흔하지 않으며 대개 부탁의 형식을 취하는 편입니다. 상대방에게 명령이나 지시 또는 금지를 나타낼 때는 나이, 관계, 상황 따위를 고려할 필요가 있습니다. 또한 어투도 다소 딱딱해질 수 있으므로 부탁의 어조를 유지하는 것도 좋을 것입니다. 중국어 청유문에서 앞에「请 qǐng」을 붙이면 정중한 표현이 되며,「别 bié」또는「请别 qǐng bié」를 붙이면 금지의 표현이 됩니다.

명령할 때

이번 주 금요일까지 확실히 끝내게나.	到这周五无论如何得结束！ Dào zhè zhōu wǔ wú lùn rú hé děi jié shù

> A : 到这周五无论如何得结束！
> Dào zhè zhōu wǔ wú lùn rú hé děi jié shù
> (이번 주 금요일까지 확실히 끝내게나.)
> B : 是，我们会全力以赴。
> Shì wǒ men huì quán lì yǐ fù
> (네, 최선을 다하겠습니다.)

그 사람 좀 빨리 데려 오세요.	你快点把那人叫来！ Nǐ kuài diǎn bǎ nà rén jiào lái
그 사람 지시를 따르세요.	你就听他的指示吧。 Nǐ jiù tīng tā de zhǐ shì ba
그건 이렇게 하세요.	那事就这么办吧。 Nà shì jiù zhè me bàn ba
당신한테 어떤 지시도 받지 않겠소.	我不接受你的任何指令。 Wǒ bù jiē shòu nǐ de rèn hé zhǐ lìng

명령을 제지할 때

너는 나한테 명령할 권리가 없어.	你没有权利命令我。 Nǐ méi yǒu quán lì mìng lìng wǒ
네가 뭔데 나보고 이래라 저래라 해?	你凭什么让我干这干那？ Nǐ píng shén me ràng wǒ gàn zhè gàn nà
나에게 지시할 권리 없어요.	你没权利指使我。 Nǐ méi quán lì zhǐ shǐ wǒ

PART 5

금지할 때

절대 안 돼.	绝对不行。 Jué duì bù xíng

> A : 我想参加工作，不想上大学了。
> Wǒ xiǎng cān jiā gōng zuò　bù xiǎngshàng dà xué le
> (저는 일하고 싶어요, 대학에 진학하고 싶지 않아요.)
> B : 那是绝对不行的。
> Nà shì jué duì bù xíng de
> (그건 절대 안 돼.)

그건 절대 안 돼.	那是绝对不可以的。 Nà shì jué duì bù kě yǐ de
담배 피우는 것은 절대 금지입니다.	抽烟是绝对不行的。 Chōu yān shì jué duì bù xíng de
안 돼. 너 아직 어려서 배워야 할 것들이 너무 많아.	不可以，你还小，要学的还很多。 Bù kě yǐ nǐ hái xiǎo yào xué de hái hěn duō
이런 행위는 여기에서 금지된 것입니다.	这种行为在这里是不允许的。 Zhè zhǒng xíng wèi zài zhè li shì bù yǔn xǔ de

467

수측과확신

推测和确信

UNIT 18

「아마(도) ~일 것이다」라는 뜻의 추측을 나타낼 때는「也许 yěxǔ, 或许 huòxǔ, 恐怕 kǒngpà」라는 부사가 사용됩니다. 여기서 恐怕는 「恐怕不行。Kǒngpà bù xíng(아마도 안 될 거예요.)」처럼 주로 좋지 않은 결과가 예상될 때 쓰입니다. 「大约 dàyuē (대략), 大概 dàgài (대개)」도 역시 추측이나 추정을 할 때 쓰이며 확신이나 단언을 나타낼 때는「没错 Méicuò (틀림없이)」라고 합니다.

18-1 추측할 때

그럴 줄 알았어!

早知道会那样！
Zǎo zhī dao huì nà yàng

> A：早知道会是这个结果，我说什么
> Zǎo zhī dao huì shì zhè ge jié guǒ   wǒ shuō shén me
> 来着？
> lái zháo
> (진작에 이럴 줄 알았어, 내가 뭐라고 그랬니?)
>
> B：你可真是料事如神呐！
> Nǐ kě zhēn shi liào shì rú shén na
> (정말 귀신같이 알아맞추네!)

당신 추측이 딱 맞았어요.

你推测得一丝不差。
Nǐ tuī cè de yì sī bú chà

결과가 우리 예상대로 되었어요.

结果正如我们的预想。
Jié guǒ zhèng rú wǒ men de yù xiǎng

당신이 오리라고는 전혀 생각을 못했어요.

我真的没想到你能来。
Wǒ zhēn de méi xiǎng dào nǐ néng lái

그건 전혀 예상 밖의 상황이었어요.

那可是全然没有预料到的状况啊。
Nà kě shì quán rán méi yǒu yù liào dào de zhuàngkuàng a

468

아직 모르는 일이에요.

这事还说不准。
Zhè shì hái shuō bù zhǔn

전혀 짐작이 안 가요.

真是没法捉摸。
Zhēn shi méi fǎ zhuō mō

속단하지 마세요.

结论不能下得过早。
Jié lùn bù néng xià de guò zǎo

최대한으로 추측해 보세요.

尽可能推测推测看看。
Jǐn kě néng tuī cè tuī cè kàn kan

확신할 때

물론이죠.

当然了。
Dāng rán le

당신이 옳다고 확신합니다.

我相信你是对的。
Wǒ xiāng xìn nǐ shì duì de

내기를 해도 좋아요.

我敢跟你打赌。
Wǒ gǎn gēn nǐ dǎ dǔ

100% 확실합니다.

没问题，百分之百。
Méi wèn tí bǎi fēn zhī bǎi

> A：你确定他们两在谈恋爱呢？
> Nǐ què dìng tā men liǎng zài tán liàn ài ne
> (그 두 사람 연애하는 중인 거 확실해?)
> B：没问题，百分之百。
> Méi wèn tí bǎi fēn zhī bǎi
> (100% 확실합니다.)

무슨 근거로 그렇게 확신하죠?

你有什么根据那么确信？
Nǐ yǒu shén me gēn jù nà me què xìn

그건 제가 보증합니다.

这点我保证！
Zhè diǎn wǒ bǎo zhèng

단언합니다.

我敢断言。
Wǒ gǎn duàn yán

어떻게 그렇게 확신하세요?

你凭什么那么肯定？
Nǐ píng shén me nà me kěn dìng

A : 你凭什么那么肯定？
Nǐ píng shén me nà me kěn dìng
(무슨 근거로 그렇게 확신하세요?)

B : 我听他母亲讲的。
Wǒ tīng tā mǔ qīn jiǎng de
(제가 그 사람 어머니가 말씀하시는 것을 들었습니다.)

아직은 확실하지 않습니다.

现在还不大清楚。
Xiàn zài hái bú dà qīng chu

확실한 것은 모르겠습니다.

确切的我也不知道。
Què qiè de wǒ yě bù zhī dào

A : 我也是只知道个大概，确切的我
Wǒ yě shì zhǐ zhī dao ge dà gài   què qiē de wǒ
也不知道？
yě bù zhī dào
(저도 단지 대략적인 것만 압니다, 확실한 것은 모르겠습니다.)

B : 那好，你去问问清楚，回来告诉
Nà hǎo   nǐ qù wèn wen qīng chu   huí lái gào su
我。
wǒ
(그렇다면 좋습니다, 당신이 확실하게 물어 보고 나와서 나에게 알려주세요.)

그 점에 대해선 확실하지 않습니다.

这一点还不大明确。
Zhè yì diǎn hái bú dà míng què

장담할 수는 없습니다.

我不敢断言。
Wǒ bù gǎn duàn yán

노력하겠지만, 장담은 못하겠습니다.

我会尽力，但不敢保证。
Wǒ huì jǐn lì   dàn bù gǎn bǎo zhèng

당신 것이라고 확신할 수 있습니까?

你确信是你的吗？
Nǐ què xìn shì nǐ de ma

18-3 장담할 때

생각을 너무 많이 하셨어요. 그런 일은 없을 것입니다.

是你多心了，不会有那种事的。
Shì nǐ duō xīn le　bú huì yǒu nà zhǒng shì de

안심하세요. 그런 일은 절대 생기지 않을 것입니다.

放心吧，那事决不可能发生。
Fàng xīn ba　nà shì jué bù kě néng fā shēng

그런 일은 확실히 일어날 가능성이 있습니다.

那种事确实有可能发生。
Nà zhǒng shì què shí yǒu kě néng fā shēng

PART 5

催促和放心

UNIT 19

만만디(慢慢的 mànmande)라는 말은 「천천히, 느릿느릿하게」라는 뜻의 중국어인데 언제부터인지 중국인의 성격을 상징하는 말이 되었으며, 이것이 어떤 때는 우리를 몹시 답답하고 화나게도 하지만 어떤 때는 본받을 만한 점이 되기도 합니다. 중국인들은 실생활에서 느린 것이 습관화되어 있으며 아무렇게나 빨리 해치우는 것보다는 느리더라도 잘하는 쪽이 좋다는 심리가 있습니다.

재촉할 때

서두르세요!	**请抓点紧。** Qǐng zhuā diǎn jǐn
서둘러 주시겠습니까?	**请快一点好吗?** Qǐng kuài yì diǎn hǎo ma
서두르자.	**我们赶紧吧。** Wǒ men gǎn jǐn ba
몹시 급해요.	**我很着急的。** Wǒ hěn zháo jí de
서둘러, 시간이 넉넉하지 않아.	**快点，时间不多了!** Kuài diǎn shí jiān bù duō le
빨리 하세요!	**快点干吧!** Kuài diǎn gàn ba
지체할 시간이 없어요.	**没有功夫耽误了。** Méi yǒu gōng fu dān wu le
가능한 빨리 하세요.	**尽可能快点吧。** Jǐn kě néng kuài diǎn ba
빨리 움직여!	**快点动起来!** Kuài diǎn dòng qǐ lái

빨리 나오세요!	**快出来！** Kuài chū lái
속도를 좀 내세요.	**加快点速度！** Jiā kuài diǎn sù dù
지금 당장 처리해 주세요.	**请马上处理！** Qǐng mǎ shàng chù lǐ

> A : **请马上处理！**
> Qǐng mǎ shàng chù lǐ
> (지금 당장 처리해 주세요!)
> B : **知道了，一定照办！**
> Zhī dao le　　yí dìng zhào bàn
> (알았어요, 반드시 해 드릴게요!)

19-2 여유를 가지라고 할 때

천천히 하세요.	**请慢慢来。** Qǐng màn man lái
서두를 필요 없어요.	**不用着急。** Bú yòng zháo jí
나중에 해도 돼요.	**以后再干也行。** Yǐ hòu zài gàn yě xíng
너무 재촉하지 마세요.	**不要催得那么紧！** Bú yào cuī de nà me jǐn
서두른다고 일이 빨리 되진 않아요.	**你以为着急就能快呀？** Nǐ yǐ wéi zháo jí jiù néng kuài ya
시간이 많이 있습니다.	**时间很充裕。** Shí jiān hěn chōng yù
날 재촉하지 마!	**你不要催我！** Nǐ bú yào cuī wǒ

말을 제지할 때

말하지 마, 속상하잖아.	别说了，怪伤心的。 Bié shuō le guài shāng xīn de
그 일을 더 이상 말하지 마.	不要再提那件事了。 Bú yào zài tí nà jiàn shì le
더 이상 얘기하지 마세요.	请不要再说了。 Qǐng bú yào zài shuō le
더 이상 얘기하지 마세요. 마음 아픈데.	别伤心了，有离才有合嘛。 Bié shāng xīn le yǒu lí cái yǒu hé ma
더 이상 얘기하지 않겠어요.	我就不再谈下去了。 Wǒ jiù bú zài tán xià qù le

허락과양해

允许和谅解

UNIT 20

상대방의 부탁이나 의견을 받아들일 때는 「行。Xíng, 可以。Kěyǐ, 我同意。Wǒ tóngyì, 好吧。Hǎo ba」라고 하면 됩니다. 만일 적극적으로 받아들일 때는 「当然可以。Dāngrán kěyǐ, 没问题。Méi wèntí」라고 합니다. 반대로 거절을 하거나 받아들일 수 없을 때는 「对不起。Duìbuqǐ, 不好意思。Bù hǎoyìsi, 真遗憾。Zhēn yíhàn」 등으로 미안함이나 유감의 뜻을 나타냅니다.

20-1

허락을 구할 때

담배를 피워도 됩니까?

我可以抽烟吗？
Wǒ kě yǐ chōu yān ma

이렇게 하면 돼요?

这样做，就可以了吗？
Zhè yàng zuò　jiù kě yǐ le ma

제가 들어가도 될까요?

我可以进去吗？
Wǒ kě yǐ jìn qù ma

여기에서 사진을 찍어도 돼요?

在这儿可以照相吗？
Zài zhèr kě yǐ zhào xiāng ma

제가 보도록 허락해주시겠어요?

能允许我看一下吗？
Néng yǔn xǔ wǒ kàn yí xià ma

차창을 열어도 되겠습니까?

可以打开窗户吗？
Kě yǐ dǎ kāi chuāng hu ma

좌석을 바꿔도 되겠습니까?

可不可以换一下座位？
Kě bu kě yǐ huàn yí xià zuò wèi

여기서 사진을 찍어도 됩니까?

这儿可以拍照吗？
Zhèr kě yǐ pāi zhào ma

신용카드로 결제해도 됩니까?

可以用信用卡结帐吗？
Kě yǐ yòng xìn yòng kǎ jié zhàng ma

| 신어봐도 될까요? | 能试一试吗？
Néng shì yi shì ma |

A：能试穿吗？
Néng shì chuān ma
(입어봐도 될까요?)

B：可以，那儿有试衣间。
Kě yǐ nàr yǒu shì yī jiān
(그럼요, 저기 탈의실이 있습니다.)

한번 입어봐도 됩니까?	我可以试一下吗？ Wǒ kě yǐ shì yí xià ma
다른 사람에게 얘기해도 돼요?	我可以跟别人说吗？ Wǒ kě yǐ gēn bié rén shuō ma
저 내일 하루 쉬려고 하는데, 괜찮아요?	我想明天休息一天，可以吗？ Wǒ xiǎng míng tiān xiū xi yì tiān kě yǐ ma

20-2 허락 요구에 대한 응답

그래, 들어와.	可以，进来吧。 Kě yǐ jìn lái ba
그가 들어오게 할 수는 없어.	我不允许他进来。 Wǒ bù yǔn xǔ tā jìn lái
안 돼요. 내일 할 일이 많거든요.	不行，明天有很多事要干呢！ Bù xíng míng tiān yǒu hěn duō shì yào gàn ne
안 됩니다. 이곳은 금연구역입니다.	不行，这儿是禁烟区。 Bù xíng zhèr shì jìn yān qū

20-3 양해를 구할 때

| 실례합니다. | 对不起了。
Duì bu qǐ le |

476

| 잠깐 실례해도 되겠습니까? | 我可以打扰你一下吗？
Wǒ kě yǐ dǎ rǎo nǐ yí xià ma |

> A : 我可以打扰你一下吗？
> Wǒ kě yǐ dǎ rǎo nǐ yí xià ma
> (잠깐 실례해도 되겠습니까?)
> B : 请吧。
> Qǐng ba
> (그러세요.)

말씀 도중에 죄송합니다만….	允许我打断你一下…。 Yǔn xǔ wǒ dǎ duàn nǐ yí xià
여기 앉아도 되겠습니까?	我可以坐这儿吗？ Wǒ kě yǐ zuò zhèr ma
저는 이만 실례하겠습니다.	我马上要回去了！ Wǒ mǎ shàng yào huí qù le
먼저 가보겠습니다.	失陪我先回去了。 Shī péi wǒ xiān huí qù le
정말 미안합니다. 다시 한번 양해 를 구합니다.	非常抱歉，再次向您赔礼了。 Fēi cháng bào qiàn　zài cì xiàng nín péi lǐ le

20-4 간섭을 제지할 때

더 이상 간섭 마세요. 제발요.	请你不要再干涉，拜托你了。 Qǐng nǐ bú yào zài gān shè　bài tuō nǐ le
네 일이나 잘 하고 나서 다른 사 람을 나무라든지 해.	先把你的事干好，然后再说别人。 Xiān bǎ nǐ de shì gàn hǎo　rán hòu zài shuō bié rén
이건 너와는 상관없는 일이야. 참 견 마.	这不关你的事，你少管闲事。 Zhè bù guān nǐ de shì　nǐ shǎo guǎn xián shì

> A : 这不关你的事，你少管。
> Zhè bù guān nǐ de shì　nǐ shǎo guǎn
> (이건 너와 상관없는 일이야, 참견하지 마.)

B：我是为你好，你真不识抬举。
Wǒ shì wèi nǐ hǎo nǐ zhēn bù shí tái ju
(너를 위한 건데, 정말 성의를 무시하는구나.)

이건 네가 상관할 일이 아냐. 상관 마.

这不是你分内的事，你不用管。
Zhè bú shì nǐ fēn nèi de shì nǐ bú yòng guǎn